Gilles Reckinger | Lampedusa

Mit europäische Grüße

Gilles

Gilles Reckinger

Lampedusa

Begegnungen am
Rande Europas

EDITION TRICKSTER IM PETER HAMMER VERLAG

Inhalt

Wie das Thema zum Autor kommt

„Wir müssen stets den Ort bezeichnen, von dem aus wir sprechen."
(Roland Barthes)

Ich bin an der Grenze aufgewachsen, in einem kleinen Dorf in Luxemburg, einen Steinwurf von Belgien entfernt, mitten in Europa. Dort wo, seit ich denken kann, die Grenzen offen waren, der Gang zum Anderen uneingeschränkt möglich war. Mit meinem Kindheitsfreund streunte ich durch die Wälder, an alten zugewachsenen Grenzmarkierungen von 1848 vorbei, ohne sie richtig wahrzunehmen. Wie sehr mich diese Erfahrung geprägt hat, wurde mir erst nach und nach bewusst.

Mein Interesse für Menschen, Orte und Dinge, die „dazwischen" sind, in Bewegung, nicht mehr hier und noch nicht dort, Menschen, deren Zugehörigkeit – nicht nur in geographischem oder staatspolitischem Sinn – nicht eindeutig ist, führte mich zur Europäischen Ethnologie und zur Kulturanthropologie. Während meines Studiums in mehreren europäischen Ländern und Kanada beschäftigte ich mich mit Randgruppen, mit Grenzpendlern[1], mit Migranten der ersten und zweiten Generation, mit den Sorgen, Nöten und kreativen Strategien dieser Menschen, einen Umgang mit den strukturellen Gegebenheiten und Veränderungen der Gesellschaft zu finden und immer wieder neu zu erfinden. Und wurde selbst ein Mensch des Dazwischen.

Als mir im Sommer 2008 die Videokünstlerin Ursula Schmidt bei einem Dokumentarfilmseminar in Köln von ihrer Idee erzählte, einen Film über die Menschen in Lampedusa zu machen, dieser winzigen italienischen Insel mitten im Meer vor Afrika, war ich sofort Feuer und

---

1 Ich entscheide mich in diesem Buch im Sinne der Lesbarkeit gegen eine Geschlechter differenzierende Schreibweise, schließe aber selbstverständlich die weiblichen Personen immer ein. Es gibt ohnehin keine befriedigende Lösung dafür, dass sich die Vormachtstellung meiner Geschlechtsgenossen seit Menschengedenken bis in die Grammatik eingeschrieben hat.

Flamme. Ich kannte die Insel aus Medienberichten und politischen Diskursen zur dramatischen Situation der Bootsflüchtlinge – und aus dem Atlas. Denn ich hatte als Jugendlicher mit dem Finger auf der Landkarte die Grenzen meines freien Bewegungsraumes Europa sorgfältig ausgelotet.

Wir wollten einen anderen, differenzierten Blick auf diesen Ort werfen, jenseits des populistischen Angstschürens der Politik und der Aufregung der Medien. Unsere Hypothese dabei war, dass nicht nur die Ankunft der Flüchtlinge hier am Rande Europas, sondern auch und vor allem die Art der Berichterstattung und die Instrumentalisierung des Namens Lampedusa als Symbol für europaweit geführte Diskurse einen massiven Einfluss auf das Leben der Bewohner dieser entlegenen Insel haben müsse.

So machten wir uns gemeinsam mit meiner Frau Diana Reiners, die ebenfalls Ethnologin ist und als Beraterin mitreiste, im März 2009 zum ersten Mal auf den Weg dorthin. Im Gepäck hatten wir ein Buch zur historischen Anthropologie Lampedusas, eine Videokamera, ein Diktiergerät und einige spärliche, im Internet zusammengesuchte Hintergrundinformationen über die Insel.

Im Zuge unserer Reisen nach Lampedusa, die sich über einen Zeitraum von drei Jahren (Herbst 2008 bis Herbst 2011) erstreckten, lernten wir, dass die Lage dieser kleinen italienischen Gemeinde von europäischer Dimension war.

Aufmerksamkeit statt Tempo

Ende 2008 spitzte sich die Lage zu, weil in diesem Jahr 36.000 Flüchtlinge in Lampedusa gelandet waren. Das waren so viele wie nie zuvor in einem Jahr. Ab Mai 2009 kam der Flüchtlingsstrom fast vollständig zum Erliegen. Der Grund war ein so genanntes „Freundschaftsabkommen" zwischen der Regierung Berlusconi und dem libyschen Machthaber Muammar al-Gaddafi, in dem dieser sich dazu verpflichtete, die Abfahrt der Boote aus Libyen mit Unterstützung Italiens zu verhindern.

Bis Anfang 2011 herrschte in Lampedusa eine trügerische Ruhe. Viele Inselbewohner atmeten auf, und Europa wandte den Blick wieder ab. Welchen Preis die Migranten im Transitland Libyen dafür zahlen mussten – willkürliche Razzien, Inhaftierungen auch von legal im Land lebenden Gastarbeitern, Vergewaltigungen durch Soldaten oder Polizisten und Abschiebungen in den sicheren Tod der Wüste –, geriet darüber oft in Vergessenheit, ebenso wie die Tatsache, dass der neue Freund ein Diktator war und das Abkommen völkerrechtlich unhaltbar.

Das jähe Ende dieser unwahrscheinlichen Idylle an Europas südlicher Außengrenze kam Anfang 2011 mit dem Beginn der arabischen Revolutionen.

Der Sturz des tunesischen Diktators Zine el-Abidine Ben Ali führte zu einer massenhaften Ausreise von jungen Männern nach Lampedusa und erinnerte nebenbei daran, dass es bereits seit Jahren ein Abkommen mit diesem Diktator gegeben hatte. Binnen weniger Tage kamen Tausende in Lampedusa an, so viele wie nie zuvor in so kurzer Zeit. Mit dem Beginn des Bürgerkriegs in Libyen im März 2011 explodierte die Zahl der Landungen. Zehntausende flüchteten nun vor dem Krieg. Auch wenn Hunderttausende in die viel kleineren arabischen und subsaharischen Nachbarländer flüchteten, sahen sich viele Menschen in Europa bedroht. Die politische Rhetorik verschärfte sich zunehmend.

Die Bilder der völlig überforderten Insel mit tausenden Bootsflüchtlingen, die unter freiem Himmel schlafen mussten, gingen um die Welt.

So geriet Lampedusa wieder einmal in den Fokus der Öffentlichkeit. Aber die Öffentlichkeit, allen voran ihr Mediensystem, hat eine kurze Aufmerksamkeitsspanne. Eine Chronik der Ereignisse in Buchform zu schreiben ist schon aufgrund dieser Kurzlebigkeit schwer möglich. Das ist auch nicht mein Ziel. Der Aufbau meines Buches folgt vielmehr in loser chronologischer Ordnung unseren Erfahrungen, unserem Erkenntnisprozess und den Ereignissen in Lampedusa. Mit diesem realitätsnahen Aufbau kann dem Anspruch, das Befinden der Menschen greifbar zu machen, und zu erzählen, wie sich Lampedusa anfühlt, am ehesten entsprochen werden. Dabei sollen die betroffenen Personen selbst ausführlich zu Wort kommen.

Abgesehen davon, dass unsere Erfahrungen in Lampedusa trotz der jeweils sehr unterschiedlichen äußeren Bedingungen eine Kontinuität vermittelten, die über den Ereignissen zu stehen schien, brauchen wir Zeit, Dinge auseinander zu nehmen, Zeit, genau hinzusehen. Das mag in der heutigen Zeit altmodisch und detailverloren wirken, ist aber umso wichtiger, je komplexer die globalen Verflechtungen menschlichen Zusammenlebens werden. Die Wissenschaften vom Menschen – Geschichte, Soziologie, Kulturanthropologie, Ethnologie u.s.w. – bringen laufend neue Erkenntnisse, Theorien und Analysen hervor, die revidiert, ergänzt und verworfen werden, bevor sie überhaupt gesellschaftlich und politisch wahrgenommen werden. Dies ist der Hauptgrund, warum die gesellschaftliche Entwicklung der wissenschaftlichen Erkenntnis hinterherhinkt – oder umgekehrt: die Wissenschaft den gesellschaftlichen Entwicklungen oft keine greifbaren Analysen oder Gestaltungsoptionen bereitstellen kann.

Ich bin überzeugt – und darin bin ich ganz Ethnograph –, dass wir uns die Mittel geben müssen, durch die Beschreibung des Alltags, des „Normalen" im jeweiligen Kontext, ein möglichst breites Gespür (noch vor dem Verständnis) für die Komplexität, Vielschichtigkeit und Widersprüchlichkeit unserer Gesellschaft zu schaffen. Durch die Sensibilisierung für die Gleichzeitigkeit des Ungleichzeitigen, für die Details der Lebenswelten jener, die wir zu kennen glauben, wird jenen zerstörerischen Kräften die Grundlage entzogen, die sich die scheinbare Verworrenheit unserer Welt und Zeit zunutze machen, um mit einfachen, schnellen Urteilen und Lösungen sich selbst und andere zu betrügen.

Dies ist ein zentrales Anliegen meiner Arbeit. Es ist wünschenswert, dass künftig häufiger langsam geschaut wird – kein Plädoyer für Weltfremdheit, sondern für Aufmerksamkeit.

Annäherungen an eine Insel

Die Berichte über Lampedusa sind fragmentarisch und unbefriedigend. In den Tageszeitungen, Fernseh- und Radioberichten werden mal mehr, meist weniger reflektiert die immer gleichen Schlagworte reproduziert: die Hoffnung der Elenden auf den sicheren Hafen oder das erhoffte Paradies Europa im besten Fall, die Angst vor dem kriminell organisierten Ansturm der Arbeitsunwilligen auf Europas Arbeitsmärkte und Sozialsysteme im schlimmeren – nicht im schlimmsten – Fall. Dabei entsteht allerdings kein zusammenhängendes Bild über die Realität vor Ort. Wie ist das eigentlich, wenn ein Boot in Lampedusa ankommt? Haben die Menschen in Lampedusa Angst vor den Fremden? Denn hier scheinen die Bedrohungsszenarien von Flüchtlingswellen doch Realität anzunehmen. Ist es eine rassistische Gesellschaft?

Die Medien, die Politik und die Bürger in der Mitte Europas wissen über Lampedusa und die *lampedusani*, die Bewohner dieses vergessenen Felsens, gar nichts. Dabei schieben wir in der Mitte die unhaltbare Lage in den Grenzregionen immer wieder als Argument für das Festhalten an und das Verstärken der restriktiven Außengrenzpolitik vor.[2] Dass die italienische Regierung ebenso wie die Regierungen der anderen EU-Staaten davon genauso wenig weiß und an einer Änderung dieses Mankos in keiner Weise interessiert ist, stellt sich – für uns in diesem Ausmaß schockierend – im Zuge unserer Arbeit heraus. Unser ethnographisch motiviertes Interesse wird somit auch zu einer politischen Verpflichtung: die Instrumente der Wissenschaft und der Kunst in den Dienst der Aufklärung gesellschaftspolitischer Diskurse und Amnesie zu stellen.

---

2 Es hat auch damit zu tun, dass wir in den Ländern des Nordens unseren Partnerländern im Süden nicht zutrauen, uns die Armen vom Leib zu halten, weil wir ihnen eigentlich die gleichen Eigenschaften zuschreiben, die für uns die „Immigranten" kennzeichnen, und die wir entweder verabscheuenswürdig, bekämpfenswürdig oder nicht in unsere Mitte passend finden. Die Arroganz der Unterstellung dieses ökonomischen und – was schlimmer ist – kulturellen Nord-Süd-Gefälles bereits innerhalb Europas wird in nationalen und europäischen Auseinandersetzungen immer wieder deutlich.

Die kalten Fakten können dabei immer nur die Basis darstellen, auf der die Bemühungen sich gründen, die Menschen einer Gesellschaft, ihre Handlungen und Strategien zu verstehen.

Zur geographischen Lage Lampedusas

Lampedusa ist mit etwa 20 km^2 und 5.700 Einwohnern die größte der zu Sizilien gehörenden Pelagischen Inseln, vor dem vier mal kleineren Linosa, auf dem knapp 500 Einwohner leben, und dem unbewohnten Lampione, das nur etwa 200 Meter lang ist. Die Gemeinde „Lampedusa und Linosa" gehört zur sizilianischen Provinz Agrigento. Die meisten Einwohner Lampedusas wohnen in der einzigen Ortschaft der Insel, die ebenfalls Lampedusa heißt und von den *lampedusani* schlicht *paese*, Dorf, genannt wird.

Lampione ist von Lampedusa aus auch bei mäßigem Wetter zu sehen, Linosa nur bei klaren Verhältnissen, denn es liegt 45 Kilometer entfernt. Tunesien (110 km) oder Malta (90km) sind zu weit entfernt, als dass man bis dorthin sehen könnte. Die libysche Küste liegt etwa 300 Kilometer südlich. Nach Sizilien sind es gut 200 km. Damit liegt Lampedusa entgegen weit verbreiteter Vorstellungen deutlich weiter von Afrika entfernt als etwa Gibraltar oder das spanische Tarifa, das mit 14 Kilometern Entfernung zu Marokko Afrika am nächsten kommt.

Geologisch gehören Lampedusa und Lampione zur afrikanischen Kontinentalplatte, im Gegensatz zu Linosa, das vulkanischen Ursprungs ist. Das Meer zwischen der afrikanischen Küste und Lampedusa ist deshalb kaum mehr als 130 Meter tief, es gibt aber zahlreiche Untiefen mit nur 50–80 Metern.

Wie weit Sizilien entfernt liegt, lässt sich an der täglichen Fährverbindung über Linosa nach Sizilien bemessen. Die Überfahrt dauert acht Stunden. Im Sommer verkehrt zusätzlich einmal täglich ein Tragflächenboot, das die Strecke in gut vier Stunden schafft. Bei schwerer See, vor allem im Winter, bleibt die Fähre tagelang, manchmal wochenlang aus.

Lampedusa hat einen kleinen Flughafen, der zwei tägliche Verbindungen nach Palermo und zweimal wöchentlich nach Catania bietet.

Im Sommer bringen zahlreiche Charterflieger Touristen aus Norditalien auf die Insel.

Zur Geschichte Lampedusas

Durch seine Lage weitab der Küsten des Festlandes wurde Lampedusa erst spät bevölkert. Über die Jahrhunderte blieb die Insel weitgehend unbewohnt. Einige Schiffbrüchige und Einsiedler hinterließen ein paar disparate Spuren. Als Ort des Transits zwischen den Ufern des Mittelmeeres war die Insel allerdings schon früh bekannt. Davon zeugen historische Reiseberichte ebenso wie einige wenige archäologische Fundstücke, die Raum für zahlreiche Spekulationen und Mythen geben, die man in Lampedusa immer wieder zu hören bekommt. Jahrhunderte lang war die Insel im Privatbesitz der Fürsten Tomasi di Lampedusa, die kein Interesse an einer ökonomischen Entwicklung der Insel hatten und auch nicht nach Lampedusa kamen. Erst im 19. Jahrhundert wurde die Insel an das Königreich beider Sizilien verkauft.

Im Jahr 1843 startete mit der Entsendung von 120 Männern und Frauen unterschiedlicher Berufe und Qualifikationen von Sizilien aus eine generalstabsmäßig organisierte Kolonisierung der Insel. Mit großzügigen Subventionen wurden sie vom Staat ermutigt, auf Lampedusa einen Neubeginn zu wagen und die Armut ihrer Herkunftsorte zu überwinden. Es ging dabei nicht zuletzt darum, eine dauerhafte bourbonische Präsenz an diesem strategischen Punkt mitten im Meer zu gewährleisten.

Während der ersten Jahre genoss Lampedusa Zollfreiheit, so dass der Handel mit den Inseln Malta und Pantelleria erleichtert war.[3] Bis in die 1870er Jahre wurde Lampedusa außerdem Steuerfreiheit gewährt. Dennoch stieg der Subventionsbedarf stetig. Bis zum heutigen Tag kam Lampedusa nie ohne staatliche Subventionierung aus (zumindest

---

3 Dass in letzter Zeit der Ruf nach einem Freihafen als Entschädigung für die befürchteten Einnahmeausfälle im Tourismus durch das Phänomen der Migration lauter wird, mag auch an dem Narrativ dieser Vorgeschichte liegen.

in dieser Hinsicht ist der – ebenfalls seit dem 19. Jahrhundert beleg-te – Diskurs, vom Staat allein gelassen zu sein, zum Teil nicht begrün-det). Wie der gesamte Süden Italiens wird Lampedusa außerdem als so genannte Konvergenzregion von der Europäischen Union subven-tioniert.

Eine erste wirtschaftliche Lebensgrundlage schufen sich die Siedler, indem sie die ursprünglich bewaldete Insel rodeten und Holzkohle für den Export herstellten. So sollte außerdem das Land urbar gemacht werden. Als der Wald abgeholzt war, versuchte man auf Ackerbau um-zustellen. Doch die Böden, nach der Rodung nunmehr schutzlos den peitschenden maritimen Winden ausgesetzt, erodierten schnell. Erst nachdem die natürlichen Ressourcen der Insel nachhaltig verloren wa-ren – heute versucht man mühsam, in einem kleinen Naturschutzgebiet wieder Wald aufzuforsten –, besann man sich Ende der 50er Jahre des 19. Jahrhunderts auf das Naheliegende: den Fischfang.

Dass die Lebensbedingungen in Lampedusa den meisten alles an-dere als ein gutes Auskommen boten, zeigt eindringlich die Tatsache, dass ab den 1880er Jahren zahlreiche *lampedusani* nach Nordafrika auswanderten, vorwiegend nach Tunesien, weil sie sich dort ein bes-seres Leben erhofften. Zugleich erscheint diese „umgekehrte" Migra-tionsbewegung sinnbildlich für die besondere Situation dieses letzten europäischen Felsens vor Afrika und für das Elend, das hier herrschte. Ab 1872 wurden zunehmend vom Festland Verbannte aus ganz Italien auf die Insel gebracht: Landstreicher, Kriminelle, *mafiosi* und politi-sche Gegner, derer man sich auf dem Festland entledigen wollte. Die Anwesenheit dieser Verbannten führte einerseits zu Konflikten, ande-rerseits wurden sie zwangsläufig in die kleine Gesellschaft integriert. Die Stigmatisierung der Verbannten hält an; diejenigen, die von ihnen abstammen, verbergen dies bis heute.

Immer wieder gab es auch Überlegungen seitens der Regierung, und Befürchtungen seitens der Bevölkerung, Lampedusa überhaupt zu ei-ner Gefängnisinsel zu machen. Das Bewusstsein, auf einer Insel zu le-ben, die durch ihre Abgeschiedenheit und ihre territoriale Begrenzung zum Ort wurde, an den die von der Gesellschaft Ausgeschlossenen ver-bannt wurden, prägt auch heute die kollektiven Erzählungen, in denen sich die *lampedusani* auf einen historisch gewachsenen Zusammenhalt gegen den Staat berufen. Umgekehrt beanstandeten die nach Lampedusa gesandten Vertreter staatlicher Institutionen schon seit dem 19. Jahrhundert die Anarchie, die Arbeitsmoral, die Misswirtschaft und die Korruption in Lampedusa.

1878 wurde Lampedusa von der Kolonie in den Gemeindestatus gehoben und damit selbständig. Erst 1911 entrann die Insel durch die Anbindung ans italienische Telegrafennetz ihrer nahezu totalen Isolation. Auch heute noch wird in den Wintermonaten, wenn durch die Wetterbedingungen die Fährverbindung und damit die Lebensmitteltransporte eingestellt werden oder wenn das Unterseekabel durch die Anker der Schiffe beschädigt wird, die bei schlechtem Wetter vor der Küste Lampedusas Schutz suchen, spürbar, was Isolation auf offenem Meer bedeutet: Die hier Lebenden sind letztlich immer wieder in der Situation, gegenseitig aufeinander angewiesen zu sein.

Im Zweiten Weltkrieg wurde die Insel aufgrund ihrer bedeutenden geostrategischen Lage befestigt, es wurden Bunker gebaut, eine Landepiste für Flugzeuge aus planierter Erde angelegt – die Alten erzählen noch heute von der ungeheuren Staubentwicklung, wenn ein Flugzeug landete –, Artillerie und Flugzeugabwehr stationiert. Mehrmals forderte die faschistische Regierung in Rom die Bevölkerung vergeblich auf, die Insel zu verlassen. Lampedusa wurde im Zuge der *Operation Corkscrew*, mit der die Alliierten von Süden aus Sizilien einnahmen, bombardiert. Die Zivilbevölkerung suchte in den zahlreichen Höhlen Schutz, die sich in den Klippen der Insel befinden. Es gab keine zivilen Opfer, aber die Schäden an den Häusern waren erheblich und wurden zum Teil bis heute nicht repariert. Die Alliierten kreisten die Insel schließlich ein und das stationierte Militär – mehr als 4.000 Mann – ergab sich angesichts des bald auftretenden Süßwassermangels am 12. Juni 1943 kampflos.

Erst 1951 erfolgte mit dem Bau eines Kraftwerkes, das mit Dieselgeneratoren Strom erzeugte, die Elektrifizierung der Insel. Bis heute ist dies die einzige Art der Stromgewinnung. 1967 wurde Lampedusa ans Telefonnetz angeschlossen. Die Entwicklungsrückstände blieben dennoch enorm.

Mit dem Bau des Flughafens und einer Meerwasserentsalzungsanlage kam 1968 zögernd die touristische Erschließung aus den norditalienischen Metropolen in Gang.

1972 wurde im Westen der Insel eine Radarstation der NATO errichtet, mit der das Mittelmeer von Spanien bis Griechenland überwacht werden konnte. Faktisch wurde die Anlage ausschließlich von amerikanischen Militärs verwaltet. Inzwischen hat sich die NATO zurückgezogen. Die italienische Luftwaffe hat die Infrastruktur der Militärbasis übernommen. Der Name *Loran* (*Long Range Navigation*) blieb im lokalen Sprachgebrauch erhalten.

1986 erlangte Lampedusa zum ersten Mal das Aufsehen der nationalen und internationalen Öffentlichkeit: Libyens Präsident Muammar al-Gaddafi ließ als Antwort auf amerikanische Angriffe in Libyen zwei Raketen auf Lampedusa abfeuern, die jedoch ihr Ziel verfehlten und wenige Kilometer vor der Insel ins Meer stürzten. Dieser Umstand bedeutete paradoxerweise den Startschuss für den Tourismus auf der Insel: Viele Italiener hatten erst jetzt von der Existenz dieses Fleckens nationalen Territoriums vor Afrika erfahren und begannen sich für die unberührte Insel zu interessieren, der das Flair des nordafrikanischen Klimas anhaftet. In den Sommermonaten halten sich heute gleichzeitig bis zu 11.000 Touristen auf der Insel auf.

Dass diese Bomben tatsächlich existiert haben, ist umstritten. Auch in der Bevölkerung sind die Meinungen geteilt. So glaubhaft wie die einen versichern, die Aufschläge persönlich gehört zu haben, versichern die anderen, dass in jener Nacht nichts zu hören gewesen sei. Als identitätsstiftende Erzählung behält das Ereignis aber in jedem Fall seine Bedeutung.

In den frühen 1990er Jahren begannen vereinzelt Flüchtlingsboote aus Nordafrika in Lampedusa zu landen. In den ersten Jahren gab es keinerlei staatliche Verwaltung oder Auffangstruktur. Viele *lampedusani* nahmen die erschöpften Menschen spontan bei sich zu Hause auf. Mit der stetig wachsenden Zahl an Bootslandungen trat der Staat auf den Plan, ebenso wie NGOs, internationale Hilfsorganisationen und die Medien. Die Präsenz von Verbänden der Exekutive wurde verstärkt, Schnellboote der Finanzpolizei und der Küstenwache patrouillierten nun in den Gewässern vor der Insel, ein Erstaufnahmezentrum für die Flüchtlinge mit Platz für 90 Personen wurde am Flughafen eingerichtet. Nach der Kritik eines *undercover* eingeschleusten italienischen Journalisten an den unhaltbaren Zuständen in diesem Lager wurde auf dem Gelände einer ehemaligen Kaserne ein neues Zentrum errichtet. Dieses Zentrum, das im August 2007 in Betrieb ging und in einer Talsenke in der Mitte der Insel versteckt lag, bot Platz für bis zu 800 Menschen. Hier sollten die Migranten maximal 72 Stunden verbleiben. In der Tat sah die Gesetzeslage bis 2009 im *Centro d'accoglienza* nur eine Erstversorgung vor. Die weitere Klärung des Flüchtlingsstatus wurde in Identifikations- und Abschiebelagern in Sizilien oder auf dem Festland vorgenommen. Während der Aufenthalt in Lampedusa in der Regel nur ein paar Tage dauerte, verbrachten die Migranten zumeist Monate in den *Centri d'identificazione ed espulsione* – Identifikations- und Abschiebezentren – des Festlandes, bis ihr Status geklärt war.

Aufgrund der kurzen vorgesehenen Aufenthaltsdauer in Lampedusa galten die Lebensbedingungen in diesem Zentrum auch im europäischen Vergleich als human. Die notfallgerechte medizinische, juristische und psychologische Assistenz, die den Migranten zuteil wurde, vermittelte ein Bild der Wahrung der Menschenrechte, und die Akzeptanz für dieses Zentrum in der lokalen Bevölkerung war entsprechend hoch. Dennoch blieben die meisten Flüchtlinge wegen der hohen Zahl an Bootslandungen und der logistischen Überforderung faktisch deutlich länger in Lampedusa, manchmal saßen sie mehrere Monate fest.

2008 erreichten die Bootslandungen mit der Ankunft von ca. 36.000 Menschen einen ersten Höhepunkt.

Der große Aufstand im Januar 2009

Umso interessanter ist es, dass auf Lampedusa im Januar 2009 eine erstaunliche Solidarisierung der Bewohner mit den Migranten stattfand.

Die Krise hatte bereits Ende 2008 begonnen, als innerhalb von drei Tagen 2.000 Bootsflüchtlinge angekommen waren. Das Erstaufnahmelager war heillos überfüllt, die hygienischen Zustände und die Spannungen unhaltbar. Viele Migranten mussten trotz winterlicher Temperaturen auf Matratzenlagern im Freien übernachten.

Nachdem Innenminister Roberto Maroni von der ausländerfeindlichen *Lega Nord* am 9. Januar verkündet hatte, 2009 werde das Jahr, in dem der Ausnahmezustand in Lampedusa zu Ende gehen würde, weil künftig keine Flüchtlinge von Lampedusa mehr nach Sizilien verlegt würden, bevor ihr Status vor Ort geklärt worden sei, spitzte sich die Lage dramatisch zu.

Um das neue Ziel zu erreichen, musste das Erstaufnahmezentrum in Lampedusa juristisch in ein Identifikations- und Abschiebezentrum umgewandelt werden. Man begann mit der Errichtung eines zweiten Lagers aus Wohncontainern auf dem schattenlosen Gelände der ehemaligen NATO-Basis. Bereits der Anblick der Blechbaracken ließ uns bei der Vorstellung sommerlicher Temperaturen von über 40 Grad an der Umsetzbarkeit dieses politischen Schnellschusses zweifeln.

Die Entscheidung der Regierung brachte für Lampedusa auch symbolisch eine wichtige Neuerung: Erstmals hätte dies bedeutet, dass Einwanderer auf der Insel hätten bleiben können – nämlich jene, die einen Asylantrag hätten stellen dürfen. Dass es nicht dazu kam, weil die Politik in der Folge die Ankunft von Flüchtlingen auf Lampedusa mit völker- und menschenrechtlich zweifelhaften Methoden unterband, führte dazu, dass in Lampedusa tatsächlich alles beim Alten blieb. Oder alles zum Alten zurückkehrte.[4]

Die Bevölkerung Lampedusas reagierte heftig auf diese Entscheidungen, die über ihren Kopf hinweg gefällt wurden. In öffentlichen Kundgebungen wehrten sich die *lampedusani* in den folgenden Wochen dagegen, der Spielball einer Politik zu sein, die sich auf ihrem Rücken eines Problems entledigen wollte, das keine einfache Lösung ermöglicht. Über die Parteigrenzen hinweg verbündeten sich Lokalpo-

---

4   Ein weiterer willentlich herbeigeführter Effekt der neuen Politik war, dass die Flüchtlingsboote nun zum Teil wieder selbst an den Küsten Lampedusas landen konnten, weil man ihnen nicht mehr entgegenfuhr – während unseres Aufenthaltes im Winter 2009 kamen z.B. drei Boote an der malerischen *Spiaggia dei Conigli* an, dem touristischen Wahrzeichen der Insel –, sodass einerseits die Bevölkerung verunsichert wurde, sie zugleich aber mit der Vorahnung auf die Konsequenzen einer solchen Landung in der Touristensaison gegen die Flüchtlinge aufgebracht werden sollte (was im Übrigen nicht gelang). Siehe dazu auch „Gerettet".

litiker und es formierte sich eine Bürgerinitiative: Man setzte sich mit allen Mitteln zur Wehr. Am 23. Januar 2009 kam es zum Generalstreik. 5.000 Menschen gingen auf die Straße und demonstrierten – das ist quasi die gesamte Bevölkerung. Der Zug zog vor das Flüchtlingszentrum. Zu keinem Zeitpunkt demonstrierten die *lampedusani* gegen die Flüchtlinge, sondern allein gegen die Entscheidung der Regierung, sie nicht nur wie bisher mit der Bewältigung des Flüchtlingsphänomens allein zu lassen, sondern die Insel zu einem „Gefängnis unter offenem Himmel" zu machen.

Am 24. Januar 2009 gingen die Proteste weiter. Hunderte Flüchtlinge verließen das Auffanglager – es ist nicht geklärt, wie das gelingen konnte – und zogen ins Dorf. Als sie auf die einheimischen Demonstranten stießen, solidarisierten sich diese und gemeinsam forderten sie nun lautstark ihre Freiheit und ihre Rechte ein. „*Libertà, libertà*" wurde zum Slogan, der Einheimische und Flüchtlinge verband. Am Ende des Tages begleiteten die *lampedusani* die Flüchtlinge zurück ins *centro*[5]. Mehrere Dutzend Migranten tauchten nicht wieder auf. Einige entkamen mit Hilfe von Einheimischen von der Insel.

Die italienische Regierung reagierte auf die Eskalation mit einer massiven Verstärkung des Polizeiaufgebotes. Hunderte Männer der unterschiedlichen Polizeiverbände wurden aus ganz Italien nach Lampedusa entsandt – vorgeblich um die Flüchtlinge künftig daran zu hindern, auszubrechen, obwohl Ministerpräsident Silvio Berlusconi zynisch bemerkt hatte, sie seien frei, ein Bier trinken zu gehen. In Wirklichkeit bereitete die Einigkeit und die Aufmüpfigkeit der Bevölkerung der Regierung Sorge. Auf vier Einwohner kam nun ein Polizist.

Am 17. Februar wurde eine Gruppe Tunesier nach Rom verlegt, um von dort nach Tunesien abgeschoben zu werden. Im nach wie vor vollkommen überfüllten Flüchtlingszentrum brach eine Revolte aus, Matratzen wurden angezündet. Ein großer Teil der Struktur wurde Opfer der Flammen, aber wie durch ein Wunder kam niemand zu Tode.

Ursula, Diana und ich verfolgten diese Ereignisse zu Hause in den

---

5   Im lokalen Sprachgebrauch heißt das *Centro d'accoglienza* einfach *centro*.

Medien. Wir hatten unseren Flug für Anfang März bereits seit Längerem gebucht, und die massive Medienpräsenz bereitete uns Unbehagen. Wir befürchteten, in der Tagesaktualität mit unserem Ansatz in Bedrängnis zu kommen, weil Journalisten eine Kultur der medialen Aufgeregtheit quasi mit sich führen und damit zur Wahrnehmung und Konstruktion eines Ausnahmezustandes erheblich beitragen. Als wir gut zwei Wochen nach dem Brand in Lampedusa ankamen, waren wir erstaunt, dass die Journalisten und Fernsehteams bereits fast alle wieder abgereist waren. Nur die zahlreichen Polizisten, *carabinieri*, Soldaten und Beamten der Küstenwache und des Zolls waren noch sichtbar.

In den Folgemonaten versiegte der Flüchtlingsstrom aufgrund eines bilateralen Abkommens zwischen Italien und Libyen weitgehend.

Nichts zu sehen

„Lampedusa ist die einzige Gemeinde Italiens, in der es keine Ausländer gibt", sagt ein Restaurantbesitzer 2008 in einem Buch von Stefano Liberti. Die provokative Aussage macht stutzig: Was ist mit den zehntausenden Bootsflüchtlingen, die in den letzten Jahren angekommen sind und die zu Hunderten in zwei großen Aufnahmelagern eingesperrt sind? So versteckt, wie die beiden *centri* liegen, kann man die Realität der Problematik tatsächlich verdrängen, und die *lampedusani* tun dies nach Kräften. Einerseits wohl, um die fragile Einkunft, die der Tourismus gewährt, nicht zu gefährden, andererseits vielleicht, um das Unerträgliche, das um sie herum passiert, nicht in ihrem Alltagsleben überhandnehmen zu lassen, vielleicht auch aus Abstumpfung. Das ist schwer zu sagen, weil gerade im Jahr 2009, als das Polizeiaufgebot so massiv ist, dass es nicht mehr übersehen werden kann, kaum jemand das Thema anspricht, und unsere behutsamen Anfragen meist ausweichend beantwortet werden. Auch 2010 mochte man mit Leuten, die von außen kamen, nur ungern über das Thema reden. Meistens sagte man uns gleich vorweg, dass es gut sei, dass die Angelegenheit jetzt gelöst sei, und wischte damit zugleich die Diskussion vom Tisch. 2011 hingegen war das Thema in aller Munde, weil jetzt viele um den

Tourismus und damit um ihre Existenzgrundlage bangten. Gleichzeitig aber beschwerten sie sich, dass das Thema wieder hochgekommen sei. Diese Tatsache schien mehr zu stören als die Situation selbst.

Wie sollte man noch leben auf einer Insel, auf der das Elend der kleinen Gesellschaft ohnehin nur von einer fragilen Schicht von Normalität verdeckt ist: keine Arbeit, unzureichende Versorgung, wenig Perspektiven für die Jugend?

Die *lampedusani* haben sich im Alltag so eingerichtet, als gebe es das Problem nicht. Dadurch entsteht ein Ungleichgewicht, das unablässig ausgeglichen werden muss. An diesem Balanceakt beteiligen sich alle, auch die, die sich in der Migrationsfrage engagieren. Über diesen unausgesprochenen und ambivalenten Konsens entsteht eine enorme symbolische Aufladung. Denn tatsächlich sieht man ja die unzähligen Mannschaftswagen der Polizei, die von *carabinieri*, Zöllnern und Polizisten belegten Hotels, die vielen Männer auf der *via Roma*, der Hauptgeschäftsstrasse des Dorfes (wir haben in der ganzen Zeit nur eine einzige Polizistin gesehen). Man sieht und hört die großen Flugzeuge starten, mit denen die Flüchtlinge auf das Festland geflogen werden. Angeschwemmte Schwimmwesten am Strand rufen die Realität makaber ins Gedächtnis. Bei der Abfahrt der Fähre wimmelt es im Hafen von Polizei. Aber einen Flüchtling bekommt man selten zu Gesicht.[6]

Das Verstecken beginnt schon bei der Ankunft der Flüchtlinge im Hafen. Eine hohe Mauer trennt die Anlegemole der Finanzpolizei von der Bucht, an deren Strand, keine 200 Meter entfernt, im Sommer die Touristen baden. Als wir bei der ersten Reise von der gegenüberliegenden Seite des Hafens auf die Mole blicken, werden dort gerade Pavillons aufgebaut, die im Sommer Schatten spenden sollen. Zwischen Ankunft und Verlegung ins Aufnahmelager vergehen oft Stunden, in denen die Flüchtlinge aufgereiht an der Mauer in der Hitze verharren müssen. Unter den Pavillons sind sie zugleich etwas weniger sichtbar. Der Abtransport ins Auffanglager erfolgt diskret, danach kehren Stille und Langeweile in den kleinen Hafen zurück.

Wer nicht will, kann sich auf Lampedusa wunderbar bewegen, ohne ständig mit dem Thema konfrontiert zu werden. Die vielen Polizisten, die man allerdings nicht einfach wegdenken kann, werden als störend und bevormundend empfunden und in der Bevölkerung wird die Forderung nach ihrem Abzug laut. Bis es so weit ist, wird ihre Anwesenheit kopfschüttelnd zur Kenntnis genommen. Dabei wird auch nach innen ausgeblendet, aus welchem Grund sie hier sind.

Die Verdrängung des Themas hat System und Tradition. Das Flüchtlingslager ist in der einzigen Talsenke versteckt, die es auf der winzigen Insel gibt, so dass wir es ohne Hilfe erst nach Tagen des Suchens finden können. Die Lage ist gut gewählt: Von den umgebenden Hügeln, zu denen es keine Straßenverbindung gibt, lässt es sich gut überwachen, es gibt nur einen möglichen Ausgang und – am wichtigsten – es ist von keinem Punkt der Insel aus zu sehen.

Auch der Bootsfriedhof liegt versteckt, ein Lagerplatz am Rande der örtlichen Müllhalde, auf dem die unzähligen Boote und die zertrüm-

---

6 Auch wenn das 2011 anders ist – das überfüllte *centro* wurde geöffnet, um den ansonsten unausweichlichen Spannungen zwischen den Migranten die Grundlage zu entziehen, und die Bootslandungen haben zahlenmäßig so stark zugenommen, dass ein Verstecken unmöglich wurde, ändert sich nichts am Befund, dass man die unterschiedlichen Lebenswelten so gut wie möglich voneinander getrennt halten will: jene der Migranten und Flüchtlinge, jene der Touristen und jene der Einheimischen.

merten Bootsreste gesammelt werden, weil niemand weiß, was damit geschehen soll. Vom Zoll beschlagnahmt, können die Fischkutter mit nordafrikanischer Zulassung in Italien nicht mehr genutzt werden, die afrikanischen Eigentümer sind nicht ausfindig zu machen. Die meisten Boote sind ohnehin marode. Als im Januar 2011 die bislang stärksten Landungen einsetzten, kam man nicht mehr damit nach, die Boote wegzuschaffen. Sie wurden gleich am Hafen neben dem Fußballplatz deponiert. Trotzdem blieben in dieser Zeit zahlreiche Boote im Hafenbecken – alles war überfüllt. So wurden sie als Zeichen des nicht mehr zu verbergenden Notstandes plötzlich für alle sichtbar.[7]

In Lampedusa gibt es also keine Ausländer. Dies ist doppelt wahr: Auch unter der Wohnbevölkerung finden sich kaum Ausländer. Die Flüchtlinge, die nach Klärung ihres Status in Sizilien legal im Land bleiben dürfen, kommen nicht zurück auf die Insel, ebenso wenig jene,

---

[7] Als ich im Februar 2011 mit dem Moped über die Insel fuhr, holten mich zwei Journalisten auf einem Moped ein und fragten mich, als sie auf gleicher Höhe waren, wo der zweite Bootsfriedhof sei. Wie schnell sich die Zeiten ändern: Jetzt war der alte Bootsfriedhof bei den Journalisten schon der zweite Geheimtipp, der ihre Reportage über die der anderen herausheben sollte.

die untertauchen. Auf der Insel wohnen zwei chinesische Familien, die kleine Geschäfte betreiben, und einige Frauen aus Rumänien, die als niedrig entlohntes Pflegepersonal bei einheimischen Familien arbeiten, die sich für ihre alten und kranken Angehörigen keine andere Pflege oder keinen Krankenhausaufenthalt in Palermo leisten können. In den meisten Familien fällt diese Rolle den Frauen zu.

Lampedusa lebt also paradoxerweise in einer ganz anderen Realität als die meisten anderen Orte in Europa, in denen Migranten immer sichtbar sind.

Oft empfanden wir das Gefühl einer trügerischen, fast archaisch anmutenden Idylle. Die Stille und das besondere Licht, das türkisfarbene Meer und die rauhen Fischer, auch der Topos der widerständigen, eigenbrötlerischen Insulaner verführen zu einer Romantisierung des Ortes und seiner Bewohner. Zugleich bröckelt die vermittelte Idylle an allen Ecken. Man sieht den Menschen die Armut an.

Über dem Friedhof liegt unerträglicher Dieselgestank, der von den dumpf surrenden Generatoren des benachbarten Elektrizitätswerks herüber geweht wird. Die Hotels sind klein, ärmlich, Sanierungen stünden an. Die *via Roma*, die Hauptstraße des Ortes und Flaniermeile (*il corso*), ist von Schlaglöchern übersät, bei unserem Aufenthalt im März 2009 hängt noch die armselige, halb kaputte Weihnachts-

beleuchtung über der Straße. Verfallende Fischkonservenfabriken am Hafen führen den Niedergang der lokalen Fischerei vor Augen. Der Ort versprüht nicht ausreichend pittoresken Charme, um die Idylle zu rechtfertigen, denn überall ist der Verfall greifbar.

Terre de migrations – Migrationsland

Das Besondere an Lampedusa liegt in seiner geographischen Lage, seiner spezifischen Situation und seiner symbolischen Bedeutung.

Es ist ein Auswanderungsland, denn seit Lampedusa im 19. Jahrhundert besiedelt wurde, wanderten die Bewohner in großer Zahl aus: nach Sizilien, nach Neapel oder Rom, nach Norditalien, in die Länder jenseits der Alpen – und nach Tunesien. Überall schien es besser als hier, sogar in Afrika. Einige kamen zurück, weil sie sich mit ihrer Insel verbunden fühlten, andere mussten Tunesien nach dem Zweiten Weltkrieg verlassen, als in den französischen Kolonien keine Italiener mehr geduldet wurden.

Diese vielschichtigen Migrationsbewegungen bieten Stoff für große identitätsstiftende Erzählungen. Sie konstruieren eine fast mythische Insularität, die alle *lampedusani* verbinde und sie überall außerhalb der Insel zu Fremden mache, die sich fehl am Platz und unverstanden fühlten. In dieser Erzählung ist es das Meer, der Felsen, der Wind, der die *lampedusani* am Leben hält. Vielleicht kamen sie ja auch zurück, weil sie nicht den Wohlstand fanden, den sie suchten. Dies kann dann etwa in eine Sehnsucht nach dem besonderen Lebensstil und -rhythmus auf der Insel umgedeutet werden. Auch die zahlreichen Männer, die in ihrer Jugend auf den großen Schiffen internationaler Reedereien angeheuert hatten, kamen wieder. Welterfahren haben sie das Mittelmeer und den Atlantik kennen gelernt, nun sind sie wieder auf ihrer Insel und fahren höchstens noch in ihrem Einzugsgebiet zur See.[8]

---

8 Wir lernten im Laufe der Zeit viele Heimkehrer kennen. Niemand von ihnen lebt in Lampedusa ein dem früheren, außerhalb der Insel verbrachten vergleichbares dynamisches Leben.

Das Meer ist das Tor zur Welt, vielleicht meinte der Fischer Vito genau das, als er uns fragte, ob wir die Insel schon mit dem Boot umrundet hätten. Als wir verneinten, lachte er und meinte: „Wenn man Lampedusa nicht vom Meer aus gesehen hat, hat man es nicht gesehen."

Ein Einwanderungsland war Lampedusa einerseits zu keinem Zeitpunkt, andererseits wurde es durch die generalstabsmäßige Besiedlung über eine kollektive, organisierte Migration als Gemeinde überhaupt erst begründet. Ein Stück Neue Welt in Italien. Das Bewusstsein, Nachfahren dieser Pioniere zu sein, dieser Hauch von ererbtem Abenteuer ist bei zahlreichen *lampedusani* spürbar und ein wichtiger Bestandteil ihrer Identität und ihres Selbstbewusstseins.

Ein Ort des Transits ist Lampedusa durch die Flüchtlinge, die ankommen, um nicht zu bleiben. Sie bringen eine andere, schnelllebige Realität auf die Insel, von der das Alltagsleben unberührt zu bleiben scheint. Auch die Medienvertreter, Journalisten und Fernsehteams, die sich kurzzeitig für das Themenpaar Lampedusa und Flüchtlinge interessieren, sind im Transit: Sie kommen, ohne sich auf das Tempo der Insel einzulassen, und fliegen weiter, ohne die Vielschichtigkeit der Insel erfasst oder verstanden zu haben, und ohne der Insel etwas zurückzulassen.

Für die Touristen, die im Sommer Lampedusas Strände bevölkern, und die nach ihrem Urlaub wieder abziehen, um nächstes Jahr woanders den gleichen Urlaub zu verbringen, ist Lampedusa ein Nicht-Ort, d.h. ein Ort ohne Eigenschaften, den man nicht wegen seiner Einzigartigkeit, sondern wegen dem aufsucht, was man in allen Orten des Badetourismus vorfindet: Strand, Sonne, Hitze und abendliches Bar-Leben.

Aus der Vielfalt der unterschiedlichen örtlichen, identitären und politischen Bedingungen ist Lampedusa am ehesten als *terre de migrations* – Migrationsland – zu bezeichnen, denn alles dreht sich um Bewegung. Die Richtungen, Motivationen, Zwänge, aber auch die Akteure der Bewegung sind dabei ausgesprochen heterogen. Die einen gehen und kommen nicht wieder, andere gehen und kommen wieder, wieder andere sind auf der Durchreise, andere kommen nie weg und leiden daran.

Es ist nicht nur die Tatsache, in Bewegung zu sein, sondern die Frage, wie diese Bewegung[9] vorgegeben ist: Erfolgt sie freiwillig? Entspricht sie vielleicht nur einem Wunschdenken? Kann sie – aufgrund der Rechtslage etwa – gar nicht anders verlaufen?

In mehreren ethnographischen Gesprächen und Interviews kamen diese Fragen mehr oder weniger explizit zum Ausdruck, aber auch die Beobachtungen der Menschen, des gebauten Raumes, des Hafens und des Meeres verweisen auf die Bedeutung der Bewegung auf dieser Insel, auf der alles stillzustehen scheint.

Ein paar Bilder

Menschen sind immer auf der Suche nach Bildern, Vorstellungen und Kategorien, nach denen sie sich und andere, ihre Welt und das Fremde interpretieren und einordnen können. Solche Bilder und Verallgemeinerungen nehmen die Unsicherheit weg, sie geben – scheinbar – Gewissheit.

An Europas Rändern haben diese Bilder eine ganz besondere Macht, aber auch eine besondere Faszination. Es sind mehr oder weniger abstrakte Vorstellungen, die für sich genommen noch keinen Realitätsgehalt haben, weil sie höchst unterschiedlich sind, je nachdem, aus wessen Perspektive sie stammen. Aber sie vermischen sich, beeinflussen sich gegenseitig, stellen sich in Frage, verändern sich und bringen neue Bilder und Vorstellungen hervor, die ihrerseits – und das ist die besondere Dynamik von Bildern – die Lebenswelten und die Realität beeinflussen und formen, ja zum Teil überhaupt erst hervorbringen.

Diese Vorstellungen, Phantasmen, Vorurteile und Exotismen gilt es zu entwirren und bewusst zu machen. Denn die Wirkmacht der Summe dieser Bilder ist es, die das Europa herstellt, in dem wir leben und in dem unzählige andere leben möchten. Letztlich werden auf den höchsten Ebenen in Wirtschaft und Politik die Entscheidungen auch

---

9 Dabei kann Bewegung in diesem Fall auch die Abwesenheit von Bewegung bedeuten, also das Bleiben.

aufgrund von Meinungen und Bildern getroffen und seltener aufgrund einer umfassenden Sachkenntnis oder eines weiter gehenden Verständnisses (denn oftmals erliegen gerade die Experten, die losgeschickt werden, um Studien zur Beschaffenheit der Gegenwartsgesellschaft für Regierungen zu erstellen, just diesen Bildern). Es ist die Aufgabe der reflexiven Kulturwissenschaften und der Ethnologie, an diesem gesellschaftspolitisch höchst relevanten Punkt die ihnen zur Verfügung stehenden Mittel der Analyse zur Verfügung zu stellen, um dem Ideal des aufgeklärten Handelns, dem sich die europäischen Gesellschaften verpflichtet fühlen, ein Stück weit näher zu kommen und dem in den herrschenden Milieus um sich greifenden Wunsch nach Vereinfachungen, Pauschalisierungen und leichten, schnellen Lösungen einen differenzierten Blick entgegenzusetzen, der danach fragt, wie die Dinge zusammenhängen.

Dazu gilt es im vorliegenden Fall zuerst, etwas Ordnung in die unterschiedlichen betroffenen „Bilderproduzenten" und die vorherrschenden Vorstellungen zu bringen. Ich bin mit meiner persönlichen und akademischen Biographie ein nicht unwesentlicher Faktor. Die Vorstellung, dass die Forschenden sich ganz zurücknehmen und wie die berühmte Fliege an der Wand die Menschen von oben beobachten können, wurde seit den 1980er Jahren als ideologisch dekonstruiert. Der Einfluss ist im Gegenteil enorm. Einer der wichtigsten Begründer des ethnologischen Films, Jean Rouch, forderte bereits in den 1960er Jahren, dass der Ethnologe oder die Ethnologin vielmehr die Fliege *in* der Suppe zu sein habe, also nicht nur aktiv am Geschehen teilzunehmen habe, sondern in seiner Eigenschaft als von außen eingedrungener Fremdkörper.

Welche Vorstellungen hat man nördlich von Italien von Lampedusa? Kennt man Lampedusa überhaupt? Je mehr man sich aus der Distanz mit den spärlichen Informationen beschäftigt, desto mehr zeichnet sich ein Bild der sozialen, ökonomischen und politischen Devastation, das sich wie eine Abwärtsspirale liest: Italien, das Mediterrane, der Süden, der Süden Italiens, im Süden Italiens Sizilien, die äußerste Peripherie Siziliens und dort vorgelagert Lampedusa. Diese Bilder wirken stark auf uns, die wir uns im Zentrum Europas wähnen. Aber wo ist dieses Zentrum? In Westeuropa? In Mitteleuropa? Was ist Mitteleuropa überhaupt? In Italien gibt es den Ausdruck *la mitteleuropa*, vielleicht weil allein schon die Konzeption etwas Habsburgisches hat. Die Reise in den Süden verspricht Irritation, sie erzwingt einen Perspektivwechsel. Der Rand Europas wird auf einmal greifbar, und die politischen Diskurse über die Grenze und die Einwanderung entpuppen sich als unwissender Populismus.

Und die Bewohner der Insel, in ihrer ganzen Heterogenität: Was sind die großen Erzählungen, die die Vorstellungen zusammenhalten, ein *lampedusano*, eine *lampedusana* zu sein? Welche Bilder haben die *lampedusani* über uns Europäer, die die Insel von Norden her besuchen? Wir sind für sie *gente del nord*, „Nordmenschen". Einmal beschwert sich jemand vor mir über das Wetter. Er sagt mir, es sei schrecklich, und ich muss unvermittelt lachen. Im März erscheint mir ein Tag mit 18 Grad und wechselnder Bewölkung bei leichtem Wind ganz annehmbar. Etwas mitleidig, so als müssten wir das ganze Jahr riesigen Schneemassen trotzen, schaut er mich an und sagt: „Leute des Nordens! Weiter im Norden als ihr, das gibt's gar nicht!" Zugleich wird der Norden (dazu gehört auch der Norden Italiens) von vielen mit Ordnung, Organisation, Wohlstand und Disziplin gleichgesetzt. Diese zugeschriebenen Eigenschaften werden dabei durchaus ambivalent gesehen.

Für die Flüchtlinge, die aus der ganzen Welt über die nordafrikanische Küste nach Lampedusa kommen und oft jahrelang unterwegs sind, ist Lampedusa das Symbol der Rettung, das Tor, durch das sie das gelobte Land Europa erreichen. Ihr Blick ist weiter gestellt, nicht Lampedusa, sondern Europa ist das erträumte Ende ihrer Reise. Der Journalist Fabrizio Gatti erzählt in seinem Buch „Bilal. Als Illegaler auf dem Weg nach Europa", in dem er beschreibt, wie er – selbst als Flüchtling getarnt – die Reise der Migranten quer durch die Sahara mitgemacht hat, wie die Migranten, die sich auf die gefährlichen Transitrouten durch die Sahara wagen, ihm als Destination „*Lampa*" angeben: Sie kennen den Namen der Insel nicht. Oft habe er auch gehört, man müsse ein „*lampa lampa*" nehmen, um nach Italien zu gelangen. Die Insel und das Boot teilen die gleiche Eigenschaft: Beide unbekannt, stellen sie nur eine der vielen Etappen der Reise dar, wenn auch die Entscheidende.

Mehrere Arbeiten, die sich mit den Beweggründen der Flüchtlinge beschäftigen, haben herausgestellt, dass die Vorstellungen, die die Migranten vom Westen haben, sehr abstrakt sind und meistens von unrealistischen Vorstellungen geprägt sind, die im Falle des Scheiterns eine Rückkehr in den eigenen sozialen Kontext erschweren, oft sogar verunmöglichen, weil die Schmach, mit leeren Händen aus dem Land des erhofften Überflusses zurückzukommen, unerträglich ist. In diesem Sinn ist Lampedusa wie ein innerer Auftrag, etwas aus sich zu machen. Dass ihre Chancen dazu denkbar schlecht sind – im besten Fall als Asylbewerber, meistens jedoch in der ausbeutbaren, mit ständiger Angst besetzten Lage der Illegalität –, ist vielen nicht bewusst.

Die Haltung der stationierten Polizisten und Militärs pendelte zwischen einer beruflich bedingten Vorstellung, dass es eine Bedrohung durch die Flüchtlinge (und in geringerem Maße durch die Bevölkerung) gebe, und der Ratlosigkeit und Betroffenheit vor der tatsächlich erlebten Konfrontation mit Menschen in Seenot, mit Trauma und Tod. Dieser Widerspruch machte ausnahmslos allen Vertretern der Exekutive, mit denen wir sprachen, zu schaffen.

Für die italienische Regierung und den Staatsapparat ist Lampedusa ebenfalls ein Symbol, eine abstrakte Konstruktion, der Kristallisationspunkt eines Phänomens, das sich über das ganze Land erstreckt – doch in den Großstädten leben und arbeiten weitaus mehr illegalisierte Migranten als in Lampedusa. Das Phänomen der Süd-Nord-Migration ist freilich kein spezifisch italienisches, nicht mal ein spezifisch europäisches. Gerade in Europa wird gerne aus dem Blick verloren, dass das Gros der weltweiten Migration weitab der Grenzen der westlichen Länder stattfindet und in keiner Weise auf sie bezogen ist. Die politische und mediale Konstruktion einer Bedrohung verkennt, dass gerade die Welt des 20. und 21. Jahrhunderts eine Welt in Bewegung ist.

Die öffentlichen Diskurse in den europäischen Ländern sind wohl so sehr damit beschäftigt, die eigenen nationalen, lokalen und persönlichen Interessen gegenüber den ebenso kleinkrämerischen europäischen Partnerländern zu verteidigen, dass darüber aus dem Blick verloren wird, dass Migration in allen europäischen Staaten längst Realität ist.[10] Und dass sie niemals zu ernsthaften Problemen oder gar einem Umsturz geführt hat, denn den Enkelkindern und Urenkelkindern der Einwanderer der 1900er Jahre bleibt oft nur noch ein (immer weniger) exotisch klingender Nachname als Bezug zu den Herkunftsländern ihrer Vorfahren.

Die einseitige Nabelschau, Migration als unkontrollierbaren und unerhörten Andrang von außen zu begreifen, macht Angst und lässt jene Parteien erstarken, deren Exponenten die einfachsten Lösungen versprechen. Mit dem Erstarken der fremdenfeindlichen und sezessionistischen *Lega Nord* und dem von ihr ausgehenden Themendruck haben auch gemäßigte Regierungen in Italien (zeitgleich und parallel zum Rechtsruck in Europa) eine zunehmend restriktive Einwanderungspolitik betrieben. Lampedusa wurde dabei bewusst zur Flüchtlingsinsel gemacht. Denn auch die weiter nördlich gelegene Insel Pantelleria böte sich für Bootslandungen an, doch hier haben wohlhabende Prominente Anwesen gekauft. Nicht zuletzt um den *Jetset* in Pantelleria nicht zu stören, fährt die Exekutive den Booten entgegen und schleppt sie nach Lampedusa, wo nach und nach eine komplette Auffangstruktur geschaffen wurde. Die Regierung stellte Lampedusa mit Unterstützung der Medien zunehmend als Krisengebiet dar und verheimlichte zugleich, dass sie die Ausnahmesituation selbst konstruiert hatte. Lampedusa wurde für die Politik damit zum Spielball: Ständig in aller Munde, wurde das Label „Lampedusa" dazu benutzt, die eigenen politischen Interessen voranzutreiben, auch wenn kaum ein Politiker der nationalen Regierung vor 2011 jemals den Weg nach Lampedusa fand.

In der Perspektive der Europäischen Union und der europäischen Nationalstaaten wurde Lampedusa zur undichten Stelle und zum Bollwerk gegen jene, die das Europa der Stabilität suchen.

---

10 Womöglich haben wir sogar den Frieden in Europa am meisten jenen zu verdanken, die irgendwann von anderswo hergekommen sind, die also die Erfahrung des Andersseins gemacht haben und deshalb nicht in nationalistischen Kategorien denken.

Sichtbar und unsichtbar

März 2009

Palermo – Flughafen

Der *Check-in*-Schalter für den Flug nach Lampedusa liegt abgelegen in einer verlorenen Ecke des Flughafens. Uns ist sofort klar, dass wir in der richtigen Schlange stehen. Dutzende Polizisten, mit schwerem Gepäck, Funkgeräten, Schlagstöcken und Waffen, viele mit Helmen unter dem Arm, warten auf die Abfertigung. Sie machen einen abweisenden Eindruck. Zwinkernd fragt Diana einen jungen Polizisten, der vor ihr steht, ob sie wohl mit den schweren Waffen – die sie nicht mit dem Gepäck einchecken – keine Probleme bei der Sicherheitskontrolle bekämen. Er antwortet streng, dass sie für drei Wochen im Rahmen der Frontex[11]-Mission nach Lampedusa flögen und im Dienst seien. Als Vertreter der Staatsgewalt dürften sie ihre Waffen mit in die Kabine nehmen. Diana fragt noch, aus welcher Gegend Italiens sie kommen. Kurz angebunden antwortet er: „Die meisten aus Sizilien, die anderen aus ganz Italien."

In der Abflughalle warten wir auf den verspäteten Abflug. Außer Diana und mir sind nur vier oder fünf andere zivile Reisende anwesend, alle anderen sind Polizisten. Das kleine Flugzeug wird bis auf den letzten Platz besetzt sein.

Das lange Warten gibt uns ein erstes Gefühl für die Enge der Insel. Nach und nach beginnen sich die Leute für uns zu interessieren. Niemand kennt uns, und in dieser Jahreszeit fliegt kaum jemand nach Lampedusa. Der junge Polizist von vorhin schielt immer wieder zu uns herüber. Im Flugzeug sitzt er in der Reihe vor uns. Er findet Gefallen

---

11 Frontex ist die Europäische Agentur zum Schutz der EU-Außengrenzen (genauer: siehe „Palermo – Flughafen, Februar 2011")

daran, uns als Reiseführer über Sizilien aufzuklären. Er bleibt dabei ernst und humorlos, ein wenig paternalistisch und belehrend, aber nicht unsympathisch. Als das Flugzeug seine Reiseflughöhe erreicht hat, zeigt er uns in der Ferne den Ätna. Wir können den schneebedeckten Vulkan nicht sehen, denn er liegt auf der anderen Seite des Flugzeugs. Der Polizist fordert die Frau am uns gegenüberliegenden Fensterplatz kurzerhand auf, sich nach hinten zu lehnen und ihre Zeitschrift abzulegen.

Die Szene hat etwas Skurriles. Nie zuvor waren wir in einem Flugzeug mit so vielen bewaffneten Männern. Angesichts der Anti-Terror-Bemühungen der Regierungen wissen wir nicht, ob wir uns nun besonders sicher oder besonders gefährdet fühlen sollen. Die Stimmung im Flugzeug ist heiter, wie im Linienbus. Alle reden laut miteinander, und auch die wenigen zivilen Reisenden, die sich alle untereinander kennen, kommunizieren lautstark und über mehrere Reihen miteinander. Der Flugbegleiter hat seine liebe Mühe, seine Durchsagen zu platzieren.

Ankunft in Lampedusa

Nach einer knappen Flugstunde kommt die Insel in Sicht. Das Flugzeug nähert sich von Nordwesten, wir sehen die steilen Klippen der Westküste. Die Kargheit der Insel springt ins Auge, so als wäre sie ein einziger großer Felsbrocken. Kein Grün, ein paar Gebäude, einige asphaltlose Straßen, und das Dorf, das von oben wie eine kleine Stadt wirkt. Auf dem Flughafenareal steht nur ein Rettungshubschrauber. Es ist schon warm, obwohl es erst Anfang März ist. Über den flimmernden Asphalt gehen wir zu Fuß ins Flughafengebäude. Die Ankunftshalle ist kaum größer als ein Wohnzimmer. Ein kurzes Förderband gibt es, aber man sieht, wie die Koffer draußen von Hand hinaufgeworfen werden, keine drei Meter entfernt. In der winzigen Empfangshalle erwartet uns unser Vermieter Aldo, ein sonnengebräunter Mann Anfang 50 mit wachen Augen und verschmitztem Gesichtsausdruck. Er kommt zielstrebig auf uns zu und begrüßt Diana und mich herzlich. Er scheint alle anderen zivilen Reisenden zu kennen. Gleich vor dem Flughafen-gebäude parkt sein Auto. Am Rande des Parkplatzes stehen die ersten Wohnhäuser: Der Flughafen liegt tatsächlich mitten im Dorf.

Über eine holprige Straße fahren wir in Richtung Zentrum. Mein Italienisch ist eingerostet, ich muss mich sehr aufs Zuhören und aufs Sprechen konzentrieren. Aldo zeigt und erzählt uns, was links und rechts der Straße liegt. Nach einer guten Minute Autofahrt biegt er schon in die *via Roma* ab, auf der sich in Lampedusa alles abspielt. Er grüßt immer wieder mit Handzeichen Leute, die er kennt. Wir fahren in Richtung des Bootshafens, vorbei an einem an Land gezogenen Schiff mit arabischer Aufschrift. Als wolle er erst gar keine Frage aufkommen lassen, macht Aldo eine vage Geste: *„Barca di clandestini"*[12] – Illegalen-boot –, sagt er in seiner diplomatischen Art, die wir im Laufe der Zeit immer wieder an ihm erleben und die nicht erkennen lässt, welchen Standpunkt er zu dem Thema vertritt. Er bleibt immer ein wenig rät-selhaft. Ein paar hundert Meter weiter die Militärzone im Hafen. Wir erkennen den Bereich, wir haben ihn auf Fotos in den Zeitungen und in Internet-Berichten schon mehrmals gesehen. Keine hundert Meter entfernt liegt das touristische Lampedusa, der Strand, die Hotels und Pensionen. Aldo vermietet im Sommer Ferienhäuser und freut sich über unsere Anfrage mitten im Winter. Er setzt uns in unserer Wohnung ab, sagt uns, dass in der Wohnung über uns zur Zeit ein österreichischer Architekt einquartiert sei, verabschiedet sich und fährt davon.

Wir befinden uns in einer völlig menschenleeren Straße.

Später gehen wir ins Dorf, um Lebensmittel einzukaufen. Wir müs-sen durch den so genannten „neuen" Hafen gehen. Der „alte" Hafen liegt auf der anderen Seite der Bucht – niemand konnte uns sagen, warum diese Trennung besteht, und wann die beiden Häfen angelegt wurden. Ersichtlich ist es jedenfalls nicht. An der Hafenstraße liegen

---

12 Die meisten *lampedusani* bezeichnen die Migranten als *clandestini* – Illegale. Die Bezeich-nung ist wie im Deutschen abschätzig konnotiert und wird in der Regel unreflektiert ver-wendet. Jene, die in Lampedusa von Migranten, Flüchtlingen o.ä. sprechen, haben sich mit der Thematik bewusst auseinandergesetzt und wählen die Begriffe auch, um ihre Haltung zu dem Thema im Unterschied zur abwertenden oder desinteressierten Herangehensweise der Mehrheit zum Ausdruck zu bringen.

aneinandergereiht aufgebockte Fischkutter und kleinere Boote, die im Winter an Land gehoben werden, um neu gestrichen zu werden. An einigen Booten sieht man tagein, tagaus Männer schleifen und anstreichen, vor allem aber plaudern sie miteinander. Auf der anderen Straßenseite liegen das *Caffè del Porto*, das auch jetzt im Winter von früh bis spät geöffnet hat, zwei Fischgeschäfte, ein paar schmucklose Wohnhäuser und mehrere Restaurants, die noch im Winterschlaf sind. Wegen der vielen Boote an Land muss man immer wieder auf der Fahrbahn gehen und den vorbeifahrenden Autos ausweichen; eine Promenade als Flaniermeile, wie sie an vielen Mittelmeerhäfen angelegt ist, gibt es in Lampedusa nicht. Ein paar Meter weiter befindet sich die Brachfläche, auf der die beiden tunesischen Boote liegen, die Aldo uns gezeigt hatte. Direkt dahinter das staubige Fußballfeld. Von hier aus steigt die Straße an. Das Dorf liegt leicht erhöht. Die Kulisse mit den ärmlichen Häusern und ihren flachen Dächern, den hohen Bürgersteigen und der Kirche, die mit ihrem gewölbten Dach und dem niedrigen Kirchturm entfernt an eine Moschee erinnert, ist ohne besonderen architektonischen Reiz und schon gar nicht pittoresk.

Wir kaufen im kleinen Supermarkt im Zentrum Nudeln, Pesto im Glas, viel Wasser in Plastikflaschen und ein paar andere Dinge des alltäglichen Bedarfs. Viel Auswahl gibt es nicht, das meiste sind Konserven. Obst und Gemüse wird an fast jeder Straßenecke angeboten, es kommt wie alle anderen Lebensmittel mit der Fähre aus Sizilien. Die Verkäufer sind zumeist Männer aller Altersgruppen, selten nur sind sie allein.

Aldo hat uns gleich nach der Ankunft erklärt, dass man das Leitungswasser nicht trinken soll. Es gibt keine Süßwasserquelle in Lampedusa, im Gegensatz zu früher auch keine Grundwasserbrunnen. Das Leitungswasser kommt aus der Meerwasserentsalzungsanlage, jede Woche liefert zudem ein Wassertanker des Verteidigungsministeriums Süßwasser aus Sizilien an. Beim Duschen schmeckt das Wasser schal und leicht salzig auf den Lippen. Man kann es zum Nudelkochen verwenden, aber für alles andere benötigt man Flaschenwasser. Die Auswahl und der Vorrat an Flaschenwasser in den Geschäften sind enorm. Die Insel kann es sich nicht leisten, bei ausbleibendem Versorgungsschiff in Bedrängnis zu geraten. Und das Schiff bleibt oft aus, vor allem im Winter – manchmal wochenlang.

Wir schleppen unsere Vorräte zurück. Wie auf dem Hinweg fahren die ganze Zeit Autos und Mopeds an uns vorbei, vor allem aber ständig Polizeiautos, Mannschaftswagen, Militär, Zoll und *carabinieri*. Es ist beklemmend.

Die Lage unseres Viertels mit dem Namen *Giutgia* prädestiniert es für den Tourismus. Der Hafen, der größte Strand der Insel, die Distanz zum Dorfzentrum: Fast alle Hotels, viele Ferienhäuser und mehrere Restaurants haben sich hier angesiedelt. Es ist schwer vorstellbar, dass hier im Sommer der Massentourismus bebt, denn alles wirkt irgendwie abgewohnt, ungepflegt und desorganisiert. Vor den Hotels parken die Mannschaftswagen der Polizei, die hier einquartiert ist. Ein Erkundungsspaziergang im Viertel zeigt, dass wir doch nicht ganz allein sind. Es gibt ein paar bewohnte Nachbarhäuser. Und um uns herum 800 Polizisten.

Am Abend fällt der Strom aus. Zuerst denken wir, es sei nur die Sicherung unserer Wohnung, und machen uns im Finstern auf die Suche nach dem Sicherungskasten. Die ganze Wohnung ist über eine einzige Sicherung abgesichert, die wie ein Lichtschalter an der Wand montiert ist, aber die Sicherung ist in Ordnung. Draußen ist alles dunkel. Wir gehen hinauf und klopfen an die Tür des Architekten. Wir machen im Dunkeln Bekanntschaft. Er ist froh, dass wir deutsch sprechen, denn er kann kein Wort italienisch und ist deshalb kaum in der Lage, mit irgendjemandem auf der Insel zu sprechen: So gut wie niemand spricht englisch. Florian erzählt uns, dass er gerade an einem Buch schreibt und sich deshalb ein paar Wochen hier auf die Insel zurückgezogen hat. Tagsüber spaziert er querfeldein über die Insel. Im Laufe der nächsten zwei Wochen sehen wir ihn mit seiner rot verbrannten Nase tatsächlich immer wieder an den unmöglichsten Stellen der Insel umherstapfen. Einmal nehmen wir ihn in unserem Mietauto wieder mit nach Hause, weil er sich heillos verschätzt hat und bei Einbruch der Dunkelheit noch am anderen, menschenleeren Ende der Insel ist.

Da der Strom immer noch nicht funktioniert, rufe ich Aldo an. Er lacht: „Das ist hier normal: Wenn es ein Problem mit den Dieselgeneratoren gibt, fällt der Strom aus. Das passiert alle paar Wochen. Dann gibt es auf der ganzen Insel keinen Strom." Verschmitzt fügt er hinzu: „Ich arbeite im Elektrizitätswerk. Aber heute wurde ich nicht hinbeordert. Willkommen in Lampedusa."

Es ist unvorstellbar dunkel, es gibt keine Lichtreflexionen und keine einzige entfernte Lichtquelle am nächtlichen Himmel.

Den Rhythmus finden

Es ist die Zeit der Siesta: Das ganze Dorf ist ausgestorben. Hunde liegen auf der Straße im Schatten der Autos. Wir gehen zum größeren Supermarkt, ein paar hundert Meter über die Straße aus dem Dorf hinaus. Entgegen unserer Erwartungen hat er natürlich auch geschlossen. Die Straßen sind mit Schlaglöchern übersät. Die Leere, die Verlangsamung: Die Zeit steht. Es passiert nichts – und doch etwas: Ein paar Autos fahren vorbei, jemand bringt einen Polizisten zu seiner Wohnung, aus einem Tor kommen zwei Männer und gehen zu ihren Autos. Wir gehen zurück ins Dorf und setzen uns in der *via Roma* ins einzige offene Lokal mit dem Namen *Isola delle Rose*, wo auch sonst alle sitzen.

Nino begrüßt uns und fragt, ob er sich zu uns setzen darf. Er stottert und sein Italienisch ist für uns schwer verständlich. Er erzählt uns stolz, dass er Messdiener ist und bei seiner Mutter wohnt, die über 80 ist. Er ist geistig zurückgeblieben, wir schätzen ihn auf Mitte 50. Seine Schwester und seine Brüder leben in Mailand.

Aldo bringt uns später mit dem Auto zum großen Supermarkt, damit wir uns mit Wasser eindecken können, und fährt uns nach Hause zurück. Seine neunjährige Tochter Beatrice fährt mit.

Nach dem Einkaufen wollen wir Aldo auf einen Kaffee in der Bar einladen (natürlich wieder die *Isola delle Rose*), aber einer von Aldos Freunden ist uns zuvorgekommen und hat seine und unsere Getränke bezahlt.

Alle warten auf die ausbleibende Fähre: der Elektroladen und auch das chinesische Kleidergeschäft, in dem wir ein paar notdürftige Kleidungsstücke kaufen, weil unser Koffer auf die Kanarischen Inseln geflogen ist. Im Supermarkt gibt es keinen Joghurt mehr und bei den Gemüsehändlern keine Zwiebeln und nur schrumpelige Tomaten.

Am nächsten Morgen nach dem Aufstehen hören wir auf der Terrasse das dumpfe Dröhnen der Schiffsmotoren: Die Fähre ist da. Wir gehen

schnell zum Hafen, dem Treiben zusehen. „Unser" Polizist aus dem Flugzeug steht dort mit seinen Kollegen und erklärt uns, dass die Fähre fünf Tage nicht gekommen war. Er will wissen, was wir hier machen und was wir heute vorhaben. Auch auf dem Schiff sehen wir sehr viel Polizei. Ein Mann ist dafür zuständig, die Taue an der Mole zu lösen. Er steht eine halbe Stunde herum und macht gar nichts. Wie man wohl diesen Beruf nennt? Früchte werden entladen und auf alte Dreirad-Mopeds geladen, die unter der Last stöhnen. Sattelschlepper-Zugmaschinen fahren auf das Schiff und ziehen schwer beladene Anhänger mit Baumaterial heraus.

Wir gehen in die berühmte *Bar dell' amicizia*, die seit über 60 Jahren von Emilio geführt wird, der eine lokale Persönlichkeit ist.[13] In seiner Bar treffen sich alle, sowohl Einheimische als auch die Soldaten der Kaserne. Emilio gilt als Poet, wir lernen ihn ein Jahr später auch kennen, einen steinalten Gelegenheitsdichter, der über die Jahre eine beträchtliche Fotogalerie mit Stars angesammelt hat, die in seiner Bar waren: Von Luftwaffenverbänden über Schauspielerinnen bis zur *Miss Italia* hat er alle umarmt. Auf der Theke liegt die Zeitung des Vortages. Das Lokal hat eine schicke Terrasse mit Meerblick. Links und rechts schließen die heruntergekommenen Hinterhöfe der umliegenden Wohnhäuser an. Wäscheleinen, unfertige Gemäuer, ein paar Pflanzen. Das Lokal wirkt irgendwie touristisch, aber jetzt im Winter gibt es keine Unterscheidung.

Am Abend kommt Ursula aus Frankfurt an. Aldo holt uns gegen 22 Uhr ab, um zum Flughafen zu fahren. Dort erfahren wir, dass der Flug aus Palermo zwei Stunden Verspätung hat. Um die Zeit totzuschlagen, fährt Aldo mit uns auf der Insel herum. Zur Entsalzungsanlage, zum Elektrizitätswerk, zum Leuchtturm.

Im Gegensatz zu so vielen Anderen hat Aldo das ganze Jahr über eine Arbeit. Er arbeitet 38 Stunden in der Woche als Werkzeugmacher und Dreher im Elektrizitätswerk, eine sichere Anstellung. Außerdem betreut er die Ferienhäuser seiner Frau. Aber der Unterschied zu den anderen Inselbewohnern, die so viel Zeit und so wenig Beschäftigung

---

13 Ebenso wie der Bootsbauer Giorgio (siehe „Ein alter Meister") gehört er zu einer der einflussreichen Familien in Lampedusa (siehe „Die Ökonomie in Lampedusa").

und Perspektive haben, ist in Wahrheit gering. Als wir ein Jahr später mit ihm das Elektrizitätswerk und die Meerwasserentsalzungsanlage besichtigen, verstehen wir, warum er uns gesagt hatte, es gebe dort nichts zu sehen und vor allem nur wenig Arbeit. Aldo muss warten, dass ein Maschinenteil kaputt geht, um es dann zu reparieren oder zu ersetzen. Der riesige Werkraum, in dem er arbeitet, ist aufgeräumt und leer. Warten ist eine zentrale Aktivität in Lampedusa.

Bevor Aldo diesen Job bekam, war er während ein paar Jahren Schiffsmechaniker auf einem großen Schiff. Augenzwinkernd erzählt er uns, er sei an jedem Flecken des Mittelmeers gewesen, aber leider immer unter Deck, da habe er nichts davon gehabt, und immer war er ölverschmiert.

Die Flugpiste ist völlig dunkel, solange kein Flugzeug kommt. Ursulas Koffer ist im Gegensatz zu unserem nicht verschollen, dafür stinkt er penetrant nach Fisch. Zu Hause sprechen wir bis weit in die Nacht über unsere ersten drei Tage.

Zufrieden und unzufrieden auf dem Hügel

Einer unserer Erkundungsspaziergänge der ersten Tage führt uns auf einen kleinen Hügel ein wenig außerhalb des Dorfes.

Ein Mann kommt zu seinem Zaun und fragt, was wir suchen. Er ist freundlich, aber er weist uns darauf hin, dass der ganze Hügel Privatgrund sei. Uns war das nicht aufgefallen, denn alles sah aus wie immer in Lampedusa: eine Handvoll anarchisch um einen steinigen Fahrweg verstreute Häuser mit kleinen Mauern an den Grenzen ihrer Grundstücke.

Antonio ist neugierig, er will wissen, wer wir sind, wo wir herkommen und was wir in Lampedusa machen. Noch während wir erzählen, ruft er nach seiner Frau, Teresa. In ihrer Sackgasse kommt nie jemand zufällig vorbei und solche Exoten wie wir schon gar nicht.

Teresa und Antonio sind um die 60 Jahre alt, beide sind in Lampedusa geboren. Teresa ist eine redegewandte und humorvolle Frau mit blitzenden schwarzen Augen. Sie arbeitet als Sekretärin in der Grundschule des Dorfes. Antonio war als junger Mann Fischer und wechselte dann bis zu seiner Pensionierung vor etwa vier Jahren als Matrose zur Finanz-polizei. Teresa und Antonio sind beide Beamte. Sie sind stolz darauf, im Gegensatz zu den meisten ihrer Verwandten nie im Tourismus gearbei-tet zu haben. Vor allem Hausfrauen sind über die Sommermonate oft in den Hotels als Zimmermädchen und Reinigungskräfte beschäftigt.

Antonios weiteste Reise führte ihn über den Atlantik bis nach New York, und er schwärmt noch heute davon. Lange Jahre war er in der Gegend um Neapel stationiert. Er präsentiert sich als jemand, der die Welt gesehen hat, und Lampedusa ist ihm zu eng. Immer wieder wirft er Teresa vor, dass er nur wegen ihr hierbleiben würde und dass ihr diese Insel genüge.

Teresa hat Lampedusa wegen ihrer Flugangst nur selten verlassen. Sie fragt uns, ob wir mit dem kleinen Flugzeug gekommen seien, das bei schlechtem Wetter immer so geschüttelt werde. Sie rollt mit den Augen: „Ich habe Angst im Flugzeug. Schlimmer als Angst! Aber wenn wir wieder gelandet sind, wenn ich wieder daheim bin, ist alles wie-der gut." Teresas Reisen beschränken sich auf die administrativen und medizinischen Zwänge. Diese Gebundenheit an den Ort ist bei den Frauen in Lampedusa stärker ausgeprägt als bei den Männern, denen in der lokalen Ökonomie mehr Berufe offenstehen, die dem Meer zu-gewandt sind.

Der Hügel, auf dem Teresa und Antonio wohnen, gehört der Fa-milie Teresas. Ihre Schwester und ihre Nichte haben ebenfalls hier ein Haus gebaut. Es ist ein schöner Ort. Man sieht in die eine Richtung über die karge Landschaft bis zum Meer am Horizont und in die ande-re Richtung auf das Dorf. Teresa ist hier am richtigen Ort, in gleichem Maße, wie sich Antonio fehl am Platz fühlt.

Wir unterhalten uns lange über die Gartenmauer hinweg. Teresa liebt es, von früher zu erzählen. Am Ende laden sie uns für die kom-menden Tage zum Kaffee ein.

Es gibt Kuchen und selbst angesetzten *limoncello*, wir sitzen in der Essküche und Antonio führt das Wort. Teresa räumt währenddessen die blank geputzte Küche auf, eine etwas unangenehme Situation für uns. Ihre 18-jährige Tochter Antonietta begrüßt uns, sie hat offensicht-lich von ihren Eltern genau erfahren, wer wir sind. Sie verschwindet wieder, denn sie ist gerade mit Haushaltsarbeiten beschäftigt, aber sie folgt den Gesprächen und bringt sich immer wieder lautstark aus anderen Zimmern ein.

Teresa und Antonio ärgern sich darüber, dass Antonietta die Schule abgebrochen hat, denn sie selbst hatten nur die Möglichkeit, die Pflichtschule abzuschließen, und hätten ihrer Tochter gern die Möglichkeit einer weitergehenden Ausbildung gegeben. Damals gab es in Lampedusa keine weiterführende Schule, und die wenigsten Familien konnten es sich leisten, ihre Kinder nach Sizilien ins Internat zu schicken. Ihr Ärger verstärkt sich, weil ihre Tochter sich nicht einmal bemüht, eine Arbeit zu finden. „Das Einzige, was sie interessiert, ist jemanden zu finden, der das Geld heimbringt." Antonietta reproduziert das weibliche Rollenmodell in Lampedusa, von dem ihre Mutter stolz erzählt, es überwunden zu haben, weil sie ihr ganzes Leben lang arbeiten gegangen ist.

Teresa führt ihre eigene Selbständigkeit unter anderem darauf zurück, dass ihr Vater gestorben ist, als sie neun Jahre alt war. Er war in jungen Jahren zuerst Landwirt gewesen, später Fischer, „Seemann durch und durch," wie sie sagt. Als er unerwartet an einem Herzinfarkt starb, blieb Teresas Mutter mit den fünf Töchtern zurück. Teresa schildert den harten Überlebenskampf und den Hunger der ersten Jahre. Wie viele Frauen und Mädchen auf der Insel arbeiteten Teresa und ihre Schwestern in den Ferien in einer der damals sieben Fischfabriken, wo sie von Hand den Fisch verarbeiteten.[14] Während sie die Geschichte ihres Vaters erzählt, streicht sie mit der Hand über einen prächtigen Schwamm, den ihr Vater ihr mitgebracht hatte und den sie uns unbedingt zeigen wollte. Es ist ihr wichtigstes Erinnerungsstück an ihren Vater und gleichzeitig ein Relikt einer vergangenen Zeit, als Lampedusa eine Hochburg der Schwammfischerei war.

Teresa beschreibt die Veränderungen der Insel seit der Nachkriegs-

---

14 Heute sind davon nur mehr zwei übrig, und die kämpfen ums Überleben. Der Niedergang der lokalen Fischerei stellt in Lampedusa seit Jahren ein immer dringlicher werdendes Problem dar. Früher, so erzählt man in Lampedusa, wurde der Fisch sogar mit eigenen Frachtmaschinen in den Norden ausgeflogen, wo er auf dem Markt in Mailand, Südtirol und Venetien gute Preise erzielte. Das rentiert sich jedoch schon lange nicht mehr.

zeit, vor allem den Fortschritt seit ihrer Kindheit. Keine einzige Straße sei asphaltiert gewesen und man habe das Wasser bei den wenigen
Brunnen holen müssen, die es damals noch im Dorf gab, denn die
Wasserleitungen wurden erst in den 1950er Jahren verlegt. Ihre Kindheit sei einfach gewesen: „Schule, Kirche, und dann zu Hause. Es gab
ja sonst nichts. Keine Touristen, nur sehr wenige Autos. Es kam nie
jemand vorbei. Wir sind immer zu Fuß gegangen, zur Schule, ins Dorf,
das dauerte sehr lange. Und wir wurden nach dem Winter so braun,
und immer schöner! Und wir sind baden gegangen."

Erst als in den 1960er Jahren das Militär nach Lampedusa kam und
mit dem Bau des Flughafens begann, veränderte sich langsam das Leben. Die Frauen begannen, zur Entbindung nach Palermo oder noch
weiter zu fliegen. Die Bedeutung der lokalen Hebamme[15] ging nach
und nach zurück. Vor dem Bau des Flughafens war das Rettungsflug-
zeug nicht in Lampedusa stationiert. Es musste immer erst von Sizilien
herfliegen und vor der Küste wassern.

Wir treffen Teresa und Antonio später öfter wieder. Im Laufe der Zeit
tritt immer deutlicher zu Tage, dass Antonio an Depressionen leidet.[16]

Mondlandschaft

Wir spazieren über die trockenen Felsen im Westen der Insel. Heute ist
der Tag, an dem Jacques Barrot, der EU-Kommissar „für Justiz, Freiheit
und Sicherheit", die Insel besucht. Aufgrund des steigenden Drucks
möchte er sich mit seiner Delegation die Situation der Flüchtlinge
vor Ort anschauen. Wir wollen uns von diesen Ereignissen fernhal-
ten. Wir haben noch kaum Kontakte in der Bevölkerung und möchten
auf keinen Fall mit den italienischen und deutschen Journalisten oder
den NGO-Mitarbeitern vor Ort in einen Topf geworfen werden. Unser Spaziergang geht querfeldein – es gibt natürlich auch keine Wan-
derwege –, er hat etwas Abenteuerliches und Unwirkliches zugleich.

---

15 Siehe „Lampedusa ist ein großes Boot"
16 Siehe „Zu eng!"

Eine Mondlandschaft. Wir besprechen unsere Vorgehensweise für die nächsten Tage und freuen uns über die warmen Sonnenstrahlen mitten im Winter. Wir stoßen auf die einzige asphaltierte Straße außerhalb des Dorfes: Von den Amerikanern erbaut, verbindet sie den Flughafen im Osten der Insel mit der ehemaligen NATO-Militärbasis ganz im Westen, wo gerade das zweite Flüchtlingslager gebaut wird. Einen Augenblick nur stehen wir am Straßenrand. Dann kommt uns ein Konvoi entgegen: zwei Polizeiautos voran, gefolgt von einem Bus mit der Aufschrift „Centro d'accoglienza", vollbesetzt mit afrikanischen Flüchtlingen. Sie winken uns zu. Ursula und ich winken konsterniert zurück. Diana zögert, das hoffnungsvolle Winken zu erwidern – erwartet sie wirklich eine bessere Zukunft oder werden sie zurückgeschoben in das Elend, aus dem sie flüchteten? Ebenso unvermittelt, wie die Szene vor unseren Augen aufgetaucht ist, verschwindet sie wieder. Es ist wieder ganz still. Benommen stehen wir am Straßenrand.

Langsam finden wir aus unserer Lähmung heraus und beginnen, miteinander zu sprechen. Wir versuchen zu begreifen, was mit uns passiert ist. Wir sind erst seit ein paar Tagen auf der Insel und wissen zu dem Zeitpunkt noch nicht, dass Flüchtlingstransporte ausgesprochen

selten durchgeführt werden und immer unter größtmöglicher Diskretion. Wir sind schockiert über die Unmittelbarkeit der Begegnung mit dem europäischen Grenzregime. Waren wir die ersten Zivilisten, die die Flüchtlinge in Europa gesehen haben? Haben sie uns deshalb gewunken? Oder glaubten sie, es geschafft zu haben, ihre Nöte ein für alle Mal hinter sich gelassen zu haben? Das reflexartige Zurückwinken als unverkennbares Zeichen von Zuneigung und Humanität lässt mir keine Ruhe.

Wenige Tage später die Auflösung der mysteriösen Busfahrt. Während die EU-Delegation das Flüchtlingslager in der ehemaligen NATO-Basis besichtigte, wurden die Migranten per Bus zum Flughafen gebracht und nach Sizilien ausgeflogen, um die faktische Überbelegung zu vertuschen.

Gerettet

An einem Sonntag im März 2009 werden wir Zeugen einer Flüchtlingsankunft im Hafen. Wir sprechen gerade mit einem Angler im Hafen, gegenüber der Militärmole mit dem Namen *Molo Favaloro*, als ein kleines einheimisches Boot einfährt. Es schleppt ein langes Schlauchboot in den Hafen. Das Schlauchboot ist leer, ein Motor ist nicht zu sehen. Wo sind die Menschen, die in dem Boot waren? Wir erstarren, aber der Angler scheint davon keine Notiz zu nehmen. Wenige Minuten später sehen wir die Flüchtlinge: Sie kauern an Deck eines Schnellbootes der Finanzpolizei, das sie aufgenommen hat und jetzt in den Hafen einfährt, bewacht von ein paar Männern, die ihnen offensichtlich befohlen haben, sitzen zu bleiben. Zumeist landen die Flüchtlinge nicht selbst mit den Booten in Lampedusa. Meistens werden sie schon vorher von Booten der Küstenwache oder des Zolls aufgenommen und in den Hafen gebracht oder eskortiert. Einerseits aus humanitären Gründen und um sie früher aus der Gefahr zu retten, andererseits aber vor allem, um die Kontrolle über die Küsten zu behalten, indem Zeitpunkt und Ort der Ankunft zumindest ein wenig gesteuert werden. Die Militärmole im Hafen ist vor den Blicken abgeschirmt, das Ein-

gangstor als Militärzone mit Betretungsverbot ausgewiesen. Hier lassen sich die Bootslandungen am besten verstecken und die Touristen, die im Sommer kaum mehr als hundert Meter entfernt am Strand liegen, nehmen davon keine Notiz.

Auch als das Schiff bereits angelegt hat, stehen die Migranten nicht auf. Einzeln werden die Geschwächten an Land geleitet und an der Mole aufgereiht. Aufgrund der Entfernung können wir nicht viel erkennen, auffallend ist jedoch, dass sich die Menschen überhaupt nicht bewegen. Benommen, erschöpft, traumatisiert, vielleicht noch nicht richtig im Bewusstsein, dass sie die Überfahrt überlebt haben. Nach ein paar Minuten fährt ein Krankenwagen vor. Kurze Zeit später fährt er wieder weg, ohne Blaulicht. Man mag kein Aufhebens machen.

Wir laufen hinüber zur Militärmole. Ein paar Journalisten haben sich inzwischen dort versammelt, außerdem die einzig verbliebene Mitarbeiterin des UNO-Hochkommissariats für Flüchtlinge, eine Mitarbeiterin der NGO *Save the Children* und zwei Aktivisten der Bürgerinitiative *SOS Pelagie*, die mittels reportageartigen Amateurvideos die Politik in Rom auf die Situation in Lampedusa aufmerksam machen möchten. Der Bürgermeister Dino de Rubeis kommt an, ein wortgewaltiger Zweimetermann, und gibt ein Interview. Die Polizisten geben keine

Auskunft und versperren den Journalisten den Zutritt, die sich seit Monaten vergeblich darum bemühen, mit den Flüchtlingen zu sprechen. Die UNO-Mitarbeiterin darf hinein, als sie herauskommt, raunt sie der Frau der Kinderrechts-NGO zu, dass 70 Menschen an Bord gewesen seien, darunter auch einige Kinder. In einem Interview erfahren wir später, dass sie bemüht ist, ihre Unabhängigkeit und Distanz zu den Menschenrechts-NGOs zu demonstrieren, da die Duldung ihrer Arbeit von der Gunst der Regierung in Rom abhänge, die allen Hilfsorganisationen (inklusive der UNHCR) gegenüber ein latentes Misstrauen hege. Zugleich beklagt sie sich über die katastrophale Lage der Flüchtlinge, die die Verweigerung des Zutritts externer Helfer (etwa Kinderpsychologen) mit voller Wucht zu spüren bekämen.

Der Reisebus mit der Aufschrift *„Centro d'accoglienza"* manövriert rückwärts auf die Mole, ganz dicht zu den aufgereihten Flüchtlingen. Nun geht alles sehr schnell, innerhalb weniger Minuten sind alle an Bord gebracht und der Bus setzt sich wieder in Bewegung. Wir blicken in die verstörten, erschöpften Gesichter der Insassen. So schnell, wie die wenigen Zaungäste sich an der Mole versammelt hatten, zerstreuen sie sich wieder.

Ein Taxiunternehmer

Auf Tommasos Visitenkarte stehen nur sein Vorname, seine Telefonnummer und seine Berufsbezeichnungen: Taxi-Minibus, Ferienwohnungen, Touristenführer.

Ursula hatte zu einer deutschen Radioreporterin Kontakt geknüpft, die im Zuge des Medienrummels nach Lampedusa gekommen war. Ingrid war *tough*, etwa 35 Jahre alt, daran gewöhnt, in Krisengebieten ihre Beiträge zu machen. Sie sprach kein Wort italienisch, schlug sich aber sehr gut durch. Etwa indem sie mich kurzerhand aufforderte, ihre Fragen an den Bürgermeister zu übersetzen, als wir alle an der Militärmole die Flüchtlingsankunft verfolgten. Sie hatte im Bruchteil einer Sekunde herausgefunden, dass ich deutsch verstand. Mit großer Effizienz verfolgte sie ihre journalistischen Rechercheinteressen.

Sie hatte Tommaso für die Tage ihres Aufenthaltes als Fahrer engagiert, Sofia[17] als Übersetzerin.

Wir trafen sie etwas später wieder. Tommasos alter Minibus hielt neben uns, Ingrid saß auf dem Beifahrersitz, Sofia hinten. Ich fand Ingrids Art intrusiv, sie entsprach so gar nicht unserem ethnographischen Zugang der Behutsamkeit, für den sie ebensowenig Verständnis aufbringen konnte. Während Ingrid Ursula die Entwicklungen im Tagesgeschehen erklärte, sprachen Diana und ich mit Tommaso.

Tommaso ist 55 Jahre alt. Im Alter von 13 Jahren emigrierte er von Lampedusa mit seinen Eltern nach Turin, wo der Vater Arbeit bei den Fiat-Werken gefunden hatte. Auch Tommaso trat ins Fiat-Werk ein. Er blieb 20 Jahre in Turin, wo er seine heutige Frau kennen lernte. Seit 22 Jahren sind die beiden wieder in Lampedusa.

Tommaso sieht man die Armut deutlich an. Er ist ungepflegt, übergewichtig und hat schlechte Zähne. Meistens trägt er einen alten Jogginganzug. Wir begegnen Tommaso immer wieder. Er lamentiert immer und über alles, dass alles teuer sei, dass die Insel im Gegensatz zu früher nicht mehr schön sei, dass die *lampedusani* nicht mehr im Einklang mit der Natur lebten und dass das moderne Leben schlecht sei: Strom und Handy müsse man zahlen, das Rauchen habe er sich zum Glück abgewöhnt. Dass er die deutsche Journalistin auf der Insel herumfährt, gefällt ihm nicht, denn er befürchtet, dass sie negativ über Lampedusa berichten wird, und es bereitet ihm sichtlich Unbehagen, an diesem Prozess beteiligt zu sein. Aber er braucht das Geld, und einen Auftrag über mehrere Tage in dieser Jahreszeit kann er unmöglich ausschlagen.

Umso beflissener ist er, Diana und mir bei unserem ersten Treffen zu vermitteln, welche Schätze Lampedusa eigentlich bereithalte: wilden Fenchel, Kapern und eine lange Geschichte. Sein Urgroßvater habe eine Chronik der Insel verfasst. Aus seinem Handschuhfach kramt er ein wissenschaftliches Buch eines deutschen Mediziners hervor. Es ist auf Deutsch geschrieben, aber der Mann hat es ihm geschenkt, mit einer handschriftlichen Widmung. „Ein Freund aus Deutschland, der mehrmals bei mir Urlaub gemacht hat," sagt Tommaso stolz.

---

17 Siehe „Man nahm an, dass ich keine saubere Person sei."

Tommaso zeigt uns auch ein Foto, auf dem er mit einer *Lega-Nord-Fahne* posiert. Zuerst finden wir es befremdlich, aber eigentlich passt es zu seiner existentiellen Verunsicherung, die sich in Fortschrittspessimismus, Lethargie, einer Sorge vor dem Überhandnehmen des Flüchtlingsthemas und einer allgemeinen Idealisierung Norditaliens äußert. So sympathisiert er mit einer Partei, die auch gegen den Süden polemisiert und deren Innenminister eine Flüchtlingspolitik praktiziert, die deutlich gegen die Interessen der Bevölkerung in Lampedusa gerichtet ist. Hofft er, dass es dadurch in Lampedusa so wird wie im Norden Italiens? Oder kann er so zumindest symbolisch dem Norden zugehörig sein, den er verlassen hat und den er trotz aller Einwände – etwa das kalte Klima und den stressigen Lebensstil – vermisst?

Als die Journalistin abgereist ist, sehen wir Tommasos Minibus immer wieder am Hafen, wenn die Fähre ankommt. Am Dock sagt er mir aufatmend: „Wenn die Fähre kommt, kommt das Leben nach Lampedusa." Wir unterhalten uns lange, er erzählt immer viel, und er interessiert sich sehr für unsere Arbeit. Einmal schenkt er uns im Hafen eine ganze Plastiktüte voller Sardinen, die er von einem Fischer bekommen hatte. Er könne sie nicht alle essen, denn seine Frau möge nicht so viel Fisch.

Tommaso bietet uns mehrmals seine Hilfe an. Was immer wir bräuchten, er könne uns helfen. Er könne uns fahren, er könne uns herumführen und uns mit allen möglichen Leuten in Kontakt bringen. Ich bin sicher, dass er das aufrichtig so meint, aber es spricht daraus auch seine finanzielle Bedürftigkeit.

Als wir abfliegen, ist er im Flughafen und hofft auf Passagiere. Er fragt gerade heraus, ob wir nächstes Mal wohl bei ihm wohnen wollen. Ich erkläre ihm, dass wir Aldo loyal verbunden sind, er versteht es, aber die Enttäuschung steht ihm ins Gesicht geschrieben.

Ein Jahr später treffe ich Tommaso wieder am Flughafen. Er wartet im Ankunftsbereich auf Kunden. Er erkennt mich sofort und schüttelt mir herzlich die Hand. Tommaso sieht heute viel gepflegter aus als letztes Jahr. Er beschwert sich wie gewohnt, dass Lampedusa vergessen worden ist, findet die Fluggesellschaften und ihre Preisgestaltung mafiös, denn durch die hohen Preise würden die Touristen es vorziehen, Destinationen außerhalb Europas anzufliegen, die zu Dumpingpreisen angeboten würden. Außerdem erzählt er, dass er im Januar acht Tage in Agrigento festsaß, weil die Fähre nicht ablegte. Deshalb sei für die *lampedusani* alles immer teuer: erzwungene Übernachtungen in Hotels, das Essen in Restaurants in Agrigento und noch viel mehr. Aber er kenne in Porto Empedocle jemanden, bei dem er in solchen Situationen übernachten könne, deswegen sei es für ihn dann doch nicht so teuer. Trotz all dem sei die Lebensqualität in Lampedusa besser als in der Stadt. Er könne heute nicht mehr in der Stadt leben.

Tommaso ist einer der Gesprächspartner in Lampedusa, die ihre Ambivalenz in Bezug auf die Insel quasi in jedem Satz zum Ausdruck bringen.

„Man nahm an, dass ich keine saubere Person sei"

Sofia ist 42 Jahre alt, kommt ursprünglich aus Rom und lebt seit 18 Jahren in Lampedusa. Wir lernten sie ebenfalls über die deutsche Journalistin Ingrid kennen. Ingrid hatte Sofias Dienste als Übersetzerin ins Englische in Anspruch genommen. Nach der Abreise der Journalistin, als Sofia wieder Zeit hatte, trafen Diana und Ursula sich mit ihr für ein Gespräch auf dem Balkon der Wohnung eines Freundes. Das sei praktischer, weil sie sehr abgelegen wohne.

Sofia kam als Meeresbiologin nach Lampedusa und arbeitete zuerst im Zentrum für den Schutz der Meeresschildkröten. Sie engagierte sich zunehmend in der Organisation eines Tierheims für die zahllosen herrenlosen Hunde in Lampedusa und gab später ihren Job als Forscherin auf, weil das Tierheim ihre ganze Zeit in Anspruch nahm. Inzwischen lebt sie von verschiedenen prekären Tätigkeiten. Im Sommer verkauft sie kunsthandwerkliche Gegenstände an Touristen, die sie selbst anfertigt, sie arbeitet aber auch als Verkäuferin in den Souvenirläden anderer Geschäftsleute. Außerhalb der Touristensaison arbeitet sie in der Schule als Nachhilfelehrerin mit Kindern, die verschiedene Behinderungen oder Einschränkungen haben. Dafür hat sie eine Weiterbildung absolviert. Ihre Einkünfte sind starken Fluktuationen ausgesetzt. Auch Sofia sieht man ihre prekäre Lage an.

Sofia hatte in Lampedusa geheiratet. Als die Beziehung in die Brüche ging, blieb sie auf der Insel, weil sie die Eigentümerin des gemeinsamen Hauses war. Sofia blieb außerdem notgedrungen an den Ort gebunden, weil sie viele Tiere bei sich aufgenommen hatte. Seit zwölf Jahren versuchte sie, das Tierheim nach und nach aufzulösen, indem sie die Hunde sterilisieren ließ und an Touristen, andere Tierheime in Italien und an Leute von außerhalb vermittelte. Doch immer wieder setzten *lampedusani* vor Sofias Haus neue Hunde aus. Trotzdem ist ihre Bilanz dieser ehrenamtlichen Bemühungen positiv, denn mit ihrer Arbeit habe sie zumindest ein Umdenken bewirkt. Als sie vor 18 Jahren hier angekommen sei, sei die Situation sehr anders als heute gewesen. Es habe viele Misshandlungen und Gewalt gegen die Tiere gegeben. Im ländlichen Raum seien Tiere immer eher als Nutztiere, als Objekte gesehen worden, um Geld zu verdienen. Sofia hat vor mehr als zehn Jahren beim Aufbau einer Tierordination geholfen. Zuerst kam niemand zum Tierarzt, aber jetzt, zehn Jahre später, fragen die Leute sie besorgt, wann der Tierarzt wieder auf die Insel kommt, wenn ihr Tier krank ist. „Sie versuchen wirklich, die Tiere zu pflegen. Und es erfüllt mich mit Stolz, weil ich glaube, dass ich dazu entscheidend beigetragen habe." Dabei waren die Reaktionen auf ihre Initiative am Anfang alles andere als positiv. „Du musst bedenken, dass ich keine *lampedusana* bin, ich bin nicht einmal Sizilianerin! Das heißt, ich werde hier als Fremde wahrgenommen." Sofia erlebt das Fremdsein als zweischneidig, denn „einerseits kannst du als Fremde ein wenig machen, was du willst, du kannst dich einigen lokalen Regeln entziehen." Andererseits sieht sie eine Barriere zwischen sich und den Einheimischen. „Weil die *lampedusani* meine Beweggründe nicht verstanden, begannen *sie*, sich zu überlegen, wieso *ich* mich den Tieren mit so viel Hingabe widmete! Es gab zwei Grundrichtungen. Die einen, die dachten: ‚Ja, die Fremde, die spinnt wohl.' Und die Anderen, die sich dachten, dass ich in Wirklichkeit damit Geld verdiente."

Sofias Verhältnis zu den Einheimischen hat sich erst verändert, als sie angefangen hat, in der Schule zu arbeiten, weil erst dann verstanden wurde, dass sie nicht nur die „Sofia der Hunde" war, sondern dass sie offensichtlich ein Diplom hatte, weil sie unterrichten durfte. Davor seien ihr die Leute tatsächlich aus dem Weg gegangen: „Meine Lebensweise war zu anders. Und weil viele Tiere viel Dreck machen, nahm man an, dass ich keine saubere Person sei." Im öffentlichen Kontext der Schule bekam Sofia die Gelegenheit, „zu zeigen, dass ich eine Person bin. Mit anderen Ideen, Möglichkeiten und Fähigkeiten."

Als Diana und Ursula mit Sofia sprachen, hatte sie „nur noch zwölf Hunde, sieben Katzen und drei Esel." Die Esel wurden ein paar Tage nach ihrem Gespräch nach Sizilien verschifft, wo Sofia für sie eine neue Bleibe gefunden hatte. Sofia wollte ihr Leben verändern, Freiheiten wieder erlangen, die sie aufgrund ihrer Verpflichtungen für die Tiere verloren hatte. Sie spielte mit dem Gedanken, von Lampedusa weg zu ziehen und befand sich zum Zeitpunkt des Gespräches mitten in diesem Reflexions- und Entscheidungsprozess. Ein Grund dafür war, dass Sofia die lampedusanische Gesellschaft als hermetisch erlebte, auch wenn sie einräumte, dass das wohl auf alle Inselgesellschaften zutreffe: „Die Gesellschaft ist sehr eng, und es ist sehr schwer, hineinzukommen." Auch wenn die *lampedusani* sehr gastfreundlich erscheinen, erlebte Sofia sehr viel Oberflächlichkeit in den Beziehungen. Sie habe in den 13 Jahren ihrer Ehe natürlich Kontakt zu Einheimischen gehabt, aber sie habe immer das Gefühl gehabt, als eine „von außen" gesehen zu werden. Auch innerhalb der Familie erlebte sie sehr viel Oberflächlichkeit, was sie auf das anderswo heute selten gewordene Modell der Großfamilie zurückführt, in dem es zwischen den zahlreichen Verwandten schwieriger sei, tiefergehende Beziehungen herzustellen.

Ein weiterer Effekt der Insellage ist für Sofia, dass es schwieriger ist, wahre Freunde zu finden, weil zahlenmäßig weniger Leute da sind, mit denen man sich anfreunden kann. Andererseits würde das auch bedeuten, dass jene, die man letztlich als Freunde gewinnen würde, sehr wichtig würden, und dass besonders starke, intensive Beziehungen entstünden. Ihr eigenes, überschaubares Netz setzt sich weitgehend aus Leuten zusammen, die wie sie von außen kommen. „Ich lebe letztendlich in einer kleinen Gesellschaft innerhalb der Gesellschaft." Durch die Überschaubarkeit der Inselbevölkerung sieht Sofia aber ein weiteres Problem: „Wenn du alleine bist, bleibst du es auch. Weil es schwierig ist, jemanden zu finden, mit dem man sein Leben teilen will." Und gerade Dinge, die zu einer Stadt dazu gehören und die man auch als Single machen kann, fehlen hier: ein Kino, ein Theater, oder eine Buchhandlung, in die man einfach hineingehen kann, um zu schmökern. Im Gegenzug sieht Sofia in Lampedusa Vorzüge, die es ihr leicht machen, auf diese Dinge zu verzichten. Ihr Haus in der Mitte der Insel mit ihrem Garten, in dem wilde Gewürze wachsen, die sie zum Kochen verwendet, oder die Nähe des Meeres, zu dem sie mit ihrem Moped innerhalb von ein paar Minuten fahren kann, wenn sie nervös oder traurig ist. Der wichtigste Vorteil für Sofia ist aber, dass sie seit 18 Jahren keine Armbanduhr mehr trägt, weil der Lebensrhythmus hier langsamer ist: „Es war ein Gewinn, die Uhr abzunehmen, nicht mehr gezwungen zu sein, sich der Zeit zu beugen. Wenn mich Freunde besuchen kommen, sehe ich den Gegensatz. Sie werden nach ein paar Tagen nervös, weil die Zeit hier wie Gummi erscheint. Sie haben das Gefühl, sich zu verlieren."

Sofia beschreibt sehr vielschichtig die Ambivalenzen ihres Lebens in Lampedusa. Etwa die Tatsache, dass man an so einem kleinen Ort immer im Scheinwerferlicht steht. Sie erzählt, dass sie im Postamt ein Postfach hat, weil sie zu weit außerhalb des Dorfes wohnt und der Postbote nicht bis zu ihr kommt. Hin und wieder geht sie hin und sieht nach. Mehrmals ist es ihr schon passiert, dass eine Angestellte der Post sie zu Hause angerufen hat und sich erkundigt hat, ob es ihr wohl gut gehe, weil sie Sofia schon eine ganze Weile nicht mehr im Postamt gesehen habe, und es liege doch Post in ihrem Fach, da habe sie gedacht, ob Sofia wohl in Schwierigkeiten sei. Dabei betont Sofia, dass diese Frau eigentlich gar keine Freundin von ihr sei, sondern nur eine Person, die sie manchmal im Postamt trifft.

In ihrer ersten Zeit in Lampedusa waren ihr diese Unterschiede zwischen dem ihr vertrauten Großstadtleben und dem Leben auf einer kleinen Insel noch nicht bewusst. Sofia kam gemeinsam mit einer Studienkollegin nach Lampedusa, um im Zentrum für den Schutz der Meeresschildkröten zu arbeiten, zwei junge Mädchen aus Rom, deren Leben in der Großstadt immer frei und emanzipiert gewesen war. Es hatte dort nie Probleme gegeben, an bestimmte öffentliche Orte zu gehen oder Personen des anderen Geschlechts zu treffen. „Aber hier verhielten wir uns am Anfang falsch. Wir haben uns benommen wie zu Hause, sind in die Bars gegangen, haben laut gesprochen, mit kurzen Hosen oder Röcken und dekolletierten T-Shirts – wir waren jung!" Ihre Arbeit brachte sie oft auf die Fischerboote, und sie lernten viele Fischer kennen. „Sie sprachen mit uns, wir lachten zusammen, und sie boten uns zu essen und zu trinken an. Sie waren sehr freundlich zu uns und sehr korrekt, da gab es nie was." Wenn Sofia und ihre Freundin die Männer dann in der Bar wieder trafen, dachten sie, sie müssten sich revanchieren, indem sie sie auf ein Getränk einluden. Sie verzieht das Gesicht: „Das hätten wir niemals tun dürfen, denn einige der Ehefrauen haben sich sehr aufgeregt darüber. Sie dachten sehr schlecht über uns. Wir fühlten uns sehr schlecht, als wir es erfuhren. Weil es nicht so war!" Sie lebten dann eine Zeitlang wie hinter einer Glaswand und sprachen mit niemandem mehr. „Und dann sagten wir uns, dass das dumm ist. Wir versuchten also, ein Gleichgewicht zwischen dem zu erreichen, was wir wollten, und dem, was richtig für sie war." Sie fingen wieder an, in die Bar zu gehen, aber sie spendierten niemandem mehr Kaffee. Sofia lacht verschmitzt: „Einige dieser Frauen, die damals so wütend waren, gehen heute allein in die Bars. Sie lassen sich einladen, sie laden die anderen ein: Sie leben es wie einen Sieg. Und sie tun heute so, als würden sie sich nicht daran erinnern, wie sie damals reagiert haben."

Sofia erzählt uns auch, wie sie den Tag der gemeinsamen Demonstration mit den Flüchtlingen erlebt hat. Sie spürte „zum ersten Mal am eigenen Leib, was da vor sich ging. Auf einmal lebte ich mitten in den Nachrichten!" Ein Migrant habe sie während des Zuges gefragt, ob sie Französisch spreche. Er habe einfach nur reden wollen. Dieser gemeinsame Spaziergang von einer Viertelstunde mit diesem Mann habe sie sehr geprägt, weil sie nie persönlich die Chance bekommen hatte, etwas mit der Migration in Lampedusa zu tun zu bekommen. „Aber nach der Begegnung mit diesem Mann habe ich all diesen Personen ein Antlitz gegeben. Seither haben diese Menschen für mich alle sein Gesicht und seine Hände."

Schon vor dieser Begegnung war es für Sofia schwer zu ertragen, „wenn über die Migranten mit Kälte und Distanz gesprochen wurde, so als wären sie Nummern, quasi Objekte." Aber jetzt wird sie richtig wütend, wenn sie mit Leuten spricht, die so über die Migration und über die Migranten sprechen. Dabei geht es ihr gar nicht um die Frage, „ob man das jetzt richtig findet, dass sie hier sind, oder nicht. Mich interessiert, wenn sie hier sind, dass sie wie Menschen behandelt werden. So wie ich wie ein Mensch behandelt werden wollte, wenn ich an ihrer Stelle wäre."

Sofias Erzählung zeugt von der Vielschichtigkeit des Phänomens, denn sie schildert differenziert, wie sie trotz ihres direkten, empathischen Verständnisses für die Lage der Migranten auch Angst hat. Sie erzählt, dass sie früher ihr Haus nie abgeschlossen habe. Seit der politischen Entscheidung, das Erstaufnahmezentrum „in ein Gefangenenlager umzufunktionieren", seien mehrmals Flüchtlinge ausgebrochen, „weil sie verstanden haben, dass sie nicht einfach auf der Insel festgehalten wurden, sondern gefangen waren wie in einem Gefängnis."

Sofia hat Sorge, dass vielleicht jemand ihr allein stehendes Haus sehen könnte „und vielleicht nur denkt, dass er dort etwas zu essen finden, oder für einen Moment Schutz suchen kann. Gar nicht, um mir etwas zu Leide zu tun." Tatsächlich seien einmal Fremde in ihrem Garten gewesen, wobei ihr egal sei, ob es Italiener, Tunesier oder Marsmännchen seien, aber sie habe sie nicht eingeladen hereinzukommen. „Und das sind hässliche Gefühle, die dir auf den Schultern lasten. Jetzt sperre ich die Tür zu und nehme den Schlüssel mit. Das tut mir leid, denn mein Lampedusa war ein Lampedusa, wo man die Türen offen ließ. Das war auch eine pychologische Frage, mit offenen Türen zu leben. Es bedeutete: ‚Kommt zu mir!' Und jetzt lebe ich mit verschlossener Tür, was bedeutet: ‚Ich schütze mich.' Und das gefällt mir nicht."

Ist Sofias Verhältnis zu den Migranten von Ambivalenz geprägt, so macht ihr die veränderte Atmosphäre auf der Insel durch die Polizei regelrecht Angst. Sie beschreibt die Tatsache, über die Straße zu gehen und überall Militär zu sehen, als belastend: „In schwerer Montur, also mit Helm, Schutzschild, Schlagstock, Handschellen, mit der Waffe sehr sichtbar getragen. Das sind Dinge, die mir Angst machen. Weil es Gegenstände sind, die Gewalt bedeuten. Diese Leute sind nicht hier, um mich zu beschützen. Sie sind auch ein wenig gegen mich hier." Es ist für sie sogar körperlich belastend, all die gepanzerten Autos und

Geländewagen zu sehen, wie sie auf der Insel herumfahren, manchmal auch mit hoher Geschwindigkeit, mit wenig Respekt vor den Rhythmen der Insel. „Ich sehe sie als Invasoren." Dabei seien sie nutzlos, denn sonst hätte es den Migranten ja nicht gelingen dürfen, aus dem *centro* auszubrechen. Dabei könne das Steuergeld, das aufgewendet wird, um die Polizei her zu bringen, besser investiert werden, etwa um den Migranten auf andere Art und Weise zu helfen.

Sofia leidet unter dem Gefühl der Ohnmacht, den Entscheidungen der Regierung, die sie als offensichtlich fehlgeleitet sieht, nichts weiter entgegensetzen zu können, als „im Kleinen Zweifel darüber zu säen, dass die Dinge in Ordnung sind."

„Dich kenne ich nicht!"

Am Morgen bin ich mit Ursula im Hafen bei den Fischern, die neben ihren Booten Netze flicken. Sie spendieren uns frisch aufgebrühten Espresso aus der Kombüse in Plastikbechern. Der Älteste arbeitet nicht, er schaut zu, kommentiert und erzählt uns, dass er als Seemann in Hamburg gearbeitet hat. Er spricht etwas deutsch und englisch. Es ist eine altmodische Art des Reisens und der Globalisierung in der Peripherie, weit entfernt vom heutigen touristischen Reisen.

Ich schlendere alleine weiter ins Dorf, um an einem der beiden Computer des Zeitungsladens meine E-Mails zu lesen, aber heute gibt es keinen Internetzugang, es ist wohl wieder mal das Unterseekabel beschädigt worden.

Die Stadtpolizei wacht am zentralen Freiheitsplatz darüber, dass heute ausnahmsweise wirklich niemand im Parkverbot parkt, weil sonst die großen LKWs, die die Fähre beladen, nicht vorbeikommen.

Im Vorübergehen grüße ich eine alte Frau. Sie sagt herausfordernd: „Dich kenne ich gar nicht!" Ich sage, wir könnten uns ja kennen lernen. Sie nimmt mich mit in ihr Haus und zeigt mir an der Wohnzimmerwand, an der hunderte Familienfotos hängen, die Diplome ihres verstorbenen Mannes, Jahrgang 1912, eines ehemaligen Zöllners. Ein nachkoloriertes Bild einer wunderschönen jungen Frau aus den 1920er

Jahren sticht heraus. Ich frage sie, ob sie das sei. Sie ist stolz: „Ja." Auch die Tochter ist zu Hause, eine Frau um die 60, wir unterhalten uns über dieses und jenes. Das Wesentliche ist nicht der Inhalt der Gespräche, sondern der zwischenmenschliche Kontakt. Die Leute warten auf Fremde, sie dürsten danach, neue Bekanntschaften zu knüpfen. Der Winter war lang. Nicht kalt wie bei uns, aber genauso trist.

Ein paar Tage später spreche ich einen Mann an, der vor seinem Haus sein Moped mit einem Hochdruckreiniger putzt. Es ist ein Telekom-Arbeiter, den wir ein paar Tage zuvor in der *Cala Creta* getroffen hatten. Er hat zwölf Jahre in Palermo gelebt und vier Jahre in Neapel. Er findet, dass es sich hier gut leben lässt, man müsse keine Angst vor Verbrechen haben wie sonst überall. „Wir leben hier zwar isoliert und manchmal braucht man es, sich nach außen zu wenden und draußen einen Spaziergang zu machen, aber es ist halt immer nur ein Spaziergang. Hierher kehrt man immer zurück." Vieles würde hier fehlen, aber „wir leben hier ein … (er sucht lange nach dem Wort) ursprünglicheres, echteres Leben." In der Stadt müsse man alles immer Tage im Voraus organisieren, hier könne man auch während der Arbeitszeit mal mit dem Boot hinausfahren oder baden.

Als ich weiter gehe, spricht mich wieder eine alte Frau an, die vor ihrem Haus auf Passanten hofft, mit dem inzwischen sprichwörtlichen „Dich kenne ich nicht!" Sie freut sich, dass ich stehen bleibe und sagt: „Was sollen wir denn machen – wir sind hier auf einer Insel." Ihr Mann kommt heraus, beide sind vergesslich und zahnlos, aber sie sind sehr gesprächig. Sie erzählen, dass er für einen Reeder aus Genua zur See gefahren ist und bis in die USA gekommen ist. Sie schauen mich immer wieder strahlend an und schweigen. Ich habe Zeit. Man wartet auf der Straße und hofft auf ein kleines Gespräch.

Autofahren

Die *lampedusani* gehen nicht zu Fuß. Zu jeder Zeit ist im Dorf unvorstellbar viel Verkehr. Wir fallen auf, weil wir oft zu dritt, oft mit Kamera und Stativ am Straßenrand entlangspazieren. Weil wir so außerdem beträchtliche Strecken zurücklegen, gehen wir bald dazu über, zu trampen. Das ist in Lampedusa ganz leicht – dass ein Auto nicht anhält, ist eher die Ausnahme. Oft entschuldigt sich dann der Fahrer mit einer Geste. Manche bleiben stehen, obwohl ihr Auto voll besetzt ist und sprechen ein paar Sätze mit uns. Wo wir denn hin wollten und wer wir denn seien und viel Glück noch. Die Fahrten dauern nie lange, denn die Wege sind kurz, auch dann, wenn die Fahrer uns fragen, wo genau wir hinwollen und uns dann gleich hinbringen. Das kommt oft vor. Einmal hält ein alter Mann neben mir, der kaum schneller fährt, als ich gehe. „Wohin möchtest du fahren?" „In die *Giutgia*, aber Sie können mich auch schon vorher rauslassen." – „Nein, nein. Ich fahre eine Runde. Um zu sehen, ob's was Neues gibt." Sein alter Fiat Panda sieht innen noch ganz neu aus. Außen ist das Auto komplett staubig und der Lack von der Sonne ausgebleicht. Ich frage ihn, ob das Auto die Insel jemals verlassen habe. „Nicht so oft, vielleicht zwei, drei Mal."

Ich mag diese Fortbewegungsmöglichkeit. Weil sie auch einen schönen Rahmen darstellt, in einem kurzen, vorgegebenen Zeitraum Momentaufnahmen der Befindlichkeit der Gastgeber zu bekommen. Ich frage die Leute einfach: „Wer ist denn die Person, die mich (oder uns) hier mitnimmt?" Es entsteht dadurch ein vielschichtiges Panorama, aus dem sich zum Teil völlig ungeahnte Themen und Stimmungen erschließen – und Beziehungen, denn natürlich wollen alle auch wissen, wer wir sind.

An einem Nachmittag spreche ich kurz mit dem uralten Barbier im Dorf. Er fährt mit mir kurzerhand zu sich nach Hause, weil er mir jemanden vorstellen möchte. Mit dem Dreirad-Moped! Ein langer Traum von mir, einmal in so einem wackligen, engen Gefährt zu sitzen. Es fühlt sich genau so an wie vor 30 Jahren mit dem Dreirad, die Erinnerung daran stellt sich sofort wieder ein. Sein Kindheitsfreund ist für zwei Monate aus Montreal zu Besuch. Ich war im Zuge meines Studiums ein halbes Jahr in Montreal und bin sprachlos. Er ist ein *québecois* wie aus dem Film: Er spricht französisch mit starkem Montrealer Akzent, trägt ein Muskelshirt mit der großen Aufschrift „Montreal", aber vor allem macht er sofort deutlich, dass er kein Emigrant ist: Er ist nach Amerika „gegangen" und dort ganz groß rausgekommen. Vieles von dem, was er erzählt, ist wohl erfunden: Sein Restaurant in der schicksten Ausgehmeile Montreals und in Angola, sein Teppichhandelsimperium, das die halbe Welt umspannt. Er hat sogar eine Visitenkarte mit dem Logo der Provinzregierung Quebecs, ich kann aber im Nachhinein über das Internet nichts über ihn und seine Position in der Regierung in Erfahrung bringen. Alles in allem ein komischer Vogel, der in seiner Urlaubszeit hier in Lampedusa schon zwanzig Ölgemälde produziert hat, die er hier an seine Freunde verschenkt. Er zeigt sie mir, sie bilden verschiedene Naturparks und Sehenswürdigkeiten Quebecs ab. Er spart auch nicht mit guten Ratschlägen, wie ich mit meinem Buch richtig viel Geld verdienen könnte.

Es kommt noch ein dritter Opa hinzu. Die Szene ist skurril, die Wohnung chaotisch und vermüllt, und ich bin froh, als der Barbier mich wieder mit dem Dreiradmoped ins Dorf zurückfährt. Ein paar Wochen später ruft der Kanadier mich unverhofft in Luxemburg auf dem Handy an und fragt, wie es mir geht.

Ein anderes Mal nimmt mich ein Mann mit, der sofort das Thema der „Illegalen" aufgreift und schimpft, dass sie nur Geld wollen, anstatt zu bleiben, wo sie sind. Er deutet auf die kranken Palmen im Hafen und sagt, die „Illegalen" würden alle möglichen Krankheiten einschleppen, die die hiesige Bevölkerung bedrohen. Tatsächlich gibt es einen Schädling, der im ganzen Mittelmeerraum die Palmen befällt. Für diesen Mann ist klar, dass der Schädling aus Afrika kommt. Die Eindämmung der Flüchtlingsbewegung setzt er mit der Erledigung des Palmenproblems gleich. Ich bin froh, dass die Autofahrten in Lampedusa kurz sind, und steige schnell aus.

„Lampedusa ist ein kleines Stück Afrika"

In den meisten Reportagen über Lampedusa kommt Lucia zu Wort. Sie ist seit Jahren die exponierteste Protagonistin der Zivilgesellschaft auf der Insel. Als dezidiert linke Naturschutz- und Menschenrechtsaktivistin und Intellektuelle zieht sie jene an, die in Lampedusa die andere Seite der medialen oder mehrheitsparteilichen Diskurse kennen lernen wollen. Es verwundert nicht, denn Lucia ist scharfsinnig, reflektiert und außergewöhnlich hilfs- und gesprächsbereit.

Wir lernen sie im Zuge der Aufregung um die geplante Schaffung eines Abschiebezentrums im Jahr 2009 bei einer Veranstaltung kennen, in der die Teilnehmer darüber diskutieren, eine Volksbefragung oder eine Petition zu starten. Lucia ist eine der Wortführerinnen und erklärt sich bereit, uns ein Interview zu geben.

Wir besuchen sie in ihrem Büro einer Naturschutzorganisation, deren Aufgabe der Schutz des Meeresraumes, der von Erosion bedrohten Vegetation der Insel und der seltenen Meeresschildkröten ist. Lucia ist die Leiterin. Sie hat mit ihrer Organisation politisch durchgesetzt, dass die *Spiaggia dei Conigli*[18], zum nationalen Naturschutzgebiet erklärt wurde, sodass das Gebiet nur auf abgezäunten, angelegten Wegen erreichbar und das Baden reglementiert ist, um die Brutstätten der vom Aussterben bedrohten Unechten Karrettschildkröte zu schützen. Lucia hatte bei ihren Protesten, etwa gegen den Plan des Baus einer Straße

---

18 Die *Spiaggia dei Conigli* – der Kaninchenstrand – gilt als schönster Strand Lampedusas. Dem Strand vorgelagert ist das touristische Wahrzeichen und Aushängeschild Lampedusas, die *Isola dei Conigli* – Kanincheninsel –, die auf den meisten Postkarten abgebildet ist.

entlang der Bucht vom neuen zum alten Hafen, keineswegs immer die populären Interessen auf ihrer Seite, die die weitere touristische Erschließung Lampedusas befürworteten, aber sie setzte sich hartnäckig gegen den Widerstand durch.

Lucia spricht selbstbewusst und mit großem Engagement eine Stunde lang ohne Unterbrechung. So bleibt mir vom ersten Gespräch das Gefühl, ein reines Expertinnengespräch aufgenommen zu haben, in dem viel Tagespolitik abgehandelt wird. Als Person bleibt sie vorerst im Dunkeln. Das zentrale Thema unseres Gesprächs ist die Entwicklung der Migrationsthematik in den letzten Wochen und Monaten. Für Lucia ist die Migration ein völlig normales Phänomen. „Denn Lampedusa ist ein kleines Stück Afrika. Es ist ein Übergangsort zwischen Afrika und Sizilien. Hier kommen viele Tiere auf ihrer natürlichen Migration vorbei: Wale, Delphine, Schildkröten. Die Schildkröte kommt sogar hierher, um ihre Eier abzulegen, und dann zieht sie wieder weiter. Deswegen finde ich es völlig logisch, dass sich hier auch menschliche Migration manifestiert."

Lucia sieht in den staatlichen Aktivitäten in Bezug auf die Migration mehrere Paradoxa. Um mit dem Phänomen der Migration umzugehen, habe die italienische Regierung ebenso wie Europa als Ganzes eine polizeiliche Antwort gewählt. „Sie sprechen über diese Sache im Sinne von Sicherheit und Repression. Das ist ein Paradox. Denn seit mehr als 15 Jahren erlebt diese Insel das Phänomen direkt. Wir sehen die Immigranten, die vor allem aus subsaharischen Ländern kommen: Sie kommen in fürchterlichem Zustand an. Sie sind nicht einmal in der Lage, auf eigenen Füßen zu stehen, wenn sie ankommen. Diese Menschen brauchen keine Polizei, keine gepanzerten Busse für den Gefangenentransport, sondern Krankenwagen, Ärzte, Sozialarbeiter, Rechtsanwälte, kulturelle Vermittler u.s.w."

Paradoxerweise gebe es in Lampedusa aber trotz der Anwesenheit von so viel Militär immer weniger Gesetzlichkeit. Die Insel zeichnet sich für Lucia durch Verwahrlosung und Verfall aus. Besonders skandalös findet Lucia, dass „nicht einmal in Bezug auf die Aufgaben, die der Staat hier an sich reißt, gesetzeskonform gehandelt wird." Die Schiffe und Boote, mit denen die Flüchtlinge ankommen, würden illegal zerstört. Sie würden weder weiterverwendet noch dem Recycling zugeführt, sondern an Orten abgelagert, die eigentlich nicht als Deponien ausgewiesen seien, die dann aber zu illegalen Deponien würden. Lucia räumt ein, dass ein paar Boote nichts ausmachen würden, aber wenn es 200, 300 seien, dann müsse das ordentlich abgewickelt werden. Inzwischen habe es auf der Deponie bereits mehrmals Feuer gegeben: „Die giftigen Farben, die verbrennen, diese Umweltzerstörung schadet allen."

Die Krönung dieser leichtfertigen Preisgabe der Gesetzlichkeit ist für Lucia jedoch die intransparente Handhabung der Menschenrechte der Migranten. Es ist fast unmöglich, zu kontrollieren, was im *centro* passiert. Es habe unhaltbare Zustände gegeben. Alleine in den letzten Wochen habe es mehrere Selbstmordversuche gegeben. Dadurch seien Konflikte zwischen *lampedusani* und Migranten konstruiert worden. Im Januar erlitt in der gleichen Nacht, in der zwei Migranten nach Selbstmordversuchen ins Krankenhaus geflogen werden mussten, eine alte Frau einen Herzinfarkt. Zum Glück war es kein schwerer Infarkt, so dass sie die Rückkehr des Hubschraubers abwarten konnte. Ansonsten hätte man sich in dieser Nacht entscheiden müssen, ob man das Leben des Somaliers rettet, „der drei Jahre seines Lebens gebraucht hat, um hier zu landen und um die Rettung zu erreichen, die er verdient hat", oder das einer Frau aus Lampedusa. Denn auf der Insel gibt es kein Krankenhaus, nur eine Poliklinik[19], und die Ärzte haben nur einen Hubschrauber zur Verfügung, der zwei Personen transportieren kann. Er braucht zwei Stunden bis nach Palermo und zwei Stunden zurück.[20] „Es ist unrecht, diesen Konflikt zwischen Einheimischen und Fremden zu schaffen, denn Notfälle haben auf beiden Seiten das gleiche Gewicht und die gleiche Würde," davon ist Lucia überzeugt. Trotzdem ließen sich die *lampedusani* nicht politisch instrumentalisieren.

---

19 Der ärztliche Bereitschaftsdienst und die Notaufnahme sind jeden Tag rund um die Uhr besetzt. Es sind immer sechs Ärzte anwesend, darunter einer im Bereitschaftsdienst und zwei Notärzte. In der Poliklinik gibt es keine Betten und es werden keine Operationen durchgeführt, nur eine Notversorgung kann gewährleistet werden. Alle Notfälle werden mit dem Hubschrauber ausgeflogen.
20 Der Rettungshubschrauber wurde erst 2005 in Lampedusa stationiert. Der Hubschrauber hat zwei Liegeplätze, und außer den Plätzen für die beiden Piloten noch drei weitere Sitze für den Notarzt, einen Krankenpfleger und für eine Begleitperson.

Sie zeigten in ihrer Revolte ihre volle Solidarität mit den Migranten: „Die *lampedusani* haben verstanden, dass die Menschenrechte der Migranten und ihre eigenen zivilen Rechte, die Verteidigung des eigenen Lebensraumes, der eigenen Zukunft, eng verwoben sind."

Für Lucia ist der Aufstand der *lampedusani* kein Kampf nur für Lampedusa. Es geht auch darum, ein Signal auszusenden, den repressiven Zugang zur Migration zu verändern. Denn immerhin seien die *lampedusani* im Zentrum dieses Geschehens: „Wir fühlen uns verantwortlich und schuldig, wenn wir von den Toten hören. Denn sie füllen das Meer mit Toten! Weil sie ihnen jetzt nicht mehr entgegenfahren. Man muss sehen, dass Innenminister Maroni dabei ist zu siegen und dass weniger Boote ankommen! Der einzige Weg, das zu erreichen, ist in Kauf zu nehmen, dass die Boote untergehen."

Lucia erzählt noch vom Besuch des EU-Kommissars Jacques Barrot wenige Tage zuvor und von ihrer Enttäuschung darüber, dass er und seine Delegation diese komplexen Zusammenhänge und Widersprüche nicht verstanden haben. Auch wenn sie sein Argument akzeptiert, dass Europa nicht in die inneren Angelegenheiten der Mitgliedsstaaten eingreifen dürfe, kann sich Europa ihrer Meinung nach nicht der Verantwortung entziehen, die Effekte und die konkreten Resultate der nationalen Politik zu verurteilen, wenn sie die Menschenrechte der Migranten nicht respektieren.

In dem ganzen Treffen sieht Lucia ohnehin eine Inszenierung, denn ein paar Tage, bevor die Delegation aus Brüssel hier ankam, hatte die Regierung begonnen, das *centro* zu leeren, damit Barrot kein überfülltes Lager vorfinden würde. Außerdem hätten die Vertreter der Bürgerbewegung trotz anders lautender Versprechen im Vorfeld nicht die Gelegenheit bekommen, mit Barrot zu sprechen. Dabei wäre es wichtig gewesen, die Gelegenheit zu nutzen, um ein positives Signal auszusenden, dass Europa eine neue Rolle der Aufnahme an den Grenzen braucht: „Wenn Europa glaubt, dass es reicht, die Außenposten in kleine Guantánamos umzuwandeln, das ist doch traurig! Es ist klar, dass Lampedusa immer ein Transitort war. Viele sind geblieben, weil sie Schiffbruch erlitten, seit der Antike waren Menschen aus allen Ländern hier. Wie soll man sich eine andere Rolle für Lampedusa vorstellen? Es war immer eine Brücke zwischen Afrika und Sizilien. Sich dafür zu entscheiden, die Migranten hier zu behalten, um sie direkt von Lampedusa zurückzuschicken, bedeutet, Lampedusa die Rolle der Barriere zwischen Afrika und Europa zuzuweisen."[21]

Ein alter Meister

Eine Gruppe von Männern arbeitet im Hafen an einem schönen Holzboot. Es sieht aus wie die alten Fischerboote in Lampedusa, Sizilien und Nordafrika. Aber es scheint neu zu sein, mit einem frischen bräunlich roten Anstrich liegt es aufgebockt an Land.

Ich gehe hinunter und frage, ob wir ihnen bei der Arbeit zusehen dürfen. Giorgio ist die zentrale Person in der Gruppe, er lädt uns ein, zuzusehen und auch zu filmen. Sein langer weißer Bart und seine wettergegerbte Haut lassen ihn wie einen alten Seebären wirken. Alle begrüßen uns ohne von der Arbeit aufzuschauen. Giorgio ist Bootsbauer. Mit dem Stolz des Handwerkers und dem Selbstbild, eine besondere Kunst zu beherrschen, erklärt uns die seit Jahrtausenden unveränderten Arbeitsgänge und zeigt uns anhand der Arbeitsschritte seiner Helfer die Besonderheiten seiner Arbeit.

Das Bewusstsein, ein aussterbendes traditionelles Handwerk auszuüben, hat Giorgio wohl dazu bewogen, die Gelegenheit beim Schopf zu packen und seine Arbeit von uns festhalten zu lassen.

Schon sein Vater und sein Großvater waren Bootsbauer, *maestri*, wie er sagt. Giorgio und seine drei Brüder haben ebenfalls dieses Handwerk erlernt, aber die Brüder sind in den 1950er Jahren ausgewandert und zur See gefahren. Giorgio arbeitet seit 1960 in diesem Beruf. In seiner Generation gab es noch einen zweiten Bootsbauer in Lampedusa, aber inzwischen ist Giorgio der einzig Verbliebene seiner Zunft auf der Insel.

Giorgio schildert wortreich, dass sein Handwerk sich seit den Phöniziern, Griechen und Römern kaum verändert habe. Er beschwört

---

21 Bei den Gemeinderatswahlen im Frühjahr 2012 wurde Lucia zur Bürgermeisterin gewählt – ein deutliches Zeichen, dass die *lampedusani* genug hatten von unerfüllten Versprechen und politischem Dünkel.

damit eine Kontinuität, die dazu geführt habe, dass im ganzen Mittelmeerraum die gleichen Boote verbreitet seien. Auch die arabischen. Ein schönes Bild.

Giorgios Helfer scheinen nicht dieses Bedürfnis zu haben, ihre Arbeit und sich selbst darzustellen. Doch ein anderer Mann in der Gruppe sticht heraus, seine Gestik ist anders, er trägt seinen blauen Overall wie ein Intellektueller. Und er spricht außergewöhnlich sauberes Italienisch. Er lädt uns ein, mit ihm an Deck zu steigen. Er ist der Besitzer des Bootes. Es ist ein alter Fischkutter, und er lässt ihn jetzt von Giorgio und seinen Leuten restaurieren. Dabei legt er selbst mit Hand an. Alte Boote sind sein Hobby, Lampedusa seine Leidenschaft. Er ist Ingenieur, kommt aus Genua und ist damit in Lampedusa fast so exotisch wie wir. Er streicht die den Genuesern zugeschriebene Verbundenheit mit dem Meer und der Seefahrt heraus, und seinen Entschluss, nach seiner Pensionierung in ein paar Jahren fest nach Lampedusa zu ziehen.

Ein Jahr später treffe ich die Männer im Hafen. Sie sind ganz ausgelassen und erzählen mir, dass das Boot fertig sei und nächste Woche zu Wasser gelassen werde. Am Tag darauf sehe ich mir das Boot an, es ist wirklich schön geworden. Doch auch Monate später liegt es unverändert aufgebockt an Land.

Noch ein Meister

In einer etwas abseits gelegenen Wohnstraße im Dorfzentrum sitzt tagein, tagaus ein älterer Mann vor seinem Haus. Er sitzt unter seinem Vordach, mit dem Rücken zur Straße gekehrt, und arbeitet mit großer Hingabe an detailgetreuen Schiffsmodellen aus Holz. Wie viele ältere *lampedusani* hat er nicht mehr viele Zähne im Mund, und während er sägt und feilt, pfeift und summt er gedankenverloren vor sich hin. Im Vorbeigehen grüßen wir ihn jedes Mal, dann schaut er kurz auf, ruft ein freundliches *buongiorno* und widmet sich wieder seiner Arbeit. Die Perfektion seiner Modelle fällt uns sofort auf. Nicht nur optisch entsprechen die Modelle den großen Originalen, sondern vor allem auch in der Konstruktionsweise. So als würden sie in einer miniaturisierten

Werft gebaut, auf diesem alten Handwerkertisch im Schatten vor dem Haus. Ich frage mich, woher er dieses Wissen hat.

Er freut sich über das Interesse an seiner Arbeit und über jeden Plausch mit Passanten, der sich ergibt. Dass sein Rufname, Giorgino, eine Verkleinerungsform von Giorgio ist, dem Bootsbauer, lässt mir keine Ruhe. Natürlich ein Zufall und doch irgendwie so, als sei seine Tätigkeit weniger bedeutend.

Als wir Giorgino ein paar Wochen später wieder besuchen, ruft er uns ins Haus und erzählt uns seine Geschichte, die eng mit dem Meer und der Schifffahrt verbunden ist.

Wie in den meisten Wohnhäusern in Lampedusa tritt man durch eine Lamellentür aus Metall, die im Sommer wertvolle Dienste im Kampf gegen die Hitze leistet, direkt in einen Wohnraum. Hier ist alles so angeordnet, dass mit wenigen Griffen in den Sommermonaten ein Souvenirgeschäft improvisiert werden kann. Zahlreiche größere und kleinere Schiffs- und Bootsmodelle stehen hier für die Touristen bereit, aber auch kleine Schlüsselanhänger aus Holz und Briefbeschwerer in Form von Schildkröten. In den Wintermonaten fertigt er das alles an.

Im dahinter liegenden Zimmer spielt im Fernsehen melancholische Akkordeonmusik. Man hört Stimmen: Giorginos Frau und ihr Sohn mit seinem Baby. Ihre Tochter wohnt in Sizilien. Giorgino ist stolz auf seinen Schwiegersohn, der auf einem schnittigen Motorboot der Gefängniswache arbeitet. Er zeigt uns ein Bild von dem Boot. Natürlich hat er davon bereits ein Modell gebaut.

Giorgino deutet auf ein besonders schönes Schiffsmodell oben auf einem Schrank. Das sei die Fähre, auf der er 19 Jahre lang als Matrose gearbeitet habe. Zweimal pro Woche fuhren sie die Strecke von Porto Empedocle über Linosa und Lampedusa zur Insel Pantelleria, und von dort weiter ins sizilianische Trapani und wieder zurück. Anschließend arbeitete er kurze Zeit auf einem Kreuzfahrtschiff. „Dann habe ich meine Operation am Herzen gehabt und sie haben mir das Navigationsbuch entzogen. Und ohne Navigationsbuch kann man nicht zur See fahren." Er hat dann angefangen, Modelle zu bauen, „um etwas Geld zu verdienen. Denn wie willst du leben mit 450 Euro pro Monat?"

Es ist 22 Jahre her, dass Giorgino nicht mehr zur See fahren kann.

Hin und wieder fährt er noch mit dem Boot seines Sohnes zum Fischen. Es ist nur ein Zeitvertreib, aber früher, als junger Mann, war er hauptberuflich Fischer: „Ich komme aus dem Zeitalter der Fischerei. Denn wir sind im Meer geboren!" Mit 13 hat er mit der Seefahrt angefangen, „aber jetzt bin ich 64 und müde." Giorgino erzählt genau, wie er beim Fischen vor der Insel Lampione, 18 Kilometer von Lampedusa entfernt, einen Herzinfarkt erlitt. Als sie in Lampedusa ankamen, waren die Hilfskräfte schon am Hafen und Giorgino konnte gerettet werden. Er erzählt von diesem Ereignis, als sei es erst gestern gewesen. „Seither bin ich nicht mehr zur See gefahren. Aber das Meer lässt mich nicht los. Ich habe immer an die Schiffe gedacht."

Als ich Giorgino ein Jahr später wieder unter seinem Vordach treffe, scheint es mir, als wäre die Zeit stehengeblieben. Er ist stolz, denn ein *lampedusano* hat seine Arbeit mit der Videokamera gefilmt und auf *YouTube* gestellt. Seine Frau kommt nach Hause. „Wie geht es Ihnen?", frage ich. Sie antwortet: „Wir sind immer noch mitten im Meer."

Ein altes Haus

An einem Nachmittag gegen vier Uhr sucht uns Aldo auf. Wir setzen uns an den Küchentisch und plaudern. Er erzählt uns, dass dieses Haus sein Elternhaus ist, in dem er geboren und aufgewachsen ist, und dass es sich seit seiner Kindheit völlig verändert hat.

Zuerst gab es nur ein winziges Haus von etwa 20 Quadratmetern Wohnfläche – Ursulas Schlafzimmer –, in dem die ganze Familie (eine Großmutter, die Eltern und fünf Kinder) wohnte, kochte und schlief. Die Wasserstelle war vor dem Haus und man wusch sich draußen. Aldos Eltern bauten einen weiteren Raum und einen vorgelagerten Keller dazu, der auf der einen Seite ebenerdig zum Garten hin ausgerichtet ist. Später hat Aldo noch ein Stockwerk darauf gebaut. Im Ganzen besteht das Haus heute aus vier Ferienwohnungen.

Aldos Erzählung zeigt nicht nur die Armut, die bis weit in die 1960er Jahre in Lampedusa herrschte. Die Geschichte seines Hauses erscheint typisch für die Art, wie in Lampedusa gebaut wird, und es erklärt die Heterogenität nicht nur jedes einzelnen Gebäudes, sondern des gebauten Raumes in seiner Gesamtheit. Auf diese informelle Art und Weise sind zahlreiche Gebäude entstanden oder erweitert worden. Inoffiziell gibt es heute in Lampedusa bei einer Bevölkerung von 5.700 Einwohnern 70.000 Betten.

Als Aldo gegen sechs Uhr aufbricht, schaut er auf seine Uhr und sagt mit Genugtuung: „Heute habe ich den ganzen Nachmittag nichts gemacht."

„Es ist eine Tradition, dass man lamentieren muss, wenn die Fähre nicht kommt"

Tino betreibt die *Bar dello sbarcatoio*. Ein sympathischer, attraktiver Mann Anfang 30, der jetzt im Winter viel Zeit mit seinen Gästen verbringt. Er beteiligt sich an den Unterhaltungen und Diskussionen, spielt zwischendurch immer wieder auf seinem Klavier, das in der Mitte der Bar an einer Wand steht, signalisiert aber auch, dass er das Spiel mit Nähe und Distanz, das Wirte beherrschen müssen, im Griff hat.

Er kommt aus Como, nicht weit von der Schweizer Grenze. Er lernte seine heutige Frau während eines Urlaubes in Lampedusa kennen. Er brach sein Studium ab und zog zu ihr auf die Insel. Seit elf Jahren lebt er hier und fühlt sich in seinem neuen Leben wohl, das ganz anders verläuft als das Leben im Norden. Dennoch äußert er mehrmals den Anspruch, sein Leben aktiver zu gestalten, etwas zu schaffen, das auch der Gemeinde als Beispiel dienen kann.

In seiner Bar treffen sich die zugereisten Akademiker der Insel. Als wir zum ersten Mal in die Bar gehen, kommen wir ins Gespräch mit einer Tierärztin aus dem sizilianischen Ragusa und ihrem Kollegen, einem Tierschutzinspektor aus Palermo, sowie einem Psychologen der Berufsberatungsstelle und dem promovierten Zollbeamten Alfonso, der in Belgien studiert hat und es liebt, sich mit Diana und mir auf französisch zu unterhalten.

Ein paar Gäste singen und spielen Klavier. Die Stimmung ist gelöst, und wir versprechen, ein paar Tage später zu Tinos wöchentlichem Fischabend, den alle in höchsten Tönen loben, wiederzukommen. Die Zubereitung ist aufwändig, die delikaten Häppchen schön angerichtet, aber auf dem Plastikgeschirr serviert ergibt sich einmal mehr ein typisch lampedusanischer Kontrast.

Wir gehen an mehreren Abenden in die Bar. An einem Vormittag verabreden wir uns mit Tino zum Interview vor der Kamera auf der Terrasse seines Lokals. Man sieht von hier direkt in den Hafen, genau zur Militärmole, an der die Flüchtlingsboote an Land gebracht werden. In seinem Rücken eine farbenfroh gestrichene Mauer, die seinem Lokal tropisches Flair verleihen soll. Die Bar in dem heruntergekommenen Haus sieht er als Provisorium, so lange er noch nicht zu einem eigenen Restaurant gekommen ist.

Tino verströmt eine Weltgewandtheit, die seine Kunden an ihm schätzen. Uns erzählt er im Interview, dass er aus dem Norden andere Auffassungen mitgebracht habe, die er nicht ganz abgelegt habe, auch wenn ihm die Lebensart des Südens mehr zusage. Um das Leben hier zu verstehen, müsse man das ganze Jahr über hierbleiben. Für Tino ist der Winter am Schönsten, da könne man die Insel genießen, im Gegensatz zum Sommer, wo rund um die Uhr gearbeitet werde. Im Winter ist die Fähre Impulsgeberin für den Lebensrhythmus. „Früher brachte ausschließlich die Fähre Neues. Heute sind wir immer angebunden, weil es den Flughafen gibt, aber wenn die Fähre ein paar Tage nicht kommt, sprechen alle davon, als wäre es ein Drama. Ich glaube, es ist eine Tradition, dass man lamentieren muss, wenn die Fähre nicht kommt. Die Diskussionen im Winter drehen sich immer um das Wetter und die Fähre, weil es sonst nichts zu besprechen gibt." Tino glaubt, dass das auch damit zusammenhängt, dass früher alles vom Wetter abhing: „Die Fischerei, die Fähre u.s.w. Jetzt ist es etwas anders, aber das Sprechen darüber gibt es immer noch."

Seine Vision ist die eines touristisch erschlossenen Lampedusa, in dem die Initiativen nicht mehr anarchisch und von Einzelnen ausgehen sollen, sondern von einer übergeordneten Tourismusorganisation, die für den Erhalt der touristischen Schönheiten eintreten soll. Das Klima ließe Tourismus das ganze Jahr über zu, das Potential würde er gerne genutzt sehen, zumal der Tourismus mit dem Aussterben der Fischerei die einzige wichtige Ressource sei.

Tino zeichnet das Bild einer heilen Welt, und seine lässige Art, zu erzählen, vor dieser bunt gestrichenen Wand in der Morgensonne, wirkt auf mich wie eine inszenierte PR-Aktion. Ich habe während des Gesprächs die ganze Zeit den Hafen im Rücken, er sitzt mir richtig im Nacken, die Mole mit den Booten des Zolls, und Tino sieht die ganze Zeit darauf, aber er spricht nicht darüber. Meine Fragen über die Flüchtlinge, die Polizei, die politischen Ereignisse der letzten Wochen und Monate oder über die medizinische Versorgung blendet er aus oder er beschönigt sie – obwohl seine Frau vor zwei Jahren mit ihren Zwillingen eine schwierige Schwangerschaft hatte. Sie habe halt einfach ein paar Monate bei ihrer Tante in Palermo gewohnt.

Tinos Bemühungen, Lampedusa so zu bewerben, wie er es sich wünschen würde, wirken seltsam irreal, mir scheint zunehmend nur seine Terrassenmauer dem Bild zu entsprechen.

Als ich Tino im März 2010 aufsuchen will, ist die Bar aufgegeben und verlassen. Ich bin beunruhigt, mir gehen verschiedene Dinge durch den Kopf, Scheidung, Krankheit, Wegzug. Am folgenden Morgen gehe ich wieder in das Viertel, die Frau im Tabakladen nebenan sagt mir, dass er seit Neuestem den Campingplatz der Insel führe. Ich weiß zwar, wo der Campingplatz liegt – einsam am Meer, weit weg vom Hafen –, aber ich war noch nie dort. Ob es dort auch ein Restaurant gebe. Sie antwortet lächelnd: „Ja.“

Unerwünscht

Wir wollten niemanden direkt danach fragen, wie das *centro* zu finden sei, weil wir befürchteten, unsere ethnographische Arbeit über das Leben der einheimischen Bevölkerung aufs Spiel zu setzen, wenn wir erst einmal als eines von vielen journalistischen Filmteams abgestempelt würden (auch wenn nicht zu leugnen ist, dass auch wir Lampedusa nicht zuletzt aufgrund der medial vermittelten Spannungen aufgesucht hatten).

Da das *centro* aber versteckt liegt, ebenso wie der Bootsfriedhof, mieteten wir uns ein Auto, um unabhängig und unbeobachtet diese Orte aufzusuchen. Das war auf dieser kleinen Insel alles andere als einfach. Das im Bau befindliche neue Abschiebelager war noch verhältnismäßig rasch gefunden – es lag im hintersten Winkel der Insel auf dem Gelände der ehemaligen NATO-Basis. Der Bootsfriedhof ließ sich schon schwerer finden. Das *centro* liegt von dort nicht sehr weit entfernt. Auf dem Weg dorthin kehrten wir ein paar hundert Meter vor dem Eingangstor um. Die Zufahrtsstraße war uns zu eng und zu einsichtig, wir hätten auf jeden Fall unsere Anwesenheit begründen müssen. So verließen wir das Tal wieder, an dessen Ende das Lager lag, und fuhren außen herum auf die Anhöhe, wo wir das Auto stehen ließen. Wir spazierten durch die karge Landschaft. Aus ein paar hundert Metern Entfernung sahen wir das Eingangstor von oben und die roten Dächer des Flüchtlingslagers, das aus mehreren Gebäuden bestand. Es war ganz still. Gegenüber auf der Anhöhe saßen Soldaten mit Feldstechern unter einem Zeltdach, die das Lager wie ein Gefängnis bewachten.

Wir waren noch zu weit entfernt, um Menschen im Lager erkennen zu können, da wurden wir von einem jungen Soldaten und einem Polizisten gestellt. Wo die beiden so schnell herkamen, war uns unerklärlich. Wahrscheinlich hatten die Soldaten von gegenüber uns gesehen und die beiden auf dieser Seite des Hügels informiert.

„Was macht ihr hier?" – „Wir gehen spazieren." – „Seid ihr beruflich hier?" – „Nein, wir sind in den Ferien." Sie waren streng und verlangten unsere Ausweispapiere. Ich fragte: „Warum kontrollieren Sie uns? Wir machen ja nur einen Spaziergang. Ist das verboten?" Die lapidare Antwort: „Das hier ist ein freies Land, man wird doch wohl noch kontrollieren dürfen!" Sie schrieben unsere Namen auf, gaben uns unsere Ausweise zurück und blieben an Ort und Stelle stehen. Ohne uns gesagt zu haben, wieso wir hier nicht erwünscht waren, machten sie doch unmissverständlich klar, dass unser Spaziergang hier zu Ende war.

Schweigend gingen wir zum Auto zurück. Erst im geschützten Raum des Autos merkten wir, wie zittrig wir waren.

Im März 2010 fuhren Ursula und ich noch einmal zum *centro*, in dem seit dem Abkommen mit Libyen keine Migranten mehr waren.

Diesmal waren wir mutiger und fuhren direkt zum Eingangstor. Ein Wachmann von den *carabinieri* stand hinter dem Tor. Wir stellten uns als Videokünstler vor und begannen ein Gespräch. Zuerst war er etwas präpotent, dann wurde er freundlicher. Zwei Soldaten kamen hinzu und beschwerten sich, dass ihnen langweilig sei. Obwohl das Lager vollkommen verwaist war, durfte es aus rechtlichen Gründen nicht geschlossen werden. Die Wachmänner kamen aus Salerno und aus Bari, die Abgrenzung von den Sizilianern war ihnen wichtig. „Wir sind *continentali!*" Jetzt sei hier nichts mehr los, aber sie müssten halt hierbleiben, bis sie abgezogen würden.

Wir verabschiedeten uns ohne viel von uns preisgegeben zu haben und machten auf dem etwas zurückliegenden Parkplatz Filmaufnahmen von dem Bus, mit dem die Flüchtlinge letztes Jahr immer abtransportiert wurden. Beim Hinausfahren aus dem Tal fing uns eine Militärstreife ab. Sie blockierten uns den Weg, kamen zum Auto, fragten wieder nach unseren Papieren und den Autopapieren des Mietautos, die natürlich fehlten. Denn wie üblich hatte der Vermieter nicht nach meinem Führerschein gefragt, keine Anzahlung verlangt, keine Bestandsaufnahme der vorhandenen Schäden am Auto durchgeführt, sodass ich nicht der Spielverderber sein wollte, der nach den Autopapieren fragt. Ich reagierte beflissen: ob ich denn jetzt den Vermieter mit dem Handy anrufen solle, damit er die Papiere vorbeibringe. Die Soldaten fragten uns mit strenger Miene aus, wollten wissen, für welchen Fernsehsender wir arbeiten. Weil wir beharrlich (und der Wahrheit entsprechend) dabei blieben, dass wir freischaffend seien, rann ihnen ihr stärkstes Argument, gegen uns an höherer Stelle zu intervenieren, durch die Finger. Sie versuchten noch ein wenig, uns Angst einzujagen, kontrollierten unser Kameraequipment im Kofferraum und schrieben unsere Namen auf, aber sie hatten keine Handhabe, denn wir befanden uns ja im öffentlichen Raum. Nach einer Weile ließen sie uns weiterfahren. Die fehlenden Autopapiere hatten sie wohl vergessen. Eine wichtige Erfahrung: Auch das ausgestorbene *centro* sollte nicht aus der Nähe gesehen werden. Jedes Mal also Polizeikontakt. Ein anderes Lampedusa.

„Nach Lampedusa zurückkommen heißt, in einen passiven Lebensstil zurückzukommen"

Mariella ist etwa 30 Jahre alt. Ihre Geschichte steht für die Ambivalenz der jungen Generation, fortzukommen, und zugleich emotional und identitär stark an die Insel gebunden zu sein. Sie hat in Rom drei Jahre lang Fremdsprachen studiert, das Studium aber abgebrochen, weil es sie zurück nach Lampedusa zog. Später verließ sie die Insel noch einmal, zuerst ging sie nach Mailand, wo sie einen Designkurs besuchte, dann nach London. Doch wieder kehrte sie zurück, weil es ihr nicht gefiel, ihren Sohn, den sie in Mailand bekommen hatte, in der Stadt und so weit von der Familie entfernt aufzuziehen. „Wir mussten uns neu anpassen, denn wir hatten uns sehr an das stimulierende Stadtleben gewöhnt. Nach Lampedusa zurückkommen heißt, in einen passiven Lebensstil zurückzukommen. Es ist ein Leben mit sehr langsamem Rhythmus, du kennst alle und siehst immer die gleichen Leute. Denn wir sind vom Meer eingekreist. Lampedusa ist eine wunderschöne Insel, und doch fühlst du dich immer eingesperrt." Deshalb geht es Mariella in Lampedusa nicht gut. „Es war ein bisschen so: alle meine Träume aufgeben, das, was ich mir von meinem Leben erwartete, und zu meiner Vergangenheit zurückkehren."

Mariella arbeitet in einem Reisebüro, das einem großen Reiseveranstalter gehört und überwiegend Reisepakete nach Lampedusa verkauft. Sie ist somit Angestellte der „starken" Tourismusindustrie, die von vielen *lampedusani* als diktatorisch kritisiert wird. Für Mariella bietet dieser Job die Chance, im Kontakt mit Leuten von außen mit der empfundenen Enge der Insel umzugehen. Und von Reisen an einen anderen Ort zu träumen.

In ihrer Freizeit macht sie Illustrationen, die sie in ihrem Internetblog veröffentlicht. „Es hilft mir, gegen die Einsamkeit zu kämpfen." Denn die Grafik war eigentlich ihr Berufswunsch, aber hier in Lampedusa gibt es nicht viele Leute, mit denen sie sich über das Thema unterhalten kann. Über Internet konfrontiert sie sich mit anderen Grafikern, „das stimuliert mich weiterzumachen." Die Bedeutung des Internet für die jungen Generationen ist gerade in peripheren Gebieten enorm.

„Grafik ist in Lampedusa kein bedeutender Wirtschaftszweig. Hier zählen vor allem die Fischerei und der Tourismus." Mariella bedauert, dass dabei das Phänomen der Migration oft ausgeschlossen werde, dabei sei es doch Teil der Kultur Lampedusas, weil die Gemeinde aus mehreren Herkunftskontexten Italiens entstanden sei und es deshalb immer eine wohlwollende Haltung gegenüber dem Fremden gegeben habe. Mariella setzt die Migration der Bootsflüchtlinge deutlich zu ihren eigenen Migrationen in Bezug: „Ich glaube, dass historisch gesehen jeder Mensch in einer negativen Situation versucht, das Beste daraus zu machen, etwas anderes aufzubauen. Ich denke, dass diese Leute nicht nur weggehen, um vor einer schlechten Situation zu flüchten, sondern auch, um zu versuchen, sich ein Leben aufzubauen, eine bessere Welt zu finden. Das ist nicht das Gleiche."

Die weit verbreitete Darstellung, die Migranten – die Fremden – wollten den Europäern etwas wegnehmen von ihrer Erde, oder von ihrer Arbeit, das ihnen nicht zustehe, kann Mariella nicht nachvollziehen: „Die Erde gehört niemandem. Wir sind alle nur auf der Durchreise. Ich bin in Lampedusa geboren, jeder ist irgendwo geboren, aber Lampedusa gehört mir nicht."

Mariellas Ambivalenz in Bezug auf den Ort ist auch habituell geprägt. Ihre Eltern sind beide in Lampedusa geboren, aber Mariellas Vater wuchs in der Nähe von Rom auf, weil ihr Großvater Schiffskapitän war und ihre Großmutter mit sieben Kindern nicht allein in Lampedusa bleiben wollte, wenn ihr Mann Monate lang weg war. Alle Onkel und Tanten Mariellas sind in Rom geblieben. Nur ihr Vater verliebte sich während eines Urlaubes in Lampedusa in ihre Mutter und zog zurück. Er arbeitet am Flughafen in der Verwaltung. Mariellas Mutter ist Grundschullehrerin. Ihr Vater wollte immer mit seiner Frau und den beiden Kindern nach Rom ziehen, damit den Kindern alle Schulformen zur Wahl gestanden hätten, doch die Mutter lehnte dies ab.

Mariella reflektiert diese Widersprüchlichkeiten in der Haltung ihrer Eltern und erkennt sich darin wieder, aber die familiäre Unterstützung und Geborgenheit, die sie erfahren hat, sind für sie die wichtigsten Werte und haben sie, jetzt selbst Mutter, zurück nach Lampedusa gezogen.

Ihr Leiden in Lampedusa hat aber noch andere Gründe. Wie ihr Mann, der Buchhalter ist und in seiner Freizeit Videos über die lokalen Geschehnisse macht und auf *YouTube* stellt, sieht sie zahlreiche Missstände, die sie auch selbst betreffen, etwa die schlechten Schulbedingungen, vor allem aber die schlechte medizinische Versorgung, die sie in aller Härte am eigenen Leib erfahren musste: „Ich habe ein Kind verloren, weil die Gynäkologin nur dienstags hier ist. Und ich habe an einem Donnerstag Abtreibungswehen bekommen!"

Sie musste die ganze Woche warten, um eine Ultraschalluntersuchung zu bekommen. Weil sie unerträgliche Schmerzen hatte, wurde der Krankenwagen gerufen. Sie bekam weitere Injektionen, um das Kind zu behalten. Weil sie einen Arzt kannte und alle Hebel in Bewegung setzte, gelang es ihr, die Ultraschalluntersuchung zu bekommen – über Beziehungen und nicht, weil es ihr zustand. Die Untersuchung ergab, dass sie das Kind verloren hatte, und man riet ihr, mit dem nächsten Flug ins Krankenhaus nach Palermo zu fliegen, weil es zu einer Blutung kommen könnte. Wiederum gelang es ihrem Mann und ihr nur über Beziehungen, zwei Sitzplätze auf dem nächsten Flug nach Catania zu bekommen, denn es gab keine freien Plätze auf dem Flug nach Palermo. In der Notaufnahme in Catania sagte das Personal ihrem Mann, dass es fahrlässig war, einen Linienflug zu nehmen, bei dem kein Arzt an Bord war, der Mariella im Falle einer plötzlich auftretenden Blutung hätte helfen können, und dass sie unbedingt hätte mit dem Rettungshubschrauber ausgeflogen werden müssen. Ihre Stimme bricht: „Aber da wir das nicht wussten, habe ich aus Unwissenheit auch mein eigenes Leben riskiert! Also noch zusätzliche Probleme riskiert zu dem, was mir schon passiert war! (sie schluckt) Das ist der Teil der Realität hier, der sehr schwer zu ertragen ist." Mariella unterstreicht, dass sie nicht die Einzige ist, der es so ergangen ist: „Viele junge Frauen in Lampedusa haben Kinder verloren. Es sollten zumindest immer Fachärzte vor Ort sein für genau die schwierigeren Fälle, die häufig in Lampedusa auftreten. Aber wer hier geboren und aufgewachsen ist, glaubt, dass das normal sei. Man schämt sich dafür, etwas einzufordern. So als wäre es ein Gefallen, um den man bittet. Dabei ist es ein Recht!"

Ein zentraler Kreuzungspunkt

Es gibt in Lampedusa viele Lokale, aber an drei, vier Cafés führt kein Weg vorbei. Alle treffen sich dort, und gerade im Winter werden diese Bars zu den zentralen Orten, an denen soziales Leben stattfindet. Domenicos *Caffè del Porto* gehört dazu. Das Lokal liegt im neuen Hafen, zwischen dem Viertel, in dem sich die meisten Hotels befinden, und dem Dorfzentrum. Es hat morgens früh schon vor sechs Uhr geöffnet, wenn die Fischer vom nächtlichen Fang zurückkehren, und schließt abends je nach Besuch erst gegen 21 Uhr.

Hinter der Auslage mit den typischen süßen *dolci* und *brioches* schließt die Theke an, hinter der auf engem Raum drei Angestellte in atemberaubendem Tempo Espresso brühen – der hier einfach *caffè* heißt –, abwaschen, Tassen stapeln, mit den Gästen über die Tagesaktualität debattieren und dabei den Fernseher übertönen, der an der hinteren Wand läuft.

Fast jeden Tag arbeitet hier Franco, ein attraktiver junger Mann, der früh ergraut ist und sich je nach Tagesverfassung in der Rolle des weltgewandten Barmanns gefällt, der mit Stil, Coolness und Charme seine Kunden bedient und sich mit ihnen unterhält, oder in der Rolle des Distanzierten, von dem aufgrund der Vielzahl seiner Gäste wohl niemand eine persönliche Behandlung erwarten kann. Oft hört er auch nur den Gesprächen zu.

An dieser Bar führt auch für uns kein Weg vorbei. Oft ruhen wir uns hier kurz aus, essen oder trinken zwischendurch schnell etwas oder holen hier die neuesten Informationen über das Tagesgeschehen ein. Hier erfährt man immer, was es Neues gibt, und kann die Stimmungen der Bevölkerung hören. Es ist zum Ritual geworden, hier mit Aldo unseren Abschiedskaffee zu trinken, wenn er uns zum Flughafen oder zur Fähre bringt.

Domenico, der Besitzer, ist ein jovialer, imposanter Mann Ende 30, der im Halbdunkel hinter der Kasse sitzt und sich immer lautstark mit allen Anwesenden unterhält. Die Wand hinter seinem Rücken ist mit Fan-Trophäen des AC Mailand gespickt. Je nach persönlichem Verhältnis und Sympathie gibt Domenico oft großzügige Rabatte oder lädt einen überhaupt ein.

Er leidet unter Flugangst und wird seekrank, weshalb er die Insel so gut wie nie verlassen hat. An seiner Kette trägt er einen goldenen Anhänger, der die Form Lampedusas hat: „Ich trage die Insel in meinem Herzen", sagt er und deutet auf seine Kette, „wir trennen uns nie."

Auch wenn Domenicos Zugang zu den zentralen Themen der wirtschaftlichen Entwicklung und vor allem der Migration nie besonders differenziert war, bin ich erstaunt, als ich ihn im Februar 2011 im Fernsehen sehe, wie er in unbestimmter Panik vor den vielen tunesischen Migranten ist, die sich nunmehr frei auf der Insel bewegen.

„Eine Bindung zwischen Schiffbrüchigen"

Die Rechtsanwältin Carmela lernten wir im Umfeld der zivilen Widerstandsbewegung kennen, in der sie sich stark engagierte. Sie wollte uns ein Interview geben, weil es ihr wichtig war, ein Bild der Situation in Lampedusa hinaus zu tragen, das sich von jenen unterschied, die die Massenmedien produzierten. Sie hatte darin einige Erfahrung, und ich sah sie auch im Februar 2011, wie sie einer Schweizer Journalistin ein Interview gab. Auch in der deutschen „Tageszeitung" stieß ich einmal auf ein Interview mit ihr.

Carmela ist eine Aussteigerin. Sie ist 42 Jahre alt und bezeichnet sich als Wahl-*lampedusana*. 2003 kündigte sie ihren Job bei einem multinationalen Konzern in Palermo, weil ihre Lebensrealität mit ihrem Lebensentwurf nicht mehr vereinbar war, und zog mit ihrem Lebensgefährten nach Lampedusa. Sie arbeitet jetzt freiberuflich, vor allem in den Wintermonaten, als Anwältin. In dieser Zeit fliegt sie oft nach Palermo oder Catania, wo sie Firmen vor Gericht berät. Sie und ihr Partner könnten mit dieser Art zu arbeiten zwar nicht reich werden, aber „es ist ein wunderschönes Leben, wir kennen viele Leute, die Welt kommt zu uns." In den Sommermonaten führt Carmela ein *Bed & Breakfast*.

Für Carmela ist Lampedusa auch und vor allem eine große familiäre Erzählung, die eng an ihren verstorbenen Vater gebunden ist, der sich in den 1960er Jahren hier ein Ferienhaus gekauft hatte. Er gehörte zum Bürgertum Palermos und hatte beruflich häufig in Libyen zu tun, das ihm sehr gefiel. Zuerst wollte er sich dort ein Haus kaufen, doch der politische Umbruch kündigte sich bereits an und so empfahlen ihm Freunde, sich Lampedusa anzusehen, weil es nicht weit von Libyen entfernt war und landschaftlich ähnlich aussah, vor allem die weißen Strände. Carmelas Vater verliebte sich in Lampedusa, und Carmela verbrachte alle Sommer ihrer Kindheit hier. „Das war die schönste Zeit meines Lebens, wo wir frei waren, zu tun, was wir wollten. Ich hatte immer das Gefühl, dass es der einzige Ort war, der mir wirklich gehörte."

Das Gespräch mit Carmela ist von den tagespolitischen Ereignissen geprägt, aber sie erzählt uns auch, warum die *lampedusani* die Migranten ihrer Meinung nach so selbstverständlich aufnehmen: „Die *lampedusani* sind Menschen des Meeres. Tief mit dem Meer verbunden. Das ganze Leben, ihre Identität, das Leben, der Tod." Das Meer sei für sie nichts Schönes. Carmela glaubt, dass die Häuser der *lampedusani* aus diesem Grund meistens nicht am Meer gelegen sind, sondern nach innen gerichtet sind. Das Meer ist etwas, das ihnen zu essen gegeben hat, sie in Kontakt mit dem Außen gebracht hat, aber auch Hunger gebracht hat und den Tod. „Die Solidarität mit diesen Menschen, die über das Meer kommen, die eine Erfahrung mit dem Meer gemacht haben, entsteht von dort. ‚Ich verstehe, was du mir erzählst. Deshalb nehme ich dich mit in mein Haus und gebe dir zu essen. Es interessiert mich nicht, wer du bist, woher du kommst, ob du aus einem Land kommst, in dem Krieg herrscht. Das, was mich interessiert, ist: Du bist einer, der sich da rausgerettet hat (sie zeigt hinter sich auf das Meer). Du hast das alles auf dich genommen, um bis hierherzukommen. Setz dich hin, mach's dir bequem, ich helfe dir.' Eine Bindung zwischen Schiffbrüchigen, unter Anführungszeichen."

Carmela bringt uns mit dem Auto nach Hause. Diana greift aus Reflex nach dem Sicherheitsgurt und schnallt sich an. Carmela lacht schallend: „Jetzt habe ich das Auto schon so lange, aber das ist heute das erste Mal, dass jemand den Sicherheitsgurt benutzt!"

„So viele Tote"

Im Hafen treffen Diana und Ursula auf einen jungen Matrosen der Küstenwache, der auf dem Dock vor einem festgemachten Küstenwachboot herumsteht. Diana spricht kurz mit ihm. Seine Langeweile prägt den Dialog. Er spricht langsam, mit sanfter Stimme, so als wolle er den Moment der Abwechslung so weit wie möglich dehnen. Er fragt sie interessiert, wo sie herkomme, ob sie im Urlaub hier sei, und was das denn für eine Arbeit wäre, die wir hier machen. Dann erzählt er, dass er aus Palermo komme, und dass er und seine Kollegen wegen der illegalen Immigration hier seien. Die Küstenwache teilt sich die Aufgaben mit der Finanzpolizei.

Er bezeichnet die Arbeit als sehr hart. „Die Bootsankünfte, die Leute, die ankommen, die schwierigen Situationen, in denen sie sich befinden. Mehrere Tage auf dem Meer; sie kommen hier in fürchterlichem Zustand an. Und uns obliegt es dann, sie an Bord zu holen, wenn sie zwischen Leben und Tod sind."

Er hat Verständnis dafür, dass die Flüchtlinge diese gefährliche Reise auf sich nehmen, um Krieg und schwierigen Situationen zu entkommen, auch wenn sie dabei den Tod riskieren. Am nächsten Donnerstag ist sein Dienst in Lampedusa aber erst mal wieder vorbei, und er freut sich, nach Hause zu fahren, auch wenn das Meer aufgewühlt ist und die Überfahrt nach Sizilien sicherlich nicht besonders angenehm wird.

Diana fragt, ob auch Flüchtlinge ankommen, wenn das Meer aufgewühlt ist. „Normalerweise nicht. Wenige. Wenn aber welche ankommen, ist das sehr schwierig. Weil dann das Boot so schaukelt, und dann ist die Gefahr groß, dass es kentert. Im Sommer, wenn das Meer ruhiger ist, dann kommen viel mehr an."

Die Küstenwache macht diese Arbeit schon seit mehreren Jahren. Eine Besatzung ist jeweils einen Monat hier und wird dann ausgewechselt. Dreimal im Jahr müssen sie hier Dienst tun. Ihm sei es also schon unzählige Male passiert, dass er mit den Migranten zu tun gehabt habe. „Ich habe viele Tote gesehen, so viele schwierige Situationen erlebt. Schwangere Frauen, Kinder. Sagen wir so, es ist ein bisschen wie mit Ärzten: Wir gewöhnen uns daran. Aber trotzdem. Es entstehen immer neue Situationen, mit denen du dann umgehen musst. So viele Tote."

Er wechselt unvermittelt das Thema, fragt, ob Diana und Ursula schon gegessen hätten und ob sie selbst kochten oder im Restaurant äßen. Die Matrosen essen immer an Bord, die Mahlzeiten strukturieren ihren Tag, der vor allem aus Warten zu bestehen scheint. Wir bekommen ein Gefühl für die Effekte der Kasernierung.

Abschied von Europa

Wir filmen im Hafen das Treiben beim Beladen der Fähre. Es wimmelt vor Leben, zahlreiche Zaungäste haben sich versammelt, um an dem abwechslungsreichen Event teilzuhaben. Es ist heute noch mehr Polizei da als sonst. Ihre Autos stehen überall, *carabinieri* stehen an Deck und überwachen von oben, wer und was alles durch die Ladeklappe geht. Zwei DIGOS-Beamte[22] in Zivil schlendern umher. Ich beginne mit den

---

22 Die *Divisone Investigazioni Generali e Operazioni Speciali* – Abteilung für allgemeine Ermittlungen und Sonderoperationen – ist ein Organisationszweig der Polizei, der mit der Abwehr von staatsbedrohenden Aktivitäten betraut ist.

beiden ein Gespräch. Zuerst sind sie verschlossen, aber es gelingt mir, ihnen zu entlocken, dass vor ein paar Tagen zehn Flüchtlinge aus dem Lager ausgebrochen sind und sie erst fünf wieder eingefangen haben.

Die Autos, und vor allem die Lastwagen werden genau inspiziert, bevor sie auf die Fähre manövrieren dürfen. Die Fahrer kooperieren überhaupt nicht. Die Polizisten müssen sich teilweise verrenken, um über die Fahrer zu steigen oder einen Blick auf den Beifahrersitz zu erhaschen. Auf einmal aufgeregte Rufe und Handzeichen eines *carabiniere* von der Fähre. Er hat auf einem LKW-Anhänger, der schon durchgewunken worden war und dabei war, in den Schiffsbauch einzufahren, einen Mann entdeckt. Dieser rührt sich zuerst nicht, aber als er erkennt, dass er keine Chance hat, steht er auf. Er nimmt seine Kappe, winkt kurz damit und setzt sie auf. So als würde er sich noch einmal von seinem Traum verabschieden. Die Polizisten drängen ihn, schnell abzusteigen. Er wirkt gefasst, als er abgeführt wird. Wie lange hatte er wohl auf dem Anhänger ausgeharrt, für eine winzige Chance?

Als die Fähre ablegt, denken wir an die vier Migranten, die noch nicht aufgegriffen wurden. Vielleicht haben sie es ja auf das Schiff geschafft.

„Ich fühle mich ihnen nah"

Bruno ist Ende zwanzig, als wir ihn kennen lernen. Er ist korpulent, bärtig und trägt seine Haare mal als wilden Lockenkopf, mal als Rastafrisur. Wer sich für die politische Lage der Insel und die der Migranten interessiert, lernt ihn zwangsläufig kennen, denn er ist eine der treibenden Kräfte der jungen Alternativen der Insel, schreibt Songs mit politisch engagierten Texten, veröffentlicht kurze Filme im Internet und engagiert sich für die Sichtbarkeit der Migration in Lampedusa und wider das Vergessen. Er ist auch in Medienberichten und Dokumentarfilmen über die Insel oft präsent.

Er ist temperamentvoll und extrovertiert, anders als seine Frau Adrianna, seine Jugendliebe, die auch bei den meisten Treffen der kleinen Gruppe dabei ist, aber zurückhaltender ist. Beide kannten sich schon als

Kinder, kamen aber erst durch eine gemeinsame Freundin in Rom zusammen, mit der Adrianna zusammenwohnte. Als Jugendliche machte sie dort eine Schauspielausbildung. Bruno hatte in Palermo eine künstlerisch orientierte weiterführende Schule besucht und dann in Mailand eine Ausbildung in Journalismus und visuellen Medien begonnen. Mit der Geburt des ältesten Sohnes kehrten sie nach Lampedusa zurück. Bruno begreift sich als Künstler und lebt von revolutionären Utopien. Er bestreitet den Lebensunterhalt seiner Familie in einem *Take away*-Restaurant, das für seine Brathähnchen berühmt ist und entsprechend gut besucht ist.

Adrianna wirkt wie ein Gegengewicht zu Bruno, sanft, pragmatisch, besonnen und familienorientiert. Adrianna zieht ihre beiden Söhne groß – der ältere ist vier, der jüngere zwei Jahre alt – und besucht eine wochenweise Ausbildung für Shiatsu-Massage in der Toskana.

Die Familie lebt in einem zugebauten Stockwerk über dem Haus der Eltern Adriannas, wo sich auch in einem kleinen abgetrennten Raum Brunos Atelier mit seinen Bildern und Musikinstrumenten befindet.

Bruno erzählt von der gemeinsamen Demonstration mit den Flüchtlingen, und wie ihn dieses Ereignis verändert habe, weil er zum ersten Mal direkt mit ihnen habe sprechen können. Einige der Migranten hatten ihre Kinder in ihren Ländern bei Verwandten zurückgelassen. Selbst Vater, konnte Bruno ihren Schmerz über die Trennung verstehen. Sie erzählten ihm auch von den Gründen ihrer Flucht, von Perspektivlosigkeit, Krieg und Ausbeutung, aber auch von den Strapazen der Reise, dem Hunger, dem Übernachten unter freiem Himmel, auch im *centro*. „Ich habe unter ihnen keinen Kriminellen gesehen. Ich bestreite nicht, dass es welche gibt. Aber ich habe sie gesehen, einige hatten Narben und Wunden von den Misshandlungen, denen sie auf ihrer Reise ausgesetzt waren. Sie hatten tragische Erfahrungen hinter sich, was die Wüstendurchquerung anging. Einer erzählte mir, dass er die Wüste in einem Container durchquert habe. Zwölf Stunden eingesperrt ohne Licht, ohne Toilette. Er sagte mir, dass sie einfach unter sich gemacht hätten, weil sie nicht raus konnten. 50, 60 Personen in einem Container!"

Der direkte Kontakt mit diesen Menschen, die Konfrontation mit dem Schicksal des Einzelnen habe ihn tief berührt: „Wenn ich mich beschwere, lamentiere, und dann an diese Realitäten denke, dann sage ich mir: Ich bin ein wahnsinnig glücklicher Mensch." Im Bewusstsein, dass diese Realitäten nicht vergleichbar sind, stellt Bruno dennoch eine Verbindung zwischen der Ausbeutung der Länder Afrikas und seiner eigenen Lebenswelt her: „Das ist mir auch selbst passiert; denn Italien blutet die Erde aus, auf der ich lebe. Deshalb fühle ich mich ihnen nah." Weil er in Lampedusa wohne, müsse er die Insel verteidigen. Und auch wenn die Militarisierung nicht neu sei, sieht er die Pläne der Regierung, die Flüchtlinge monatelang bis zu ihrer Abschiebung in Lampedusa festzuhalten, als verheerend an. „Wie sollen wir dann noch leben? Schon vor ein paar Wochen war es so, dass die *lampedusani* keinen Platz auf den Flügen aus Palermo bekamen, weil die Flüge vollbesetzt waren mit der Polizei, die in Lampedusa zusammengezogen wurde."

Dabei sei Lampedusa, bevor es dieses Phänomen gab, vollkommen vom Staat verlassen gewesen, es sei noch nicht einmal auf den Karten eingezeichnet gewesen. Deshalb fühlt er sich heute „wie ein illegaler Einwanderer, wie eine Person, die ohne Rechte lebt, eine Person, die auf einer Erde lebt, die nicht seine ist, im Sinne von Bindung. Eine Bindung, die alle Leute normalerweise mit ihrem Land haben."

Bruno möchte nach London auswandern, denn die Korruption und der Klientelismus in Italien im Allgemeinen und in Sizilien im Besonderen, die Infiltration der bedeutendsten staatlichen Institutionen durch die Mafia, die Machtkonzentration in den Medien und die damit einhergehende kulturelle Schließung, aber vor allem die geringen Perspektiven für seine beiden Söhne geben ihm wenig Hoffnung auf ein erfülltes Leben in Lampedusa.

Aber Brunos Frau hängt an ihrer Insel. Auch wenn sie seine Sorgen und Frustrationen teilt, kann sie sich eine Emigration nicht wirklich vorstellen.

Lampedusa aus der Nähe

März/April 2010

Im März 2010 reisten wir ein zweites Mal nach Lampedusa. Die Situation hatte sich nach dem (vorläufigen) Ende des Flüchtlingsstroms im Zuge des Freundschaftsabkommens mit Libyen geändert.

Palermo – Flughafen

Mein Flug aus Zürich landet pünktlich in Palermo. Es dauert lange, bis das Gepäck kommt. Immer wieder kommt minutenlang kein Koffer. Dann wieder zwei oder drei. Dann wieder nichts. Die Schweizer Mitreisenden werden langsam ungeduldig. „Sie sind langsam hier", sagt eine Tessinerin, „immer machen sie Pausen."

Wieder muss ich für den Flug nach Lampedusa neu einchecken. Hinter mir in der Schlange steht ein ärmlich gekleideter, unauffälliger junger Mann. Ein zweiter Mann kommt an, sie grüßen sich beiläufig, sie kennen sich wohl aus dem Dorf.

Hinter der Sicherheitskontrolle steht in einer Ecke ein verlassener Spendensammelstand für das Flüchtlingshilfswerk der UNO mit einem großen Foto eines weinenden afrikanischen Kindes. Über dem Foto steht ein Text: „Dieses Kind braucht einen Engel. Und dieser Engel, das sind Sie." Es ist abstrakt. Und weit weg.

Im Abflugbereich stellt sich das gleiche Gefühl ein wie letztes Jahr: Hier ist die Reise eigentlich vorbei, hier beginnt schon Lampedusa. Alle schielen auf die ihnen jeweils unbekannten Gesichter: Kenne ich den? Kenne ich die? Eine Frau im Rollstuhl. Ein junger Mann mit seinem Großvater, der ebenfalls im Rollstuhl sitzt. Der Mann sieht krank aus. Vielleicht befindet er sich auf der Rückreise von einem Flug ins Krankenhaus? Der junge Mann, der im *Check-in* hinter mir stand, spricht mit ihnen, sie kennen sich offensichtlich. Es kommt noch ein weiterer hinzu und klinkt sich ins Gespräch ein.

In dem alten klapprigen Propellerflugzeug sitzt hinter mir eine alte Frau mit ihrem kleinen Hund auf dem Schoß. Eine andere hat einen Käfig mit ihrer Katze neben sich stehen. Der junge Mann vom *Check-in* sitzt in der Reihe gegenüber. Das Fliegen bereitet ihm offensichtlich Unbehagen. Fliegen hat in Lampedusa keine Aura von großer, weiter Welt.

Aldo holt mich ab, er ist jetzt im März schon braungebrannt. Er fährt ein nagelneues Auto, das er in Sizilien gekauft hat. Ein Freund kenne einen Händler in der Gegend von Trapani, der ihm einen guten Preis gemacht habe. Es ist schon warm und die Sonne brennt. Es scheint alles geblieben zu sein, wie es war: die Schlaglöcher, alles wirkt irgendwie kaputt oder abgelebt. Wenn man neu ankommt, fällt es einem stärker ins Auge. Es fahren immer noch Autos der Finanzpolizei umher, aber sonst fällt mir auf den ersten Blick keine Polizei mehr auf.

Im Garten hinter unserem Haus streunt ein Hundewelpe herum. Er wedelt mit dem Schwanz, als er mich sieht.

Eintauchen

Nachdem ich meine Sachen ausgepackt habe, breche ich auf. Am Strand verstreut sitzen drei, vier Frauen in der Sonne. Ein Hund streunt herum. Der Strand ist nach dem Winter komplett mit Algen, angeschwemmtem Treibholz und Müll verdreckt.

Ich gehe zum Treibstofflager, setze mich vor der Militärzone, wo bis zum letzten Jahr die Flüchtlinge ankamen, auf die Mauer in die Sonne. Alles fühlt sich nach Sommer an. Ein Mountainbikefahrer in Shorts und mit braungebrannten Beinen kommt vorbei, die jungen Mädchen lassen lässig ihre Arme aus den Fenstern der Autos hängen. Alles ist vertraut, aber das Licht ist anders als letztes Jahr. Eine Vorahnung der Schönheit Lampedusas in der Hitze.

Die Militärzone ist verändert: Kein Mensch ist dort, das im letzten Jahr noch bewachte Tor steht offen. Das Plakat *„Un sorriso per la* *stampa*" – „Ein Lächeln für die Presse", das letztes Jahr wegen seiner kritischen Botschaft hervorstach[23], hängt zwar noch, aber es geht unter neben den wilden Werbungen für Autovermietungen, Pizzerien in Strandnähe und Tauchausflüge, als ob die Frage der Flüchtlinge mit unterginge. Es liegen immer noch schwere Boote der Finanzpolizei und der Küstenwache vor Anker, aber die Anspannung der Bereitschaft hat sichtlich nachgelassen.

Im Hafen liegen noch zahlreiche Boote für die Wintersanierung an Land, Männer sitzen, schwatzen, schauen auf ihr Moped gelehnt oder in ihren Autos den Leuten nach.

Ich entdecke auf seiner Yacht, die den Namen seiner Tochter trägt, Giorgio, den alten bärtigen Bootsbauer. Ich grüße ihn, er erkennt mich, steigt an Land und wir sind sofort im Gespräch. Er fragt nach den beiden *ragazze* – Mädels. Wie letztes Jahr spricht er nie von Lampedusa allein, sondern immer nur von „Lampedusa und Linosa". Unser Plausch endet mit der in Lampedusa nie floskelhaft gemeinten Formulierung *„ci vediamo"* – wir sehen uns, denn man sieht sich, und dann hat man wieder Zeit für einen Plausch.

Ich schlendere weiter Richtung Dorf. Die kranken Palmen wurden abgesägt, ein paar wurden neu gepflanzt, aber nach keiner erkennbaren Systematik. Ich setze mich auf die Mauer vor den beiden an Land gezogenen arabischen Fischkuttern, die seit letztem Jahr unverändert dort liegen gelassen wurden. Sie sind lediglich in ihrem Vermoderungsprozess weiter fortgeschritten, die Scheiben des Führerhauses sind inzwischen eingeschlagen worden. Eigentlich würde ich mich gerne ein wenig ausruhen, als hupend Aldo neben mir hält.

Ohne aufgefordert zu sein, steige ich ein, denn wenn ich ihn fragen würde, ob er mich mitnehme, wäre er gekränkt. Er fährt los, ohne zu fragen, wohin ich möchte. Nachdem er letztes Jahr an unserem Projekt immer betont desinteressiert gewirkt hatte, scheint er jetzt, nach einem Jahr, verändert. Es hat sicherlich damit zu tun, dass wir beide allein

---

23 Das Plakat zeigte neben dem Schwarzweißfoto eines afrikanischen Kindes diese Überschrift mit einem erklärenden Text, der auf die sensationsgierige mediale Berichterstattung über die Flüchtlinge hinwies und ihre Instrumentalisierung durch die Politik kritisierte.

sind, ohne die beiden Frauen, die in den Vorstellungen des Miteinanders der Geschlechter für bestimmte Gespräche, Gesten und männliche Komplizenschaften wohl hinderlich waren.

Ich frage ihn, wieso er jetzt wieder mit dem alten Auto unterwegs sei. Das sei das Auto zum Arbeiten, er müsse ständig arbeiten, und jetzt noch etwas anliefern. Er beschwert sich ein wenig. Wir holpern zu seinen anderen Ferienhäusern, die um einen Patio herum angelegt sind, an den noch ein anderes Haus anstößt. Letztes Jahr war ich schon einmal mit ihm dort gewesen. Er öffnet den Kofferraum. Die Lieferung besteht aus einer Plastiktüte und einem kleinen Karton mit Werkzeugen. Er trägt die Sachen in den Bretterverschlag hinter dem Haus. Ich ziehe ihn auf, denn die Arbeit hält sich wirklich in Grenzen.

Aldo hat im Gegensatz zu seiner Ankündigung vorhin offensichtlich weder vor, heute noch etwas zu arbeiten, noch mich ins Dorf zu fahren. Im Schritttempo unterhalten wir uns über seine Geschwister – ein Bruder arbeitet in Genua – und über die Geschwister seiner Frau. Alle fünf Jahre verwaltet ein anderer ihrer Geschwister das familieneigene

Hotel. Aldo sagt, es sei das erste Hotel in Lampedusa gewesen.[24] Seine Schwiegermutter hat es gegründet. Alle paar Meter winkt er jemandem, bleibt stehen oder ruft jemandem während der Fahrt etwas zu. „Jeder kennt jeden hier", sagt er.

Aldo bleibt immer noch etwas rätselhaft, aber seine Gesprächigkeit hat weiter zugenommen, immer wieder fragt er, wie dies und jenes „bei uns" sei. Er sucht den Vergleich, das Andere. Zugleich möchte er mich an seinem Nachmittag teilnehmen lassen. Und Aldo verbringt seine Tage im Auto. 7.000 Kilometer im Jahr legt er auf seiner Insel zurück. Wir biegen in eine schmale Gasse im Zentrum ein. Eine Frau sitzt auf dem Treppenabsatz eines Hauses. Aldo hält neben ihr. Sie ist etwa 50 Jahre alt, hat eine sommersprossige Haut, überhaupt ein bisschen Pippi Langstrumpf, mit vielen Lachfalten ist sie sehr sympathisch. Sie trägt ein T-Shirt mit der Aufschrift *„Alternativi giovani"*, einer Jugendorganisation in Lampedusa. Viele Leute hier tragen T-Shirts, die sie bei Anlässen oder als Werbegeschenk bekommen haben. Aldo und die Frau sprechen sizilianisch. Er nimmt einen 50-Euro-Schein und gibt ihn ihr. Später erklärt er, dass sie die Reinigung unserer Wohnung übernommen habe. Sie habe auf ihn gewartet, aber er habe sie warten lassen, weil er aufs Land hinausgefahren sei. Ich frage mich schon seit einem Jahr, wo er immer an diese großen Geldscheine kommt, die in Lampedusa eine Rarität sind.

Da eine Fehleranzeige im Armaturenbrett aufleuchtet, fahren wir in die Autowerkstatt. Es ist die einzige Autowerkstatt, die ich in Lampedusa kenne (es gibt jedoch noch drei weitere). Sie besteht aus zwei großen Einfahrtstoren, die jedes Mal, wenn ich dort vorbeigekommen bin, offen standen. Die beiden Mechaniker machen sich sofort ans Werk. Der eine hält die Lampe, der andere macht sich mit dem Schraubenzieher am Armaturenbrett zu schaffen. Sie werkeln lange, währenddessen sprechen wir über dies und jenes, Haschisch, Autos, die Benzinpreise. Hier kostet ein Liter Benzin 1,60 Euro, in der Schweiz knapp über einen Euro. Sie möchten wissen, was es mit diesem Streusalz „bei uns"

---

24 Andere behaupten jeweils von ihren Hotels, es sei das älteste. Jedenfalls handelt es sich um die ersten Hotels auf der Insel.

auf sich hat. Ob damit die Haftung des Reifens verbessert werden solle oder ob nur der Schnee zum Schmelzen gebracht werden soll. Sie scheinen sich zu freuen, einen solchen Exoten wie mich einmal in ihrer Werkstatt stehen zu haben.

Nach einer Stunde können wir weiter fahren. Die Mechaniker haben einfach das Lämpchen im Armaturenbrett abgeklemmt, jetzt ist das Problem nicht mehr sichtbar und gilt wohl als gelöst. Aldo hat nichts bezahlt, und ich glaube, die Mechaniker haben das auch gar nicht erwartet. Aldo ärgert sich, weil jetzt die Benzinanzeige nicht mehr geht. Er macht kehrt, ruft den Mechaniker durchs Fenster. Einer kommt heraus, klopft mit der Faust auf die Anzeige. Sie geht wieder. Lachend dreht er sich um und geht wieder hinein.

Wir fahren weiter, immer noch ohne erkennbares Ziel, und unterhalten uns noch ein wenig über Autos. Ich frage Aldo, ob es in Lampedusa überhaupt eine technische Kontrolle der Fahrzeuge gebe, denn letztes Jahr sah ich immer den Postboten mit seinem Auto herumfahren, auf dessen einer Seite nicht einmal mehr eine Lampenfassung vorhanden war, sondern nur ein Loch klaffte. Dass ein Postbote (der in meiner Vorstellung aus dem Luxemburg meiner Kindheit ein Repräsentant des Staates ist und als solcher amtstragende Würde auszustrahlen hat) keinerlei Rücksicht auf die gesetzliche Ordnung nimmt, lässt mir seither keine Ruhe. Aldo schreckt auf und bittet mich, im Handschuhfach in seinen Papieren nachzuschauen, wann das Auto wieder zur Kontrolle müsse: In wenigen Tagen läuft die Berechtigung für das Auto aus.

Er erklärt mir, dass es in Italien ein zentralisiertes System gibt, nach dem die Autos überprüft werden, und dass deshalb keinerlei Verhandlungsspielraum bestehen würde. Alle zwei Jahre muss ein Auto zur Kontrolle. Da die Überprüfung in einer akkreditierten Werkstatt erfolgt, werden alle Mängel sofort behoben.

Er schlägt vor, sofort hinzufahren.

In der Nähe des Friedhofs befindet sich das Areal, eine Mischung aus Brachland, Autofriedhof und improvisierter KFZ-Werkstatt. Unter einem Auto ragen zwei Beine hervor, direkt daneben schläft ein alter Hund in einer Öllache. Auf seinem Fell klebt Klebeband. Wir unterhalten uns ausgiebig mit den Mechanikern.

Dann erfolgt die visuelle Überprüfung der Reifen. Sie sind ganz offensichtlich abgefahren, denn der Mechaniker, dem Aldo in weiser Voraussicht gleich einen Kaffee aus dem Automaten angeboten hat, verzieht das Gesicht. Er geht zum Computer und gibt eine positive Bewertung ein. Die Kontrolle der Lichtanlage ist lax: Die Blinker werden gar nicht erst kontrolliert, aber die benutzt in Lampedusa ohnehin niemand. Von drei Bremslichtern funktioniert eines immer, ein zweites manchmal. Wenn das zweite aufleuchtet, geht das erste nicht. Die Standlichter sind überhaupt ausgefallen. Eine Birne der Nummerntafelbeleuchtung wird ausgewechselt, auch das Bremsleuchtenproblem wird behoben. Die Standlichter können nicht gewechselt werden, weil Aldo die Fassungen mit Silikon festgeklebt hat. Das fällt unter den Tisch.

Die Mechaniker kleben mit Silikon eine Plastikblende fest, die sich durch wiederholte Parkschäden gelöst hatte. Sie verkleben sie provisorisch zusätzlich mit Malerkrepp. Es sieht schrecklich aus.

Aldo versichert mir, dass es manchmal Polizeikontrollen gebe, und wenn dann die Überprüfungsdokumente nicht in Ordnung seien, werde das Auto sofort beschlagnahmt. Soll ich das glauben oder warum erzählt er mir das?

Ich borge Aldo 50 Euro zum Bezahlen. Jetzt fährt er mit mir die Straße hinter dem Elektrizitätswerk entlang, die uns letztes Jahr schon aufgefallen war, weil sie in perfektem Zustand ist und sogar über eine edle Straßenbeleuchtung verfügt – eigentlich absurd, denn die Straße führt ins Nichts. Jetzt klärt sich das Mysterium wenigstens zum Teil auf: Am Ende der Straße wurde mit EU-Subventionen eine Mole gebaut, an der die Fähre im Winter anlegen kann, wenn das Meer unruhig ist und die Einfahrt in den Hafen nicht möglich ist. Diese Seite der Insel ist vom Wind abgewandt. Die Mole kommt weniger dem Tourismus als den *lampedusani* zugute, da sich die Versorgungssituation im Winter jetzt deutlich verbessern sollte. Wenn die Mole in Betrieb geht, wird die Fähre – theoretisch – im Sommer jeden Tag verkehren können. Bislang konnte sie samstags nicht anlegen, weil die großen Charterflugzeuge beim Starten zu dicht über das Schiff hinwegflogen.

Auf der gut geteerten Straße sind die ratternden Geräusche von Aldos durchgefahrenen Stoßdämpfern nicht zu überhören. „Siehst du", sagt er mir, „sie haben nichts dazu gesagt, weil sie genau wissen, dass die neuen Stoßdämpfer nach ein bis zwei Monaten ohnehin wieder kaputt wären."

Auf dem Rückweg ins Dorf fahren wir an dem Restaurant mit arabischem Namen vorbei, eines der seltenen Zeugnisse der Nähe des Maghreb. Das Restaurant wird von einem Verwandten Aldos geführt, der in Tunesien geboren wurde, als seine Eltern in den 1950er Jahren wegen der Schwammfischerei dort lebten.

Aldo erzählt mir die Geschichte der Schwammfischer, die wir schon von mehreren Leuten gehört haben. Bis in die 1950er Jahre fuhren die Schwammfischer aus Lampedusa nach Tunesien, weil das Meer dort seicht war, was die Schwammfischerei erleichterte und sehr ergiebig machte. In Tunesien gingen die Fischer an Land. Viele lebten dort, aber ihren Fang verkauften sie nach Italien. Es wird auch erzählt, dass die Segelboote bei Windstille mit Ruderbooten zurück nach Lampedusa gezogen wurden. Davon existieren sogar Fotos, die im lokalen Museum ausgestellt sind.

Aldo möchte seine Schulden begleichen. Doch beide Geldautomaten sind außer Betrieb. „Jetzt", sagt er, „könnten wir noch zum Supermarkt fahren, damit du dich mit allem Nötigen eindecken kannst."

Auf dem Weg dorthin sage ich, dass mir aufgefallen ist, dass es kaum noch Polizisten gibt. Er sagt triumphierend: „Nein, denn es kommen ja auch keine Illegalen mehr." Ich frage ihn, was er zu dieser Sache denkt. Er sagt, er sei mit der jetzigen Situation zufrieden. Für den Tourismus sei es ein Imageproblem, jetzt würden „Illegale", wenn sie keine Papiere hätten, in Sizilien aufgegriffen und abgeschoben, und das sei auch gut so, denn viele seien kriminell und würden italienische Mädchen vergewaltigen. Und ob ich gehört hätte, was in Kalabrien passiert sei [Die illegalisierten und rechtlosen Arbeiter der Orangenplantagen um Rosarno hatten in einer Revolte gegen ihre Bedingungen aufbegehrt, nachdem die Mafia auf einige von ihnen geschossen hatte]. Aldos Blick auf die Migrationssituation scheint durch und durch von zwei Faktoren geprägt zu sein: einerseits dem (übernommenen?) Blick des „Hoteliers" und andererseits dem eines Durchschnittskonsumenten der italienischen Medien. Zum Imageproblem sagt er, dass Lampedusa ständig in den drei Mediaset-Sendern[25] in Zusammenhang mit der Migrantenfrage genannt würde. Ich frage Aldo, was mit den *centro*-Angestellten geschehen sei. 60 Leute seien arbeitslos geworden, sagt er, „sie sind zu Hause." Er räumt ein, dass dieses Problem die andere Seite der Medaille sei. Im Februar 2011 spricht er über das Thema differenzierter.[26]

Aldo bezahlt meine Supermarkteinkäufe, jetzt schulde wiederum ich ihm ein paar Euro. Er konnte nicht in meiner Schuld bleiben. Ich bedanke mich, dass er auf mich gewartet hat, während ich meine Einkäufe machte. Das sei doch selbstverständlich, ich hätte ihm ja den ganzen Nachmittag lang Gesellschaft geleistet. Als wir vor dem Haus ankommen, spüre ich meine Müdigkeit. Ich habe den ganzen Tag nichts gegessen und seit Palermo nichts mehr getrunken. Aldo bemerkt es und sagt: „Du bist müde, was? Es ist bestimmt der Temperaturunterschied!" Und: „*Ci vediamo.*"

Um acht Uhr spielt die Kirchenglocke *Ave Maria* wie in dem Dorf, in dem ich zur Grundschule gegangen bin. Das war mir noch nie aufgefallen. Hunde bellen. Jetzt erst wird es frisch.

Autonome

Überall in Lampedusa sieht man streunende Hunde. Sie leben autonom, schließen sich manchmal zu kleinen Gruppen zusammen und ziehen durch das Dorf und über die Insel. Sie leben neben den Menschen her, niemand kümmert sich um sie, aber es scheint sich auch niemand an ihnen zu stören. Die Hunde schlafen mitten auf der Straße, liegen unter parkenden Autos und fressen aus den Mülltonnen.

Die Hunde, die eine Besitzerin haben (denn meistens sind es Frauen), erkennt man daran, dass sie an der Leine geführt werden. Vielleicht, um sie von den Straßenkötern abzuheben, denn die Institution der Leine steht im Widerspruch zu allem, was das lampedusani-

---

25 Das sind die von Silvio Berlusconi kontrollierten Fernsehsender.
26 Siehe „Ich habe die Nase voll davon, hier zu warten."

sche *laissez-faire* ausmacht: die Verweigerung des Sicherheitsgurtes, der Zustand der Häuser und der Autos, das anarchische Parken, die Schwarzarbeit, die lockere Handhabung der Sicherheitskontrollen am Flughafen, die immer offenen Haustüren, auch die Autos werden nie abgesperrt – meistens steckt sogar der Zündschlüssel.

Ein Hund sticht besonders hervor. Es ist ein riesengroßer, heller Schäfermischling, der besonders sozial ist: Er ist immer dort, wo Menschen sind, mit anderen Hunden sieht man ihn selten. Olivio trifft man immer und überall. Oft sieht man, wie er sich einer Gruppe von Menschen anschließt. Er ist auch der einzige Hund, der einen Namen hat. Viele kennen ihn und reden ihm zu.

Im Laufe der Zeit geht er mehrmals mit uns mit und legt dabei beachtliche Strecken zurück. Wenn wir die Kamera auspacken und Aufnahmen machen, legt er sich geduldig hin und wartet oder schläft. Wenn wir weiter gehen, steht er auf und kommt mit. Das geht manchmal stundenlang so. Irgendwann hat er genug und trollt sich, oder er geht mit jemand anderem mit.

An einem Sonntag kommt er während der Messe in die Kirche und die Leute in den hinteren Reihen haben ihre liebe Mühe, ihn mit unterdrückter Stimme wieder hinaus zu komplimentieren, ohne die Messe zu stören.

An einem Morgen schließt Olivio sich mir im Hafen wieder ganz selbstverständlich an. Auf dem Weg zum Zeitungsgeschäft sprechen mich im Dorf zwei von den Männern an, die mitten auf dem Bürgersteig auf Plastikstühlen hocken, als wären sie festgewachsen, und das Leben kommentieren, das vor ihnen vorbeizieht. Sie zeigen auf Olivio und sagen: „Da hast du freundliche Gesellschaft."

Eine junge Frau kommt mit einem kleinen Hund an der Leine vorbei. Olivio will schnuppern, sie sagt freundlich, aber bestimmt ein paarmal, „nein, Olivio, nein! Geh weg!", und er trottet davon. Ich kaufe noch etwas Gemüse, die Verkäuferin verjagt ihn endgültig, aber ebenso wohlwollend. Ich sage, er sei eben ein zu sozialer Hund. „Ja, das stimmt, aber er darf halt nicht an meine Ware pinkeln."

Ich gehe an der Post vorbei, und an einem der vielen brachliegenden Rohbauten, vor der drei verbeulte, staubbedeckte Autowracks stehen. Eine Frau kommt mit ihrem Kleinkind und fährt mit einem der Wracks davon. Die Mauer, die die Männer letztes Jahr an der Einfahrt zu unserer Straße gebaut haben, sieht dieses Jahr schon aus, als wäre sie 30 Jahre alt. Die Kunst, Ruinen zu bauen.

Abends gehe ich noch einmal ins Dorf. Es ist Samstagabend auf dem Land: Es ist wahnsinnig laut, noch mehr Autos, Mopeds, Jugendliche auf den Straßen. Der Benzingestank ist erheblich. Vor und in jedem Lokal ist etwas los, die Männer sind einmal mehr deutlich in der Überzahl. Die Jugendlichen mit ihren Mopeds fahren noch halsbrecherischer als sonst, ich muss zweimal in letzter Sekunde zur Seite springen.

Ich schlendere durchs Dorf, zu müde, neue Kontakte zu knüpfen, begnüge ich mich heute mit einem Wahrnehmungsspaziergang ins Hotelviertel *Giutgia*. Die jetzt noch verlassenen Hotels sehen zum Teil ja noch ganz akzeptabel aus, aber die unasphaltierten Staubpisten dorthin sind unbeschreiblich. Ich muss mir das mal anschauen, wenn Touristen hier sind. Ich kann es mir nicht vorstellen.

Daheim angekommen bringe ich eine Schüssel Wasser in den Garten. Ich kann den kleinen Hund von gestern nicht verdursten lassen.

Sonntag

Heute ist Palmsonntag. Es dauert noch eine halbe Stunde bis zur Messe, aber die Kirche füllt sich rasch. Die Musiker stimmen ihre Gitarren und proben noch lautstark, die hereinströmenden Leute (vor allem die Frauen) sind ungeheuer in Schale geworfen. Wie wenige Frauen man in Lampedusa im öffentlichen Raum sieht, fällt hier in der Kirche besonders auf. Hier sind die Männer eindeutig in der Minderheit.

Bevor die Messe beginnt, ruft der Vizepfarrer *Padre Pietro* die Kinder nach vorne zum Altar. Ganz in meiner Nähe haben sich ein paar Jungen hingesetzt, die jetzt schnell die Köpfe einziehen, denn der Mann mit der Kamera bietet eine willkommene Abwechslung in der Kirche. Die Kirche ist zum Bersten voll, hinten stehen die Leute dicht gedrängt. Ein pubertierendes Mädchen stellt im kurzen Rock ihre langen Beine und ihre Hüften zur Schau, sie ist der *Shooting Star* vor dem Altar. Die Messe erscheint mir fast noch weltfremder und abgehobener als letztes Jahr. Aber das Sehen und Gesehenwerden am Sonntag hat für alle etwas, und der Pfarrer muss zuerst wohlwollend zur Ordnung aufrufen, bevor er mit der Messe beginnen kann.

Nach der ersten Hälfte verschwinde ich durch die Seitentür.

Auf dem Kirchplatz ist eine ungeheure Stimmung. Alle, die keinen Platz in der Kirche bekommen haben, stehen hier, lachen, schwatzen, die Kinder rennen und schreien, die Jungen schlagen mit den Palmwedeln aufeinander ein. Die Mädchen schlagen auf der anderen Seite des Platzes Rad und machen Handstand. Die Sonne brennt, es ist die Hölle los!

Kaum habe ich die Kamera auf dem Stativ befestigt, scharen sich die Jungen um mich. Sie wollen alles wissen, führen Rap-Nummern vor und fragen, ob das jetzt im Fernsehen komme. Ich war mir nicht bewusst, wie magisch eine Kamera Kinder anziehen kann. Ich beantworte ihre Fragen und filme sie bei ihren Kunststücken. Ein dicker Junge sagt mir mehrmals, er wolle Schauspieler werden, ein paar andere fangen auch damit an, ich verstehe zuerst nicht, worauf sie hinaus wollen, dann kommt's: Wenn ich einen Film über Lampedusa mache, dann brauche ich bestimmt Kinderschauspieler, so wie der andere, der vor ein paar Jahren *Respiro*[27] gedreht hat. Sie alle kennen die Kinderschauspieler von 2002, die heute schon groß sind.

Sie wollen wissen, wo ich herkomme, und einer sagt, eine Großtante von ihm habe nach Luxemburg geheiratet. Er gibt mir die Nummer seiner Eltern, die könnten mir mehr dazu sagen.

Ich beobachte die Leute, wie sie aus der Kirche kommen, den traditionellen Sonntagsspaziergang über die *via Roma* beginnen, zum Aperitiv gehen. Den Jungen verspreche ich, heute Nachmittag um halb vier zum Fußballplatz zu kommen.

Als es ruhiger wird und die Jungen abgezogen sind, schleicht sich ein blondes Mädchen zu mir und sagt verschämt: „Hallo. Ich bin Alessandra." Natürlich hatte sie mich die ganze Zeit beobachtet, aber erst jetzt traut sie sich zu mir. Die Mädchen hatten sich im Hintergrund gehalten. Wie schnell sie das lernen. Und wie sehr habe ich den männlichen Blick verinnerlicht, dass es mir erst auffällt, als es wieder mal zu spät ist! „Hast du meine Kunststücke gesehen?" – „Ja, aber du warst sehr weit weg. Möchtest du sie mir noch einmal zeigen?" Sie schlägt noch zweimal Rad, winkt und läuft wieder zu ihren Freundinnen.

Familien in Bewegung

Ein paar Tage später telefoniere ich mit Angelica, der Mutter des Jungen, der mir erzählt hatte, dass seine Großtante in Luxemburg lebt. Angelica lotst mich über Telefon zu ihrem Haus, denn obwohl ich

---

27 Emanuele Crialese drehte 2002 in Lampedusa den Spielfilm *Respiro*, der auf deutsch einfach „Lampedusa" heißt. Er rekrutierte dafür vor Ort zahlreiche Laiendarsteller, vor allem auch Kinder. Im *Making of* zum Film auf der DVD sieht man, dass beim Casting im öffentlichen Raum – für mich nicht ganz unerwartet – die ganze Bevölkerung zugegen war. Der Film gehört zu den großen Mythen der Insel. Alle auf der Insel haben ihn gesehen und die meisten schwärmen davon und sind mächtig stolz, dass ihre Insel so prominent in den Kinos auftrat. In der Tat fängt der Film neben zahlreichen Klischees eine in ihrer Textur beeindruckende Grundstimmung auf der Insel ein. Das Mythische an dem Film und vor allem seinem Regisseur zeigt sich auch daran, dass uns im März 2010 mehrere Leute ehrfürchtig mitteilten, dass Crialese zur Zeit wieder einen Film „hier" drehe, auf der Insel Linosa. Niemand konnte Genaues sagen, aber die Erwartungen lagen ebenso hoch wie das Vertrauen, dass hier ein Botschafter der Pelagischen Inseln am Werk sei. *Terraferma* – Festland – kam 2011 in die Kinos.

mehrmals nach dem Weg gefragt habe, kennt niemand den Namen der Straße oder die Hausnummer. Obwohl der Ort überschaubar ist, funktioniert die Lokalisierung – wie wohl überall im ländlichen Raum – nach dem Prinzip „das ist zwei Häuser neben dem und dem, und dann gleich gegenüber vom Gemüsehändler, da ist doch dieses alte Haus. Und daneben ist es dann…"

Wenn man vormittags durch die schachbrettartig angelegten Wohnstraßen Lampedusas geht, duftet es fast überall nach Putzmitteln. Man sieht die Hausfrauen, wie sie Wäsche zum Trocknen aufhängen oder vor ihren Häusern fegen. Auch Angelica war gerade beim Putzen, ihre Hand fühlt sich noch danach an: etwas klamm, rauh, sauber, duftend.

Die Schwiegermutter wohnt gleich nebenan, sie erwartet mich schon auf der Straße. Sie ist sichtlich erfreut über meinen Besuch. Auch Angelica kommt kurz mit hinein ins Haus ihrer Schwiegereltern.

Es ist ein Haus, wie sie in Lampedusa typisch sind. Ein Reihenhaus mit Erdgeschoss und einem Obergeschoss. Durch eine metallene Lamellentür tritt man ein. In vielen Häusern steht man dann sofort in der Wohnküche. Hier gibt es einen schmalen Gang, von dem rechts zwei kleine Schlafzimmer abgehen. Hinten liegt das Bad, links die Wohnküche und daran anschließend, zur Straße ausgerichtet, das Wohnzim-

mer. Von der Küche kann man nach hinten in den engen Hof treten. Von hier kommunizieren Angelica und ihre Schwiegereltern von Haus zu Haus miteinander.

Wie immer setzen wir uns an den Küchentisch, und wie immer liegt auf dem Tisch eine bunte Wachstuch-Tischdecke. Auch Angelicas Schwiegervater ist da. Während Espresso gekocht wird, erzählen mir die beiden, dass sie 1966 einmal in *„Bettemburgo"* gewesen seien – Bettembourg ist ein Ort in Luxemburg an der Grenze zu Frankreich.

Ernesto – nach dem also auch der Enkel benannt ist, den ich kennen gelernt habe – und Ilaria sind sehr herzlich. Sie möchten, dass ich jedes Zimmer fotografiere, und dass ich ein Foto von ihnen in ihrer Wohnung mache. Die Bilder soll ich Ilarias Schwester in Luxemburg zeigen. Die beiden Schwestern telefonieren jede Woche miteinander, aber sie haben sich seit Jahren nicht mehr gesehen.

Angelicas Mann ist Fischer. Sie sagt, er würde sich bestimmt sehr für meine Arbeit interessieren und mich gerne kennen lernen. Ich solle einfach mal am Abend in den alten Hafen gehen, sein Boot heiße Carlotta und sei „so lang wie die Küche hier und das Wohnzimmer zusammen." Ernesto widerspricht: „Es ist in Wirklichkeit fast doppelt so lang!" Als ich gehen will, bitten sie mich, sie bald wieder zu besuchen, aber diesmal soll ich Diana mitbringen.

Angelica beschreibt mir noch, wie ich zu einer anderen Familie komme, der Mann habe einmal in Luxemburg gearbeitet, da solle ich auch mal hingehen.

Da es auf dem Weg liegt, suche ich das beschriebene Haus auf. Eine alte Frau macht auf. Sie heißt zwar weder so, wie Angelica mir gesagt hatte, noch war sie in Luxemburg, aber sie nimmt mich an der Hand (weil ihr Mann keine Anstalten gemacht hat, aufzustehen, als sie ihn dazu aufgefordert hat, mir den Weg zu zeigen) und sagt: „Ich gehe mit Ihnen zu jemandem, der lange in Luxemburg gelebt hat." Sie selbst wurde in Tunesien geboren, kam aber schon als kleines Kind mit ihren Eltern zurück nach Lampedusa und lebt seitdem hier. Sie ist weitgehend zahnlos, schwarz gekleidet, eine alte sizilianische Frau, wie sie im Buche steht (und wie sie mir in Lampedusa bisher kaum untergekommen ist). Sie bringt mich zu einer etwa 60-jährigen Frau, die sich vor einem Gemüsestand mit jemandem unterhält, und sich mir als „Gloria, Mimmos Frau" vorstellt.

Ich folge Gloria, kämpfe mich hinter ihr durch die vor der Haustür tief aufgehängte nasse Wäsche ins Haus: ein winziges Zimmer mit Küche und Küchentisch, an dem ihr Mann sitzt. Es läuft *Rai Uno*. Das ist insofern bemerkenswert, als in den meisten Häusern und Bars in Lampedusa entweder Berlusconis Mediaset-Sender oder ein Musikclipsender von RTL laufen. Als er hört, dass ich aus Luxemburg komme, strahlt er übers ganze Gesicht und beginnt gleich zu erzählen. Ich frage ihn, ob er Luxemburgisch versteht. Er sagt, ja, ein wenig, aber sprechen könne er nicht. Französisch kann er gut, aber wir bleiben bei Italienisch, das er besonders klar spricht.

Mimmo kommt aus den Abruzzen. Sein Vater war 1954 nach Luxemburg emigriert, er selbst 1959, und erst 1962 konnte seine Mutter mit seinen beiden jüngeren Brüdern nachziehen. Als er nach Luxemburg ging, war er 14 Jahre alt. Dort machte er eine Lehre zum Autospengler. Seine beiden Brüder haben in Luxemburg auch die Grundschule besucht. Beide sind dort mit Italienerinnen verheiratet und haben Kinder. „Sie sprechen luxemburgisch, deutsch, französisch, wie alle Luxemburger, und zu Hause italienisch, sie arbeiten dort, alle." Einer ist Mechaniker, der andere Autospengler und Lackierer.

Mimmo arbeitete viele Jahre in der luxemburgischen Stahlindustrie. Seit 1965 fuhr er alle paar Jahre im Sommer nach Lampedusa – „als die Insel noch wunderschön war und man sich gegenseitig aushalf" –, um Urlaub zu machen. In den 1970er Jahren lernte er hier seine heutige Frau kennen. Sie heirateten 1978 und Mimmo zog mit seinem jüngsten Bruder und seiner Schwägerin – Ilarias Schwester, die ich gerade besucht hatte – nach Lampedusa. Die beiden Brüder eröffneten am Hafen eine Werkstatt. Der Bruder und seine Frau zogen jedoch wenige Zeit später wieder zurück nach Luxemburg. Mimmo beschreibt mir, wo der eine seiner Brüder wohnt. Er fragt mich nach einem luxemburgischen Ort, und ob ich da schon mal gewesen sei. – „Ja." – „Gleich hinter der Bahnschranke in Richtung Esch wohnt er." Ich werde versuchen, ob man auf diese lampedusanische Weise auch in Luxemburg Kontakt finden kann, auch wenn man den Namen nicht kennt.

Mimmo spricht differenziert über seine eigene Migrationserfahrung und seine Zeit in Luxemburg. „Mir ging es in den Jahren dort sehr gut." Aber in den ersten Jahren habe es Bars gegeben, in denen Italienern der Zutritt verweigert wurde: „Sie akzeptierten die Leute nicht, die von außen kamen. Ich verstand das nicht, ich war nicht willkommen. Ich wurde diskriminiert. Und viele andere auch. Nach einigen Jahren wurde das alles anders, da kannte man die Nachbarn, man sprach miteinander. Das ist halt in allen Ländern so."

Mimmo kann aufgrund seiner eigenen Erfahrung mit Diskriminierung nicht verstehen, wieso ausgerechnet der Norden Italiens als ehemaliges Emigrationsland heute so ausländerfeindlich ist. In der Mitte und im Süden sei das anders: „Sizilien war das erste Land, das die arabische Kultur aufgenommen hat.[28] Sizilien hat kein Problem mit den Ausländern. Es ist unsere Regierung, die diese Menschen nicht akzeptiert." Man müsse den Migranten eine Chance geben, sich zu integrieren, oder in ein anderes Land weiterziehen zu dürfen. „Die, die bleiben, sollen willkommen sein. Sie sind Menschen wie wir. Es ist nicht so, dass alle Muslime dir die Kehle durchschneiden. Wenn wir unsere eigene Geschichte anschauen, auch Deutschland, Österreich, der Faschismus: Was sollen wir denn da sagen?" Dabei sei eigentlich durch die Öffnung der Grenzen im Inneren Europas vieles einfacher geworden, weil man nicht mehr ständig seinen Pass in der Hand halten müsse. Mimmo bedauert, dass die europäischen Staaten immer noch vornehmlich auf die eigenen Interessen schauen, denn auch wenn sie unabhängig bleiben sollten, wünscht er sich doch eine engere Zusammenarbeit: „Wenn wir ein vereinigtes Europa wollen, müssen wir es ganz vereinigen, ohne daraus eine Festung zu machen."

Mimmos erwachsene Tochter Sara kommt nach Hause. Er stellt sie mir vor. Sie findet keine Arbeit. Mimmo stört sich am wirtschaftlichen Stillstand in Lampedusa – „Ich mag es, wenn die Dinge angepackt werden" – und er hat diese Haltung an seine Tochter weitergegeben. Auch Sara möchte Lampedusa verlassen, dorthin gehen, wo es Arbeit gibt.

---

28 Mimmo bezieht sich hier auf die wechselvolle Geschichte Siziliens seit der Antike. Vom 9. bis 11. Jahrhundert stand die Insel unter arabischer Herrschaft.

Der Diskurs der starken emotionalen Bindung an die Insel ist in dieser Familie nicht wahrnehmbar. In Luxemburg, wo der Vater viele Jahre verbrachte und wo zahlreiche Verwandte wohnen, war Sara jedoch noch nie. Auch Mimmo war vor acht Jahren zum letzten Mal dort, als seine Mutter starb.

*

Als ich ein paar Wochen später wieder in Luxemburg bin, überlege ich, ob ich einfach nach der Wegbeschreibung aus Lampedusa spontan hinfahren soll, aber ich entscheide mich dagegen und für den luxemburgischen Zugang: Ich suche die Telefonnummer im Telefonbuch und vereinbare einen Termin. Das, was dem Ethnologen im Feld selbstverständlich war, erscheint ihm daheim unmöglich.

Das Haus ist ein sanierter Altbau, der in dieser Gegend eher gehoben wirkt. Luciano und Rosa machen die Tür auf, die Ähnlichkeit zu ihren jeweiligen Geschwistern ist unverkennbar. Sie bitten mich ins Wohnzimmer. Das Haus ist auch innen saniert, die Ästhetik der Einrichtung entspricht einer Mischung aus lampedusanischem und luxemburgischem kleinbürgerlichem Stil.

Luciano erzählt genauer von ihrem Versuch, nach Lampedusa zurückzuziehen und von dem Projekt der Werkstatt, das an der Clanstruktur in Lampedusa und Lucianos Versuch, seine „nordischen" Geschäftsvorstellungen dorthin zu exportieren, gescheitert ist und wohl auch die Beziehungen in und zwischen den beiden Familien belastet hat. Die Brüder weigerten sich, die „Hilfe" der richtigen Personen anzunehmen, und die Zahlungsmoral der *lampedusani* war schlecht. Luciano kennt die Strukturen der Korruption in Lampedusa genau, denn er hat sie am eigenen Leib erfahren. Er nennt sie mafiös, hebt sie aber deutlich von der sizilianischen Mafia ab. Es seien Clans, etwa vier Familien, die sich bereichern, aber die Gemeinschaft sei zu klein, um den Status zu demonstrieren. Sie hätten schöne Häuser, die innen luxuriös seien, aber nach außen könne man kaum etwas wahrnehmen.

Für ihn und seine Frau ist eine Rückkehr nach Lampedusa undenkbar: Auch wenn sie sagen, Lampedusa sei schön und die Leute nett, fehlen ihnen zu viele andere Qualitäten. Luciano war über 30 Jahre nicht mehr dort, seine Frau seit vier Jahren nicht mehr. Nur ihre Kinder verbringen manchmal ihren Urlaub dort.

„Ich wünschte, ich könnte eines Tages in London oder Dublin landen"

Als wir am Flughafen in der Abflughalle mit den Angestellten sprechen, die an der Theke der winzigen Cafeteria die Zeit totschlagen, lernen wir Frank kennen. Er ist einer der zahlreichen *Security*-Mitarbeiter, die täglich acht Stunden dort sind, um in der Wintersaison drei Flüge abzufertigen.

Seine Kollegen stellen ihn uns als etwas Besonderes vor, denn er spreche englisch. Frank begrüßt uns tatsächlich in verblüffendem Oxford-Englisch. Er spricht gerne und ausschweifend und genießt es sichtlich, auch vor seinen Kollegen, sein Sprachtalent zeigen zu können. Er hat Englisch als Autodidakt gelernt und durch Fernsehsprachkurse und -sendungen perfektioniert.

Frank – eigentlich Francesco – ist 38 Jahre alt und kommt aus Linosa. Er hat in Lampedusa, das er nicht mag, eine Wohnung gemietet, und wenn er frei hat, fährt er so oft wie möglich mit der Fähre nach Linosa. Das ist vor allem im Winter kompliziert, denn oft fährt die Fähre nicht und dann könnte es leicht passieren, dass er seinen Schichtdienst nicht rechtzeitig antreten kann. Frank ist etwas rätselhaft, er scheint sich nicht wohl zu fühlen in seiner Haut und äußert mehrmals seine Unzufriedenheit mit seiner Arbeits- und Lebenssituation und seinem Aussehen. Dabei ist Frank ein gut aussehender Mann, in exakt gepflegter Uniform, die zu seinem distinguierten Englisch und seinem seriösen Auftreten passt. So makellos seine Erscheinung ist, vor der Kulisse des menschenleeren Provinzflughafens auf der staubigen Insel strahlt sie Traurigkeit und Unsicherheit aus. Dieser Teufelskreis ist für ihn nicht zu durchbrechen, ist doch seine Fluchtstrategie aus einer Welt, die er als beengt erlebt und beschreibt, seine Liebe zur englischen Sprache und deren aristokratischer Kultur, die einen Hauch von „Weltmännischkeit" verströmt. Er pflegt den Habitus eines englischen Gentleman und unterstreicht, dass er kein richtiger Sizilianer sei, sondern Werte wie Pünktlichkeit, Zuverlässigkeit und Kühle schätze. Ohne arrogant wirken zu wollen, entfremdet er sich von den Kollegen, die über ihn den Kopf schütteln und hinter seinem Rücken lästern. „Ich kann niemanden überraschen mit meiner Bildung, denn ich habe nicht viel lernen können", sagt Frank. Ausgebildet wurde er zum Elektriker. Er hat aber nie eine Anstellung in seinem Beruf gefunden, lediglich informelle Gelegenheitsjobs haben sich ihm geboten. Seit drei Jahren ist er bei der Flughafensicherheit, zuvor hielt er sich als Tellerwäscher, Barmann und Discjockey über Wasser. Aldo sagt mir später, dass Frank ihn immer wieder frage, ob es im Elektrizitätswerk keine Arbeit für ihn gebe. In Linosa habe er aufgrund der Korruption nie einen Job im Elektrizitätswerk bekommen.

Frank träumt davon, wegzukommen von den Pelagischen Inseln: „Ich wünschte, ich könnte eines Tages in London oder Dublin landen. Dann würde ich mich vielleicht freier fühlen, als hier auf dieser Insel." Zugleich bleibt er ambivalent und hält an Linosa fest, obwohl Linosa noch viel isolierter, viel kleiner als Lampedusa ist. Er fühlt sich seinen Eltern und seinen beiden Schwestern, die dort sind, sehr verbunden. Und obwohl er am Flughafen arbeitet, fliegt er nur ungern. Italien hat er noch nie verlassen. Mit einem Gehalt von 1.000 Euro, mit dem er seinen gesamten Lebensunterhalt, die Miete und die Kosten für die Fähre bestreiten muss, reicht es nicht einmal für einen Urlaub im Jahr.

Obwohl Frank bereitwillig mit uns spricht, sagt er mehrmals, dass er nicht repräsentativ für Lampedusa sei und dass wir besser mit anderen sprechen sollten, die bedeutender seien. Ich sage: „Ihr alle macht Lampedusa, jeder ist besonders, und alle diese Besonderheiten machen die *lampedusani* aus." Er relativiert wieder, und es stimmt, dass ich ihm seinen Sonderstatus auch zugestehen muss. Er freut sich, als ich sage: *„You are an Englishman who was born onto an Italian island."*

Die Anerkennung, die wir ihm geben, kann er im sozialen Raum Lampedusas aber nicht bekommen. Eine großstädtisch gekleidete Frau betritt die Abflughalle und kommt zielstrebig auf uns zu. Sie fragt ihn sachlich auf Italienisch, wann der Flieger ankommt. Als er, noch ganz in unser Gespräch vertieft, freundlich auf Englisch antwortet, reagiert die Frau genervt. Es ist fehl am Platz und es wird schmerzlich deutlich, dass er kein kultivierter *Englishman*, sondern reduziert auf seine Funktion ein prekarisierter *Security*-Mitarbeiter ist.

Als ich im folgenden Sommer zum Flughafen komme, wimmelt es von Koffern und Menschen, jetzt arbeiten alle, niemand langweilt sich mehr. An Samstagen wie diesem fliegen von morgens bis abends große Chartermaschinen in die norditalienischen Städte. Ich sehe Frank, wie er mit weltmännischen Gesten die Fluggäste durch die Sicherheitskontrolle leitet. Ich gehe zu ihm, er drückt mir herzlich die Hand, aber es ist unmöglich, uns miteinander zu unterhalten. Jetzt im Sommer, da ergibt das alles Sinn.

*

Aldo erzählt mir später, dass er Frank sehr kultiviert findet. Er glaubt, er habe auf hohem schulischem Niveau Sprachen studiert und sagt, ständig lese er Bücher. Ich freue mich, dass es doch wohl einen Gewinn an symbolischem Kapital für Frank gibt. Schade, dass er es nicht weiß.

Alle lieben das Auto

Aldo arbeitet in der unteren Ferienwohnung. Er hat im Bad eine neue Armatur eingebaut. Als ich eintrete und ihn begrüße, lacht er laut und ruft wie immer meinen Namen, wie er auf sizilianisch klingen würde: „Uou, Dgillèsse!" Sofort beschwert er sich, dass er immer arbeiten müsse. Er ist albern und bringt mich zum Lachen.

Aldo nimmt mich mit ins Dorf, dann fahren wir aber doch zuerst noch weiter, zu ihm nach Hause, um seine Tochter Beatrice abzuholen. Sie ist zehn und geht im Mai zur Erstkommunion. Sie muss zum Katechismusunterricht.

Ich spreche ihn darauf an, dass ich gestern seine ältere Tochter Chiara gesehen habe, wie sie mit seinem neuen Auto spazieren gefahren sei, und dass wohl nicht alle Väter ihren Kindern ihr neues Auto überlassen. Er ist stolz und sagt ernst: „Nein, aber für mich ist das selbstverständlich. Ich kaufe die Autos, und dann sind sie für alle da." Chiara ist Friseurin und arbeitet schwarz in einer von Aldos Ferienwohnungen für Privatkunden, weil sie keine Anstellung findet. Es sei hier in jedem Bereich schwierig, eine Anstellung zu finden. Ich frage ihn, wieso sie denn nicht in Palermo geblieben sei (letztes Jahr hatte er uns erzählt, dass sie dort arbeitete). Er sagt, Palermo sei in der ersten Zeit toll, die Spannung der Großstadt, aber wenn jemand auf einer Insel geboren sei, dann könne er sich daran nicht gewöhnen. Sie habe unbedingt zurückkommen wollen. Mir scheint, dass vor allem er seine Töchter in seiner Nähe haben will. Letztes Jahr hatte er uns gesagt, dass er sich Sorgen um sie mache, weil sie allein in Palermo lebe. Er hatte ein ausgeklügeltes System der Unterstützung und Kontrolle durch erwachsene – natürlich männliche – Vertrauenspersonen organisiert, und mit Chiara verschiedene Codes ausgemacht, wie sie über Handy im Zweifelsfall mit ihm kommunizieren konnte. Er hätte dann entsprechend aus der Ferne die richtigen Hebel in Bewegung setzen können, um sie aus einer Gefahr zu befreien. So schilderte er es damals, und ich glaube, dass er aus dem Holz ist, das auch zu schaffen.[29]

Aldos Haus liegt am Ende einer nicht asphaltierten Sackgasse in der Nähe des Flughafens. Beatrice wartet schon. Aldo erklärt mir, dass er das Haus, das nicht nur für hiesige Verhältnisse sehr gut in Schuss ist, vor 25 Jahren bauen ließ. Dass er es nicht selbst gebaut hat, unterstreicht er. Er hebt sich damit deutlich vom Stolz der Handarbeit ab, der aus den Erzählungen anderer Männer spricht. Er ist nicht irgendjemand. Zurück im Dorf steige ich aus.

Gegen Abend gehe ich zum Hafen, dorthin, wo die Fischerboote anlegen. Zwei große Yachten liegen im Hafen, die eine aus Frankreich, die andere aus Malta. Ich spreche die Franzosen an, zwei Männer im Alter von knapp 60 bzw. 40 Jahren. Ihre Kleidung und ihr Boot sehen teuer aus. Der Mann auf der anderen Yacht sieht aus wie ein Doppel-

---

29 Ein anderer Mann hat mir erzählt, dass die jungen *lampedusani*, die wie Chiara in Palermo arbeiten oder studieren, oft gemeinsam in Häusern wohnten, die seit Generationen von *lampedusani* gemietet würden. Nach einiger Zeit wechselten die Studierenden, aber die Häuser blieben in der Hand der Insulaner: „So bleiben trotz der Distanz die Beziehungen eng."

gänger des älteren Franzosen. Die Franzosen sind heute aus Tunis angekommen. Ich frage, wie die Überfahrt war. Die beiden sagen, es sei hart
gewesen, und dass ihnen übel gewesen sei. Ich denke an die Migranten,
die aus Libyen die vierfache Strecke zurücklegen, in Kähnen, die den
Namen nicht einmal verdienen. Ich empfinde die beiden Franzosen als
arrogant, sie waren hier nur kurz an Land, das Einzige, was sie gesehen
haben, ist, dass man hier gut tauchen kann. (Mir war das hier bisher
noch nie so prominent aufgefallen.) Sie und ihre Yachten passen hier
überhaupt nicht her, denn solche schicken Yachten gibt es in Lampedusa überhaupt nicht, und so wie sie gekommen sind, werden sie auch
spurlos wieder verschwinden.

In der Kurve, in der die Hafenstraße so eng ist, dass die Autos fast
ins Wasser fallen, sind vor kurzem vertikale Metallpfähle einbetoniert
worden, aber sie beginnen schon zu rosten und werden ihrem Schicksal, als verbogene Metallreste zu enden, wohl kaum entgehen.

Die Tanksäulen zeigen alle nur zehn Euro an, das Auto einer Frau
wird gerade betankt, sie hält einen 50er in der Hand, aber bei zehn
Euro hört der Tankwart auf. Sie lässt sich den Schein wechseln. Ein

Zeichen der Armut? Zugleich: Wenn man hier für 50 Euro tankt, braucht man ein halbes Jahr nicht mehr wiederzukommen. Und Autofahren heißt hier vor allem sozialisieren. Die *lampedusani* fahren, um die Wahrscheinlichkeit zu erhöhen, jemandem zu begegnen. Die Erwachsenen reden dann durchs Fenster, und die Kinder turnen währenddessen auf der Rückbank oder vorne, wo gerade Platz ist. Eine junge Familie – in Lampedusa heiraten die Jugendlichen deutlich früher als in den urbanisierten Gebieten des Nordens – fährt stolz ihren neuen Kleinwagen aus.

Ich setze mich auf eine Bank, die am Ende einer nie fertiggestellten Straße in einem wenig attraktiven Wendehammer steht. Ein Auto kommt an, die Leute steigen aus und gehen in ihr heruntergekommenes Haus, das nur wenige Meter zurück liegt. Überall wohnt jemand, in den verlorensten und hässlichsten Ecken. Gestern habe ich eine Frau in ein Haus gehen sehen, von dem ich geschworen hätte, dass es eine Garage oder ein gemauerter Schuppen sei.

Als ich mich umdrehe, steht Aldos Auto vor mir. Er fordert mich gar nicht erst auf einzusteigen. Ich habe keine Wahl. Beatrice sitzt wieder hinten. Eigentlich freue ich mich auf eine schnelle Heimfahrt, frage aber vorsichtshalber, wo er hinwill. Er will gerade seinen Schwiegervater abholen, der eine neue Brille braucht. „Willst du mitkommen?" Na gut. Der Schwiegervater ist alt, er wird langsam etwas vergesslich, Aldo ist liebenswürdig und geduldig zu ihm. Der Schwiegervater fragt, wer ich sei. „Ein Freund." Schön. Aldo sagt ihm zufrieden, ich sei ein Fan von Lampedusa. Das findet der Schwiegervater allerdings komisch. Letztes Jahr hatte Aldo das beim Abschied am Flughafen anerkennend so formuliert: „Ihr seid besonders!"

Der Optiker ist Neapolitaner. Er sagt, dass Lampedusa die einzige Gemeinde sei, in der es keine Strafzettel für Falschparker gebe. Und dass die anderen Gemeinden damit nicht nur Jobs schaffen würden, weil sie damit die Parkwächter bezahlen könnten, sondern auch die Straßen reparieren könnten. Aldo raunzt: „Zum Glück gibt es keine Strafzettel hier." Ich glaube, Aldo findet ihn unsympathisch, und die Idee, für Strafzettel zu sein, absurd. Draußen hat Beatrice zwei Freundinnen getroffen, sie sitzen auf der Bank auf dem Bürgersteig wie die (weibliche)

Miniaturausgabe der wie festgewachsen auf der *via Roma* hockenden alten Männer. „Ciao, Be'!" sagen die Freundinnen, als wir gehen.

Wir fahren durch eine schmale Gasse. Als ich gerade erstaunt feststelle, dass hier Gegenverkehr herrscht, kommt uns ein Moped entgegen, das arglos überholt. Alle halten an (außer dem Moped), alles ist sofort verstopft, kreuz und quer stehen Fahrzeuge. Ich muss laut lachen, Aldo lacht auch – wenigstens ist ihm bewusst, dass jemand den Fahrstil hier komisch finden kann. „Ihr fahrt wie die Verrückten", sage ich, er schnalzt nur mit der Zunge.

Als ich am Abend auf die Terrasse trete, sind Leute in unserem Garten. Sie fragen mich, ob der umherstreunende Hund mir gehöre. Ich sage nein. Der Mann will ihn verjagen, aber die kleine Hündin ist schlau. Sie verschwindet auf Zehenspitzen. Ich verrate sie nicht.

Am Tag darauf sagt mir das Au-pair-Mädchen aus Liverpool, das neben mir wohnt, dass die Hündin heute morgen vergiftet worden sei. Ich hatte früh am Morgen noch Milch und Kekse hingestellt. Das Au-pair-Mädchen hat das Tier in eine Kiste gelegt und in den Müllcontainer getragen, weil sie nicht wusste, was sie sonst tun sollte. Ich bin traurig, weil es ein lieber, quirliger kleiner Hund war.[30] Aber auch das ist Lampedusa. Im Laufe des Tages sehe ich mehrmals Olivio mit seinem glücklichen freien Blick und seiner Selbstverständlichkeit und sage mir, dass er hier seinen Platz hat. Bei uns wäre auch er schon getötet oder eingesperrt.

„Die einzige Lösung ist Respekt"

Ein sehr beliebtes Motiv für die Bildjournalisten ist der Vizepfarrer Lampedusas. Denn *Padre Pietro* ist schwarz. Wer könnte die Flüchtlingssituation in Ermangelung skandalistischer Bilder für das Fernsehen besser symbolisieren als er? Pietro kommt aus Tansania. Er kam natürlich nicht mit einem Flüchtlingsboot nach Italien, sondern im

---

30 In den nächsten Wochen bietet diese Geschichte mir eine Menge Stoff für Projektionen und Übertragungen zum Umgang der *lampedusani* mit Leben, auch Menschenleben.

Rahmen seines Theologiestudiums. Er gehört demnach sowohl in Tansania als auch in Lampedusa der privilegierten Schicht der Akademiker an, die sich weitgehend frei über die Welt bewegen können. Als wir ihn 2009 zum ersten Mal sahen, kam er uns irgendwie abgehoben vor, und als wir uns zum ersten Mal kurz sprachen, fand ich ihn unterkühlt und distanziert.

Padre Pietro ist 36 Jahre alt, ich hätte ihn ein paar Jahre älter geschätzt, vielleicht aufgrund seines väterlichen *gestus* als guter Hirte der Kirchengemeinde. Er hat zwei Jahre Philosophie in Tansania studiert, später Pastoraltheologie in Palermo und Agrigento. 2011 kehrt er zurück nach Tansania.

Obwohl er gut englisch spricht, bittet er darum, das Interview auf Italienisch zu führen, weil er inzwischen an diese Sprache mehr gewöhnt sei. Das Gespräch führen wir im schreiend rosa gestrichenen Pfarrbüro. Er empfängt mich herzlich. Jetzt, da er weiß, dass ich studiert habe, und über meine Arbeit in Lampedusa informiert ist, spüre ich keine Ablehnung mehr, im Gegenteil habe ich das Gefühl, dass er eine gewisse Verbundenheit sieht: Er will im Sommer 2010 seine Masterarbeit über Migranten in der pastoralen Arbeit abschließen, und ich schreibe an einem Buch über Lampedusa. Sein Thema liegt ihm am Herzen, weil er neben seiner Arbeit als Vizepfarrer auch regelmäßig zur Seelsorge ins *centro* geht. In der Begegnung mit den Migranten habe er gesehen, dass es bei der Aufnahme nicht nur um eine materielle Aufnahme gehe, sondern dass es wichtig sei, eine Aufnahme und Anerkennung der Person zu gewährleisten: „Wenn man von einer Person spricht, spricht man von einer vollständigen Person, nicht von einem Teil einer Person." Jede menschliche Person sei nicht nur körperlich definiert, sondern vor allem auch psychisch und religiös. Es sei in der Organisation der *centri* aber nicht daran gedacht worden, dass der Mensch an diesem Punkt auch eine religiöse Begegnung brauche. In den *centri* sei es zwar obligatorisch, dass Psychologen, Ärzte und Psychiater bereitstünden, die Figur des Seelsorgers sei jedoch vom Ministerium nicht einmal vorgesehen gewesen. Es seien die Ärzte gewesen, die das eingefordert hätten.

Padre Pietro erzählt, dass die Migranten positiv überrascht gewesen seien, von einem schwarzen Seelsorger aufgesucht zu werden. Er ist überzeugt, dass jeder Seelsorger diese Arbeit machen könnte, aber bei diesen Begegnungen sei es gut, wenn auf die Herkunft und die Kultur geachtet werde, und dass nach Möglichkeit jemand genommen werde, der diese Situation kennt: „Jeder von uns reist mit seinem kulturellen Gepäck, deshalb ist es nicht einfach, seine eigene Kultur abzulegen und eine neue Kultur wie ein Kleidungsstück anzulegen, die man bis zum Alter von 20 oder 40 Jahren nicht gekannt hat."

Padre Pietro erzählt, dass seine Arbeit im *centro* ihm bewusst gemacht habe, dass der interreligiöse Dialog, von dem in der Theorie die Rede sei, hier in der Praxis gelebt werde. Neben den Christen – Katholiken, Anglikaner, pentekostalische Christen u.s.w. – hat er auch mit Muslimen, Buddhisten und Hindus gearbeitet, da auch aus dem asiatischen Bereich Flüchtlinge ankamen. Wenn er die christliche Messe feierte, nahmen alle teil: „Manchmal kamen wirklich alle! Wer beten konnte, der betete. Viele nahmen stillschweigend teil. Es war beeindruckend, wie viele einfach dabei waren. Sie hätten Fußball spielen gehen können, aber sie sind sitzen geblieben bis zum Schluss." Einmal hätte eine Gruppe junger tunesischer Männer darum gebeten, er solle mit ihnen sprechen und beten, als sie erfuhren, dass er im *centro* war. Sie hätten in ihrer Sprache gebetet, und er habe auf Englisch christliche Gebete für sie gebetet, und sie seien darüber glücklich gewesen. „Sie waren ja in einer schwierigen Lebenssituation. Ich glaube, dass Religionen nur dann zu Konflikten führen, wenn sie politisiert werden. Wenn einer nicht will, dass die religiösen Werte im Vordergrund stehen, sondern die Politik, und sich dabei aber auf die Religion bezieht, dann entsteht ein Fundamentalismus, der nichts mit dem zu tun hat, was diese Religion an sich sagt. Aber Menschen, die wirklich an Gott glauben, die haben diese Probleme nicht!" *Padre Pietro* führt diese religiöse Offenheit auch darauf zurück, dass die Flüchtlinge Erfahrungen gemacht haben, die sie auch in spirituellem Sinn verändert hätten. Ein Junge aus Nigeria habe ihm einmal erzählt, dass er sein Land nicht verlassen hatte, weil religiöse Konflikte ihn dazu zwangen, denn so etwas habe es in seinem Gebiet nicht gegeben. Er habe viele Pläne für sein neues Leben gehabt, doch im Zuge seiner langen Reise seien alle Ziele in sich zusammengefallen. „Er sagte mir: ‚Ich erreichte den Punkt, an dem ich kein einziges Ziel, kein Projekt mehr hatte. Nur mehr die Beziehung zu meinem Schöpfer, zu meinem Gott. Das Einzige, was mir nicht abhanden gekommen ist, ist das.'"

Viele der Migranten, mit denen er gesprochen habe, würden diese Erfahrung machen. Im Gegensatz zu den Unterstellungen in den Zeitungen und in den politischen Diskursen seien diese Menschen weit entfernt von religiösem Fundamentalismus. Die europäische Gesellschaft müsse über kurz oder lang den Widerstand aufgeben und lernen, mit der Realität der Migration umzugehen: „Anstatt zu sagen: ‚Diese Menschen können oder dürfen nicht mit uns leben,' sollte man daran arbeiten, wie dieses Zusammenleben besser werden könne. Die einzige Lösung ist Respekt. Es ist ein großer Irrtum zu verallgemeinern, also etwa ‚Islam ist gleich Terrorismus'."

In Lampedusa habe die Praxis des Staates, die Erstversorgung der Migranten zentralisiert und losgelöst von der zuvor selbstverständlichen Beteiligung der lokalen Bevölkerung zu organisieren, dazu geführt, dass die *lampedusani* den Kontakt zu den Migranten verloren hätten. Trotzdem habe sich ihre Vorstellung der Aufnahme nicht verflüchtigt: „Einige Migranten sind hier in Lampedusa beerdigt. Wenn ein Fischerboot Tote im Meer fand, haben sie sie mitgebracht und beerdigt. Am Allerseelentag bringen die *lampedusani* Blumen zu den Gräbern ihrer Verwandten. Und sie bringen auch Blumen zu den Gräbern dieser Migranten, die hier keine Verwandten haben. Das könnte ihnen egal sein. Aber die *lampedusani* betrachten sie jetzt schon als Teil ihrer Insel."

Er selbst versucht, den Kontakt wieder herzustellen. Vor einiger Zeit hat er in der Dorfkirche das Neugeborene einer Migrantin getauft. Während der Überfahrt hatte die Frau den Entschluss gefasst, dass ihr Kind in Lampedusa getauft werden sollte, wenn sie heil ankämen. *Padre Pietro* beschreibt den Moment der Begegnung dieser Frau und ihres Kindes mit der Dorfgemeinschaft als emotional und ergreifend. Zu keinem Zeitpunkt habe es zwischen den *lampedusani* und den Migranten ein Problem gegeben. Das Problem sei ausschließlich das Aus-dem-Ruder-Laufen der Nachrichten gewesen, denn während die *lampedusani* einerseits die Würde der Migranten wahren und die Solidarität leben mussten, mussten sie andererseits ihr eigenes Leben in der Hand behalten. „Das müssen wir anerkennen. Denn wenn wir vom Phänomen der Migration sprechen, können wir die *lampedusani* nicht erdrücken. Die *lampedusani* mit ihren eigenen Bedürfnissen, die angehört und anerkannt werden müssen. Und gleichzeitig jene, die ankommen möchten. Sie alle sind Menschen."

Am Ende des Gesprächs frage ich *Padre Pietro*, wie es ihm persönlich dabei ging, die Migranten im *centro* zu treffen. Es fällt ihm schwer, Worte dafür zu finden. „Ich versuchte, diesen jungen Leuten Erleichterung zu geben, indem ich mit ihnen sprach und sang. Aber wenn ich heimkam, hatte ich keinen Appetit, etwas zu essen. Ich fühlte mich schlecht. Weil ich mir an einem bestimmten Punkt nicht mehr Theorien bilden und gleichgültig bleiben konnte. Einmal war ich dort, als sie aus dem Boot stiegen. So wie sie zitterten, so wie ihre Augen aussahen, wie durstig sie waren, das ist unbeschreiblich, das lässt dich nicht los. Ich denke, dass wir vielleicht unsere Denkweisen ändern würden, wenn wir solche Erfahrungen machen würden. Jene Menschen, deren Grab das Meer ist, Opfer eines globalen Systems, für das wir alle verantwortlich sind: Wenn wir an sie denken, sollten wir uns fragen, wie es wäre, wenn wir an ihrer Stelle wären." Sie einfach zurückzuschieben, bevor sie Europa überhaupt erreichen, sei die einfache Lösung: „Weil wir es nicht ertragen, sie im Meer sterben zu sehen, ziehen wir es vor, dass sie weit von den Küsten wegbleiben."

„So viele Zeugnisse wie möglich von diesen Menschen retten"

Ich fahre mit Bruno und zwei Freunden zum Bootsfriedhof. Mit ein paar weiteren Freunden und Vereinen bemüht sich Bruno, in Lampedusa ein Museum der Migration zu gründen. Dabei wollen sie die natürliche Migration und die menschliche Migration in Zusammenhang bringen, weil Lampedusa ein Ort sei, wo sowohl Menschen als auch Tiere kommen und gehen: „Vögel, Wale, Schildkröten, die aus Afrika hierherkommen und dann zurückkehren."

In der Öffentlichkeit wird das Projekt unterstützt, weil daran wirtschaftliche und politische Erwartungen geknüpft werden. Man hofft, dass das Museum viele Besucher anziehen und einen anderen Tourismus mit sich bringen könnte – auch im Winter. Obwohl viele administrative Dinge, auch die Bereitstellung von Räumlichkeiten, nicht geklärt sind, schreitet die Planung voran. Trotz der zugesicherten Unterstützung durch die Verwaltung, für das Museum ein paar Boote zu erhalten, ist es bisher noch nicht gelungen, die Boote von der Deponie zu holen, weil im italienischen Bürokratiedschungel niemand weiß, wer dafür zuständig ist, diese Boote zu erhalten oder zur Verfügung zu stellen. In einem administrativen Spießrutenlauf versuchen Bruno und seine Freunde, die Möglichkeiten nach und nach einzugrenzen.

Bruno fährt regelmäßig zum Bootsfriedhof, um die Spuren der Migranten vor dem Vergessen zu bewahren. Heute nimmt er mich mit und sammelt auf bzw. an den Booten Gebrauchsgegenstände, Kleider, Schwimmwesten und Schuhe ein, zwei riesige Müllsäcke voll, ein unerschöpflicher Fundus. Ich bekomme ein Gefühl für das Ausmaß des Phänomens. Es sind viel mehr Boote hier, als wir letztes Jahr gedacht hatten, auch viele Schlauchboote, zum Teil sind sie überhaupt nicht beschädigt. Und zahllose blaue Bootstrümmer, Bretter und Bootsteile. Die drei finden in einem Schiff einen Geldschein aus einem arabischen Land, ein Adressbuch und einen Personalausweis aus Libyen. Bruno versucht, „so viele Zeugnisse wie möglich von diesen Menschen zu retten. Diese Objekte sprechen oft vom Tod oder von Tragödie oder von schwierigen Reisen. Für mich bedeutet das Museum, diesen Dingen eine neue Würde zu geben, sie in ein neues Licht zu setzen und sie als Zeugnisse hervorzuheben."

Bruno sieht das Projekt als Museum für die Zukunft. Er ist überzeugt, dass sich die Probleme mit der Migration in 30 Jahren von selbst lösen werden, weil die Kinder jener, die sich heute nur schwer integrieren können, bereits mit italienischen Kindern zur Schule gehen werden, und dass Italien dann trotz Widerstands ein multiethnisches Land sein wird: „Und wenn sich dann die Enkel dieser Leute, die heute ankommen, fragen: ‚Wo kommen wir her?', dann will ich, dass sie nach Lampedusa kommen und die Boote sehen, mit denen ihre Großeltern hergekommen sind. Deshalb ist dieses Museum wichtig." Bruno findet es aber auch für Lampedusa wichtig, weil die Insel aufgrund ihrer geographischen Lage eine fundamentale Rolle in diesen Bewegungen spielt. Viele *lampedusani* würden diese Realität nicht wahrhaben wollen. „Um mit dieser Realität umzugehen, braucht man eine starke kulturelle Unterstützung, denn es ist natürlich nicht einfach, diesen Migrationsbewegungen zwischen den Kontinenten auf 22 Quadratkilometern entgegenzutreten." Es sei traumatisch für Lampedusa gewesen, wie das Ganze auf politischer Ebene geregelt wurde. „Unser Appell geht nach mehr Menschlichkeit, vor allem in der politischen Debatte. Die Diskurse um die Migranten, dass sie alle Terroristen seien oder Kriminelle, oder die Invasion, diese Diskurse produzieren im Inneren Italiens eine stark rassistische Gesellschaft, die kein Interesse hat, zu verstehen oder die Hand auszustrecken."

Für Bruno sind das Verschließen der Augen vor der Realität und das Desinteresse an der eigenen Geschichte ein strukturelles Problem Italiens, das er auf das junge Alter der Republik zurückführt: „Italien ist unter bestimmten Aspekten noch ein unklares Gebilde. Das Römische Reich ist etwas anderes, und es ist klar, dass wir von dort abstammen, aber wir Italiener haben auch nach dem verrückten 20. Jahrhundert Probleme, unsere Identität zu definieren." Dabei spreche er jetzt noch gar nicht von Lampedusa! Die *lampedusani* hätten Probleme, sich als Italiener zu fühlen, weil Italien von ihnen nicht nur geographisch immer sehr weit entfernt gewesen sei. Der Staat habe die Insel immer nur dann gesehen, wenn sie sich als nützlich erwiesen habe: um politische Gegner zu verbannen, oder zuletzt, um sich der Flüchtlinge zu entledigen.

Die ständige direkte Konfrontation mit der Flüchtlingsthematik war für Bruno der Hauptgrund, sich zu engagieren. Als *lampedusano* sei ihm gar nichts anderes übriggeblieben, als sich damit auseinanderzusetzen, „obwohl es natürlich ein globales Thema ist, das alle angeht. Aus der Distanz verstehst du nichts, aber je näher du kommst, desto mehr siehst du den Menschen. Er hat ein Gesicht, eine Geschichte, eine Familie, und du erkennst dich wieder in diesen Menschen." Die zahlreichen Fotos, die er in den Booten gefunden hat, auf denen Frauen mit Kindern auf dem Arm zu sehen sind, haben bei Bruno Fragen ausgelöst, wie es für ihn sein würde, seine beiden Kinder und seine Frau zurücklassen zu müssen. „Diese Menschen tragen einen großen Schmerz in sich. Und es gibt Tausende solcher Geschichten von Leuten, die ihre Verwandten in Europa wiederfinden wollen. Man soll diese Frage nicht nur politisch betrachten, sondern auch diese menschliche Seite."

Bruno holt einen Ordner mit aufgesammelten Gegenständen, vor allem Fotos, Briefe, Ausweise Geldscheine und CDs, die er in Plastikfolien geordnet und abgeheftet hat. Er will die vielen Briefe, die in fremden Sprachen und Schriften verfasst sind, übersetzen lassen. „Das Besondere an diesen Briefen ist, dass sie von den Reisenden immer geschützt werden. Sie sind meistens in Plastik eingepackt. Das ist doch etwas sehr Poetisches. Was nimmst du auf so eine Reise mit? Das Wort! Das heilige Wort oder das Wort von geliebten Menschen." Er blättert im Ordner. „Verschiedene Sprachen, Nationen: Somalier, Marokkaner, Tunesier, Bangladeshi." Bruno nimmt einen Ausweis heraus, der aus Libyen kommt, aber es scheint kein Personalausweis zu sein. „Einstweilen sammele ich die Sachen nur ein. Wenn es das Museum gibt, werden zu diesen Dingen Forschungen angestellt werden müssen." Er blättert zu einer Folie, in der mehrere somalische Reisepässe abgelegt sind. In einer anderen Folie hat er Geldscheine zusammengelegt. „Aus Libyen, einer aus Bangladesh, aus Ghana. Und aus anderen Ländern, die habe ich in einem anderen Ordner." Bruno würde die Besitzer der Ausweise später gerne ausfindig machen und nach Lampedusa einladen, um ihre Zeugnisse aufzunehmen und ein Archiv von Zeugenaussagen anzulegen.

Ein Marokkaner, der hier angekommen ist und den er kennen gelernt hat, erzählte ihm, dass sie vor der Abreise den Hinweis bekamen, wenn sie von der Küstenwache oder der Finanzpolizei aufgenommen würden, alles zurückzulassen, was einen Rückschluss auf ihre Identität zuließe. So erklärt sich Bruno, dass er so viele Identitätsdokumente in den Booten findet. Dass es die Papiere von Migranten seien, die auf der Überfahrt gestorben sind, glaubt er eher nicht: „Es sterben viele. Aber ich denke, sie werden mitsamt ihrer Dokumente über Bord geworfen. Es ist nicht genug Zeit, die Dinge zurückzubehalten." Ich frage Bruno nach der Geschichte des Mannes aus Marokko, den er kennen gelernt hat: „Karim ist ein Junge, dem es in Marokko nicht gut ging. Und in seinem Land gibt es diesen Mythos über Europa. Alle wollen nach Europa." Die Überfahrt verlief dramatisch, weil sie sich mit dem winzigen Boot verirrten. Einige waren völlig dehydriert und lagen schon im Sterben. Sie mussten das Meerwasser trinken. Karim sagte Bruno, dass er niemals weggegangen wäre, wenn er die Bedingungen der Reise im Voraus gekannt hätte. Ihm hatte man erzählt, dass es neue Boote seien, und dass die Überfahrt einfach sei. Jetzt lebt er in Palermo und arbeitet als Elektriker. „Er möchte in Marokko einen Verein gründen, in dem sie den jungen Leuten erzählen, wie die Reise wirklich ist, damit sie ihr Leben nicht mehr riskieren, um hierherzukommen.[31] Er glaubt, dass die Leute in Marokko wohl nicht abreisen würden, wenn sie die Bedingungen kennen würden."

Ich frage Bruno, ob Karim Papiere für Italien bekommen hat. „Ich weiß es nicht, darüber haben wir nicht gesprochen."

„Du hast mit ihnen gute Momente verbracht"

Bruno stellt für uns den Kontakt zu seinem Cousin Francesco her, der mehrere Jahre im *centro* gearbeitet hat.

Wir treffen ihn bei sich zu Hause. Francesco ist 31 Jahre alt, schlank und attraktiv. Er wirkt und kleidet sich ein bisschen wie ein *Sonnyboy*. Er wohnt allein in einem Haus, das ein wenig abseits eines kurzen asphaltierten Straßenstückes am Dorfrand liegt. Vor dem Haus erstreckt sich eine große Brachfläche. Im Keller hat er einen alternativ eingerichteten Probe- und Clubraum, in dem er sich mit seinen Freunden trifft. Hier herrscht die globalisierte Ästhetik der Underground- und Independent-Bands. Eine alte Vespa hat er zum opulenten Couchtisch umfunktioniert, Bücher, Bierflaschen, volle Aschenbecher, ein Tischfußballtisch, ein Mischpult, Mikrophone und ein Schlagzeug stehen auf einer kleinen Bühne in der Ecke.

---

31 Solche Vereine und informelle Organisationen gibt es in mehreren afrikanischen Ländern. Oft werden sie von den Angehörigen von Verschollenen ins Leben gerufen.

Wir führen das Gespräch vor dem Haus im gleißenden Sonnenlicht. Man hört wenig Geräusche, vor allem keinen Straßenlärm – in Lampedusa eine Seltenheit. Nur gegen Ende den ohrenbetäubenden Lärm des startenden Propellerflugzeugs nach Palermo. Francesco scheint es nicht einmal zu hören.

Francescos Vater kommt aus Neapel, seine Mutter aus Lampedusa. Francesco wurde in Neapel geboren, ist aber auf der Insel aufgewachsen. Von 1998 bis 2005 hat er im Aufnahmelager für die Flüchtlinge gearbeitet. Er kam über einen Erste-Hilfe-Kurs beim Roten Kreuz zu dem Job. Das Rote Kreuz bildete damals Freiwillige aus, die im *centro*, das damals materiell noch nicht existierte, arbeiten könnten. Sporadische Bootslandungen hatten bereits zu Beginn der 1990er Jahre eingesetzt, aber man ging Ende der 90er Jahre bereits davon aus, dass das Phänomen an Bedeutung gewinnen würde.

Nach dem Kurs absolvierte Francesco seinen Militärdienst und wurde, als er nach Lampedusa zurückgekehrt war, sogleich fest im *centro* angestellt. Als Francesco Ende der 1990er Jahre dort anfing, gab es 90 Plätze, durch die Einführung von Etagenbetten wurde die Kapazität wenig später verdoppelt. Einige Zeit, nachdem Francesco die Arbeit aufgegeben hatte, zog das *centro* vom Flughafen zum heutigen Ort in die Talsenke der *Contrada Imbriacola* um. Auch die Leitung wechselte nochmals und obliegt heute einem privaten Konsortium aus Messina, das den Zuschlag für die Verwaltung erhielt, weil es pro Insasse und Tag vom Staat nur 33 Euro verlangt.

Francesco spricht mit großer Distanz über seine Arbeit im *centro*, aber es bleibt stets spürbar, dass seine Erfahrungen dort ihn fürs Leben geprägt haben. Immer wieder thematisiert er die Ambivalenz zwischen Normalität und Gewöhnungseffekten und der physischen, moralischen und psychischen Überforderung. Er beschreibt seine Arbeit als „eine Art Sozialarbeit." Seine Aufgabe bestand darin, die Migranten, die er ganz selbstverständlich „Gäste" nennt, nach ihrer Ankunft zuerst mit sauberen Kleidern, Schuhen, Seife und weiteren Gegenständen des Grundbedarfs zu versorgen, auch mit Zigaretten und einer Telefonkarte, mit der sie ihre Familien von den Telefonzellen im *centro* anrufen konnten. Anschließend wurden die medizinischen Untersuchungen durchgeführt.

Francesco und seine Kollegen waren dafür zuständig, besondere Merkmale wie Narben aufzunehmen und zu dokumentieren. Am Anfang gab es keine Fotos oder Computer, es wurden auch keine Fingerabdrücke genommen. Das Personal verließ sich ausschließlich auf die Informationen, die die Migranten ihnen mündlich gaben. In den 60 Tagen, die ihr Aufenthalt damals maximal dauern durfte, verbrachte Francesco viel Zeit mit den Migranten. Er spielte mit ihnen Fußball und unterhielt sich mit ihnen, wenn nicht zu viele da waren und für diese Dinge Raum blieb. Mit seinen Kollegen war er auch für die Ausgabe der Mahlzeiten und für die Reinigung des *centro* zuständig.

Francesco beschreibt, wie mit einigen Bindungen entstanden. Weit entfernt vom Opferdiskurs erklärt er nüchtern, dass es mit den Migranten so ist wie im Alltagsleben auch: „Es sind welche dabei, die sind dir sympathisch, andere sind dir nicht sympathisch. Dieser Regel entkommt man nicht." Natürlich sei es schwer gewesen, sich klar zu machen, dass man den Menschen außer im Rahmen der Arbeit und ihren bescheidenen Möglichkeiten materiell nicht helfen konnte. Auch die Präsenz der Exekutive im *centro* erschwerte das Entstehen von intensiveren Kontakten. So war es den Mitarbeitern etwa verboten, den Migranten private Kontaktdaten zu geben. Trotzdem haben ihm einige Briefe und Geschenke an die Adresse des *centro* geschickt oder ihm noch während ihres Aufenthaltes dort gegeben. Ein junger Mann hat ihm seine kaputte Armbanduhr geschenkt. „Er sagte mir: ‚Die Uhr ist hier stehengeblieben, und ich fahre jetzt weg in ein neues Leben.'" Ein anderer hat ihm einen Brief geschrieben. Es war ein Mann, der 93 Tage im *centro* war, in einer Phase, in der nur 20, 25 Leute dort waren. „Und dann entwickeln sich Beziehungen. Du bist jeden Tag mit ihnen zusammen! Du sprichst über dies und das. Es sind Menschen wie wir! Also bindest du dich. Und wenn sie gehen, verabschiedet man sich anders voneinander. Ich sage nicht wie Freunde, aber wie gute Bekannte. Du hast mit ihnen gute Momente verbracht." Nach zwei, drei Monaten kam im *centro* ein Brief an, in dem dieser Mann schrieb, dass er in Palermo angekommen war und dass er einen Job in einem Kleidergroßhandel gefunden hatte. Und er versprach Francesco, dass er ihm mit dem ersten Gehalt, das er erhalten würde, ein Geschenk machen würde. Wieder zwei, drei Monate später kam ein Päckchen an, wieder mit einem Brief, in dem er sehr erleichtert klang. „Denn seine Zeit hier war für ihn natürlich sehr belastend gewesen. Das sind wirklich Geschenke, die von Herzen kommen." Ein anderer hatte ihm einen Hut aus Palmwedeln geflochten, die er im *centro* von einer Palme abgerissen hatte. Francesco zeigt uns den Hut nach dem Gespräch. Er bewahrt ihn griffbereit in seinem Wohnzimmer auf, denn er bedeutet ihm viel.

Francesco beschreibt den Arbeitsablauf, wenn ein Flüchtlingsboot ankam. Auf dem Wasser war das Militär zuständig, in der Regel die Küstenwache oder die Finanzpolizei. Je nach Zustand des Bootes und den Seeverhältnissen wurde das Boot entweder in den Hafen eskortiert, oder die Menschen wurden an Bord der Militärschiffe geholt und das marode Boot wurde in Schlepptau genommen. „Wichtig war vor allem, ihnen klarzumachen, dass sie sich nicht bewegen dürfen. Ich habe Boote gesehen, das war halluzinierend! So voll, wenn da die geringste Welle gekommen wäre, wäre es sofort untergegangen oder gekentert. Die kamen aus göttlicher Gnade an. Unerklärlich, wie sie es schafften, das Meer zu überqueren."

Manchmal passierte es auch, dass die Migranten von einem Satellitentelefon aus die Nummer des *centro* anriefen und durchgaben, wie viele sie seien, ob Frauen und Kinder dabei seien oder medizinische Notfälle, und das *centro* benachrichtigte dann die Küstenwache. „Kurz bevor sie im Hafen ankamen, gingen wir hinunter zum Hafen. Wir mussten da sein, falls medizinische Notfälle an Bord waren, die Ärzte mussten bereit sein, auch der Krankenwagen. Dann hatten wir einen Lieferwagen, mit dem wir den Transfer von der Ankunftsstelle zum *centro* durchführten. Das war meistens der Hafen, aber manchmal auch irgendein anderer Ort. Im *centro* wurden wir aktiv."

Francesco erzählt, dass die Qualität der Landungen sich im Laufe der Zeit verändert habe. Die meisten Ankünfte seien eigentlich keine Landungen, sondern Rettungsaktionen auf See. Von Landung würde man sprechen, wenn die Migranten selbst an der Küste ankommen, aus dem Boot steigen und an Land gehen. Hier sei es in der Regel so gewesen, dass sie ein SOS abschickten, wenn sie 50, 60 Meilen vor Lampedusa waren, und dann fuhr das Militär hinaus, um sie zu retten. Landungen mit Schleppern habe es vor allem in Apulien gegeben, wo Albaner mit Schlauchbooten übersetzten. Ein Schlepper habe die Migranten mit einem schnellen Boot bis in Küstennähe gebracht, sie dann in einem kleinen Schlauchboot ausgesetzt und sei zurückgefahren. Diese Figur des Schleppers existierte in Lampedusa nicht oder nicht mehr, als Francesco im *centro* arbeitete. Dem, der das Boot steuerte, könne man zwar vorwerfen, er sei der Schlepper, da er ja fuhr, aber in Wirklichkeit sei das nicht so gewesen: „Der Schlepper ist der, der sein Geld damit verdient, die Leute auf einem Boot nach Europa zu bringen. Hier war es anders: Er war einer von ihnen! Vielleicht der Aufgeweckteste, aber es war einer von ihnen."

Francesco erzählt, wie sich das Phänomen verändert und entwickelt habe und dass von Jahr zu Jahr mehr Menschen angekommen seien. In seiner Zeit im *centro* hat er 40.000 Menschen gesehen. So hat er sich im Laufe der Zeit seine Theorien über die Methodologie der Landungen gebildet. Im Gegensatz zu dem, was die Zeitungen schreiben, funktionierten bei weitem nicht alle Überfahrten über Bezahlung. „Die meisten aus dem schwarzen Afrika, aber auch die Bangladeshi und Pakistani haben sicherlich bezahlt. Für Nordafrika bin ich nicht sicher, ob sie alle bezahlt haben." Francesco beschreibt eine weitere Möglichkeit: „Eine Familie, die Eltern und drei Kinder. 2.500 Dollar pro Person. Das macht 10.000 Dollar. Es ist unmöglich, dass sie diesen Betrag auf die Seite legen können. Einige kontern dann: ‚Ja, aber sie verkaufen ihr Haus!' – Welches Haus denn? Sie haben sich vielmehr selbst als Gegenwert eingesetzt: ‚Du willst nach Europa? Dann mach' das und das. Dann kommst du irgendwann am Punkt X an. In dem Moment rufst du diese Person an und die sagt dir dann, was du machen musst.' Du wirst dann deren Sklave und mit deiner Arbeit bezahlst du ihnen die Überfahrt. Mit dir selbst als Einsatz."

Bei 40.000 Menschen gibt es so viele unterschiedliche Ausprägungen, dass er sich vor Verallgemeinerungen hüten will. Es hat sogar ein paar Leute gegeben, die er mehrmals im *centro* wiedergetroffen hat, weil sie aus irgendeinem Grund wieder in Afrika gelandet waren und auf dem gleichen Weg wieder nach Europa kamen. Ich frage Francesco, ob er sich vorstellen kann, dass das Leute waren, die die Boote gelenkt haben, um Geld zu verdienen, wie ich es gelesen hatte. Er glaubt das nicht, denn die Überfahrt sei ja sehr gefährlich und die, die von den Migranten das Geld für die Überfahrt bekämen, würden genug verdienen, um in Nordafrika ein gutes Leben zu führen. Ganz ausschliessen will er die Möglichkeit aber nicht, denn es könne schon sein, dass manchmal jemand gerissener sei als die anderen und vielleicht „eine kleine Sache in seine eigene Tasche" organisiert habe. Einer von denen, die er wiedergesehen hat, hatte in Italien zwei Jahre gearbeitet, dann sei er zur Hochzeit seiner Schwester nach Tunesien zurückgefahren und habe, um wieder nach Italien hineinzukommen, wohl oder übel die gleiche Route wählen müssen.

Je weiter die Reise der Migranten geht, desto teurer wird sie: „Der muss über so viele Orte transitieren, über so viele *Checkpoints* gelangen, der fährt 300 Kilometer mit dem LKW, dann bezahlt er den LKW-Fahrer. Dann kommt er an die Grenze, dann bezahlen sie den Polizisten, damit er sie nicht sieht. Im Zuge ihrer langen Reise kommen Beträge zusammen! Es ist klar, dass du zahlen musst, wenn du übersetzt, aber ich glaube nicht, dass es eine Gesellschaft gibt, die das alles kontrolliert. Ein bisschen allgemeine Korruption, dann die Hauptorganisatoren, die die Nussschalen bereitstellen." Francesco hat aber auch mit Migranten gesprochen, die zusammengelegt haben und ihre Überfahrt selbst organisiert haben. Der Journalist Stefano Liberti beschreibt in seinem Buch *A Sud di Lampedusa* über die Odyssee der Migranten, dass oft ganze Dorfgemeinschaften zusammenlegen, um ihre jungen Männer nach Europa zu schicken, weil darin die ganze Hoffnung des Dorfes liegt, und es ist eine Katastrophe für die Gemeinschaft, wenn die Männer auf der Reise umkommen. So werden in subsaharischen Ländern ganze Dörfer ausgelöscht, weil die damit einhergehende Verschärfung der Armut eine neuerliche Migration erzwingt.

Francesco hat auch Landungen von lediglich sieben, acht oder 22 Leuten gesehen, da sei klar gewesen, dass es keine typischen Landungen seien. Vielleicht seien das auch welche gewesen, „die schlauer waren und durchsetzten, dass das Boot nicht überfüllt wurde, oder die das Meer kannten." Denn viele der Migranten haben Francesco erzählt, dass sie vor ihrer Einschiffung in Libyen noch nie das Meer gesehen hatten, weil sie aus dem Binnenland kamen und nie die Möglichkeit gehabt hatten zu reisen. Manche litten im *centro* noch tagelang unter Seekrankheit. Sie torkelten so, als wären sie noch auf dem Boot, weil ihr Gleichgewichtsorgan gestört war.

Nach dem Aufenthalt im *Centro d'accoglienza* in Lampedusa wurden die Migranten nach Sizilien oder Kalabrien in ein *Centro di permanenza effettiva* – heute Identifikations- und Abschiebezentrum – verlegt. Wenn ihrem Asylantrag nicht stattgegeben wurde – und das war meistens der Fall –, wurde ihnen ein Ausweisungsbescheid ausgehändigt. Sie hatten dann zwei Wochen Zeit, in Italien Arbeit zu finden oder das Land zu verlassen. „Das Rechtssystem hat damit nichts anderes gemacht als Unsichtbare zu schaffen. Leute, die keine Ausweise haben, eine Gesellschaft in der Gesellschaft, eine Gesellschaft der Phantasmen. Weil es natürlich undenkbar ist, dass ich nach dieser Reise, nachdem ich riskiert habe zu sterben, weggehe, wenn ich innerhalb von zwei Wochen keine Arbeit habe."

Ich frage Francesco, wie es für ihn war, diese Arbeit zu machen und die oft tragischen Geschichten der Migranten zu hören: „Am Anfang gab es immer wieder traumatische Momente. An einem bestimmten Punkt jedoch siehst du auch die Normalität der Situation. Ich wäre ein Heuchler und ein Lügner, wenn ich dir sagen würde, ich habe gelitten. Denn wenn du heilig sein wolltest, dann müsstest du jeden Tag acht Stunden lang dort weinen. 20.000 Tote? Es wird alltäglich." Am Anfang habe er immer ein komisches Gefühl gehabt, wenn sie mit den Särgen in die Zimmer gingen. Später seien es nur mehr hölzerne Gegenstände mit einer komischen Form gewesen, „in die etwas hineingelegt wird. Ich glaube, dass es auch eine lebensrettende Haltung ist, die der Körper einnimmt. Du vergisst bestimmte Momente."

Auch für die Bevölkerung Lampedusas sei das Phänomen normal gewesen: „Es war nur eine weitere Kaserne." Das Ganze habe ja auch keinen richtigen Anfang gehabt. Es sei einfach der Alltag gewesen. Zugleich sei das Phänomen schon immer versteckt worden. Nicht einmal das *Giornale della Sicilia* oder die Lokalausgabe für die Provinz Agrigento habe sich dafür interessiert. Dann habe es irgendwann angefangen mit dem Hass, weil die Medien einen Alarmismus schufen. „Davor war das Phänomen nicht ans Licht gekommen. Sie kamen an, wurden aufgenommen, zum *centro* gebracht und fertig! Du warst in Rom, Neapel, Florenz, egal in welcher italienischen Stadt, an den Ampeln dort konntest du mehr Illegale sehen als hier in Lampedusa!"

In Wirklichkeit sei die Bevölkerung in Lampedusa nie rassistisch gewesen, es habe nie Forderungen in diese Richtung gegeben. „Natürlich gibt es immer ein paar Idioten, die dumme Gespräche führen: ‚Wenn es nach mir ginge, würde das alles verschwinden.' Aber konkret ist hier nie etwas passiert. Die Medien haben immer gesagt: ‚Lampedusa überschwemmt.' Überschwemmt! So als würden hier Horden von Menschen herumirren und die Leute bedrohen."

Dabei sei das *centro* auch damals schon chronisch überbelegt gewesen. Im Sommer 2004 hatten sie bei einer Kapazität von maximal 190 Betten 1.400 Menschen zu versorgen. „Du hattest keine Zeit, ihnen irgendetwas zu geben. Wir waren einfach nicht organisiert, eine solche Anzahl zu versorgen. Und es ist klar, dass die acht Toiletten die wir hatten … das ist eine Sauerei, eine Kloake. Das liegt nicht an denen! Weil auch wir aus dem Westen, wenn du 1.000 von uns während drei, vier Tagen mit acht Toiletten … keine Chance! Wir hatten in der Kantine 100 Sitzplätze. Wie sollst du eine Übernachtung organisieren, eine Mahlzeit? Unmöglich! Klar, du lässt sie in einer Schlange anstehen und jeder isst dann irgendwo. Aber auch sie selbst, wie sollen sie sich verhalten?"

Weil Francesco nicht akzeptieren konnte, „wie mit dem Problem umgegangen wurde, als es wirklich schlimm geworden war, wie sie die Menschen behandelten," begehrte er gegen die Zustände auf. Er spürte zunehmend Widerstand und Ablehnung von seinen Vorgesetzten und kündigte im Jahr 2005. Einige Zeit später hat Francesco über seine Erfahrungen im *centro* einen autobiographischen Roman mit dem Titel *L'odore del dolore* – Der Geruch des Schmerzes – geschrieben. „Ich habe dann also mit dem Buch einen Weg gefunden, mit Dingen umzugehen, die ich nicht richtig fand. Und es gibt zu diesem Thema so viele Erzählungen und Schauermärchen. Dann dachte ich mir, ich schreibe meine Erfahrungen nieder: die Leute, die ich getroffen habe, meine Laufbahn, wie ich mich verändert habe. Es gab Situationen, in denen ich mich wirklich unnütz fühlte. So sehr, dass die Figur meines Buches *Zero* – Null – heißt. Weil er sich *Zero* fühlte, weil es ihm unmöglich war, das zu tun, was real nützlich gewesen wäre in Bezug auf Hilfe." Francesco beschreibt in dem Buch die Routine, aber auch die Missstände in der Betreuung, die Gespräche mit den Gästen, den Lebensmut, aber auch die Verzweiflung vieler Migranten. „Und ich habe auch Dinge erzählt, die mir nicht gefallen haben im Umgang mit den Migranten. Für mich waren es immer Menschen! Gar nicht mal emotional gemeint. Aber es sind Menschen und in diesem Sinn müssen sie auch behandelt und respektiert werden."

Er schildert in dem Buch außerdem, wie – einem Gefängnis gleich – versucht wurde, alle spitzen und schneidenden Gegenstände aus der Reichweite der Migranten zu entfernen, und wie trotzdem einem Migranten ein Selbstmordversuch gelang, indem er den Schließmechanismus einer Tür verschluckte, um seine Verlegung nach Palermo zu erzwingen. Francesco beschreibt, wie er gemeinsam mit einem Kollegen zuerst Verdachtsmomente und schließlich Beweise für einen sexuellen Übergriff des damaligen Leiters des *centro* auf eine Migrantin fand. Weil sie es für aussichtslos hielten, dass man ihrer Darstellung Glauben schenkte und weil er am Ekel zu ersticken drohte – in großer Dichte beschreibt er, wie er nach dem Übergriff in den Augen des schweigenden Opfers die erlittene Vergewaltigung sah und wie es ihm nicht gelang, Worte für die Frau zu finden –, entschied er sich nach diesem Ereignis für die Kündigung.

Nach dem Interview fährt Francesco uns zurück ins Dorf. Seine Lässigkeit irritiert mich nach diesem Gespräch umso stärker. Wir treffen ihn in den folgenden Wochen noch mehrmals mit den anderen, die sich für das Museum engagieren, sie alle kleiden sich bewusst alternativ. Francesco fällt immer ein wenig aus der Reihe mit seiner Markenkleidung, die dem Mainstream junger Männer entspricht, Gelfrisur und Sonnenbrille. Vielleicht muss er nichts zur Schau stellen. Engagement heißt bei ihm konkretes Engagement *für* die Flüchtlinge, als Aktion, nicht als Protesthaltung gegen die politischen Kräfte.

Länge mal Breite

Wir fahren mit dem Acht-Uhr-Bus zum Inselende. Die ganze Runde dauert immerhin fast eine Stunde. Der Fahrer kann zuerst nicht verstehen, dass wir am höchsten Punkt der Insel, von wo aus man eine herrliche Aussicht bis nach Lampione, bei guten Wetterverhältnissen sogar bis nach Linosa hat, nicht aussteigen wollen, sondern mit ihm seine Runde weiterfahren. Zurück im Dorfzentrum sagt er, der zweite Teil der Tour zahle sich nicht aus, es gebe dort nichts zu sehen, kein Meer, aber wir bestehen darauf. Er will für die weitere Fahrt kein Geld: „Ihr leistet mir Gesellschaft, deswegen lade ich euch ein." In der Pause liest er die Zeitung. Über eine halbe Seite wird über die Flüchtlinge berichtet, die vorgestern hier angekommen sind – jetzt, wo die Landungen selten geworden sind, lohnt es sich für die Zeitungen wieder, darüber zu berichten. Es waren 23 Menschen an Bord, zwei sind verschollen, drei schwer verletzt im Krankenhaus, die anderen wurden gleich nach der Ankunft mit der Fähre nach Porto Empedocle und weiter nach Crotone in Kalabrien gebracht.

Nach zehn Minuten fahren wir weiter, ohne dass weitere Fahrgäste zugestiegen wären. Nachdem unser Fahrer zuerst geschwiegen hatte und nur hin und wieder einen verstohlenen Blick durch den Rückspiegel auf uns geworfen hatte, beginnt er im zweiten Teil der Fahrt immer mehr zu erzählen. Sein Job ist langweilig und die Abwechslung ist ihm willkommen. Die rumpelnde Fahrt auf der von Schlaglöchern übersäten Straße ist unsäglich. Der Fahrer erklärt uns, dass er normalerweise hier wenden würde, aber extra für uns fährt er heute die offizielle Strecke bis zum Leuchtturm, weil wir von dort wieder das Meer sehen können. „Mehrmals täglich diese Route, dann wäre der Bus in ein paar Wochen hin."

Als er beim Leuchtturm gewendet hat und wir wieder zurück ins Dorf holpern, sagt er, das Einzige, was hier schön sei, sei das Meer. „Ansonsten: nur Probleme. Ich will gar nicht mal darüber reden!" Er findet, dass Lampedusa in der öffentlichen Meinung immer negativ wahrgenommen worden sei und dass, seitdem keine Flüchtlinge mehr ankommen, überhaupt niemand mehr von ihnen spreche: „Jetzt geraten wir völlig in Vergessenheit. Der Staat pfeift auf uns."

Einmal hält er mitten auf der Fahrbahn an, um einen Plausch mit einem Freund zu halten, der uns von hinten mit seinem Moped eingeholt hat.

Wir steigen bei der *Bar dell' amicizia* aus. In den folgenden Tagen winkt der Fahrer uns jedes Mal, wenn er mit seinem Bus an uns vorbeifährt.

„Sie vertreiben die Touristen"

Der 48-jährige Silvio ist der Besitzer eines großen Hotels, eines der ersten Hotels auf der Insel, das seine Eltern in den 1960er Jahren gebaut haben. Im Hauptberuf ist er Feuerwehrmann am Flughafen. Er lädt uns auf die Dachterrasse des Hotels ein, denn von dort habe man eine wunderschöne Aussicht.

Wir treffen uns vor dem Hotel. Silvio trägt seine Feuerwehruniform. Er ist offensichtlich im Dienst, und er ist nicht allein gekommen: In dem alten Panda unten sitzt sein Freund, ebenfalls in Uniform, und wartet stoisch die ganze Zeit. Silvio steigt gleich mit uns auf die Sonnenterrasse auf dem Dach. Das Hotel selbst wirkt eingemottet und ist noch bis Mai geschlossen. Er weiß, dass die Terrasse sein ganzes Kapital ist. Die Aussicht ist tatsächlich atemberaubend! Wir sehen von hier unerwartet über die ganze Insel.

Silvio erzählt, dass die 2009er Saison gut war, besser als erwartet, denn die Negativreklame durch die „Illegalen" habe Schlimmes erwarten lassen, aber zum Glück seien die Bootslandungen ja jetzt gestoppt worden. Sein Hotel sei früher, als es noch wenig Angebote gab, immer gut gebucht gewesen. Heute gebe es zu viel Konkurrenz. Tatsächlich macht er sie sich mit seinen drei Brüdern und all ihren Ferienhäusern sogar selbst.

Auf meine Frage, ob die Hoteliers denn zusammenarbeiten, sagt er: „Wenn wir könnten, würden wir uns gegenseitig umbringen, aber das ist natürlich schlecht." Er zeigt auf die Dachterrasse des Nachbarhotels: „Die machen z.B. im Sommer immer eine Pianobar auf dem Dach, das ist eine gute Idee, und eigentlich bringt sie allen was."

Silvio beklagt die fehlende Solidarität, ist aber in der gleichen Passivität gefangen wie so viele hier. Dabei könnte gerade er als Hotelier mit seinem Kapital auf dieser kleinen Insel mehr unternehmen, als nur seine Familie gut zu ernähren.

Seine Sicht auf die Migranten ist die des Hoteliers, des Tourismusunternehmers. Für ihn wäre es besser, wenn die „Illegalen" nicht existieren würden. „Sie vertreiben die Touristen." – was sich in all den Jahren in den Statistiken niemals nachweisen ließ.[32] Ich antworte: „Letztes Jahr habe ich gesehen, dass in deinem Hotel zahlreiche Polizisten wohnten." Er weicht aus: „Die viele Polizei überall, das ist genauso schlecht. Niemand möchte auf einer übermilitarisierten Insel Urlaub machen und dann sogar im Hotel auf Polizisten treffen." Dass die Unterbringung der Polizisten ihm und den anderen Hoteliers mitten im Winter gute Einkünfte seitens des Staates beschert hat, verschweigt er. Auch ein anderer Hotelbesitzer antwortet auf meine Frage, wie es ihm jetzt gehe, wo sein Hotel den ganzen Winter über leer stehe, im Gegensatz zu letztem Jahr, wo es doch gut besucht gewesen sei: „Ja, aber die Militärs haben den Touristen die Betten weggenommen. Trotzdem war es eine gute Saison, wir haben gut gearbeitet."

Es ist bemerkenswert, dass ausgerechnet jene, die ökonomisch doppelt profitieren, den Diskurs der störenden Migranten so offen vor sich hertragen. Wohl auch, um im Dorfgefüge zu signalisieren, auf wessen Seite sie stehen.[33] Denn die Mannschaftswagen der Polizei vor ihren Häusern sprechen eine andere Sprache. Diesen Spagat, den die Privilegierten und relativ Privilegierten in der kleinen Gesellschaft Lampedusas machen müssen, beschreibt Heidrun Friese in ihrer historischen Anthropologie der Insel in anderer Form schon für das 19. Jahrhundert, als die privilegierten Amtsträger sich über das Vom-Staat-Alleingelassensein beschwerten, während sie gleichzeitig die Hauptnutznießer des persistenten feudalen Systems waren.

Das Abkommen mit Gaddafi begrüßt Silvio wie viele auf der Insel uneingeschränkt. Meinen Hinweis, dass Gaddafi die Menschen in die

---

32 Siehe „Hey, wo kann man die Illegalen fotografieren?"
33 Siehe auch „Die Ökonomie in Lampedusa".

Wüste abschiebt, wischt er vom Tisch: „Die Politik ist immer schmutzig. Aber wir müssen auch an uns denken." Er räumt aber ein, dass jetzt 100 Familien arbeitslos seien[34] und dass es verständlich sei, dass diese Familien sich das *centro* zurückwünschten.

Silvio spricht hier am Rande ein Thema an, das die wenigsten *lampedusani* explizit formulieren: das Phänomen der Migration als Wirtschaftsfaktor für die Insel, an dem zahlreiche Arbeitsplätze hängen, so wie im 19. und im frühen 20. Jahrhundert die Verwaltung der Verbannten Arbeit schuf. Alle in Lampedusa scheinen zu dieser wirtschaftlichen Seite des Migrationsphänomens ein gespaltenes Verhältnis zu haben. Vielleicht, weil es moralisch als zweischneidig gesehen wird, aus dem Elend der anderen ökonomischen Profit zu schlagen, wo doch das Aufnehmen von Schiffbrüchigen eigentlich eine – in Lampedusa seit den Pionierzeiten immer präsente und am eigenen Leib erfahrene – Selbstverständlichkeit ist.

Als ich im Februar 2011 im Flughafen in der winzigen Halle auf mein Gepäck warte, erkennt mich Silvio in seiner Feuerwehruniform sofort unter den vielen Leuten. Ich frage, wie es ihm geht. „Eine Katastrophe! Jetzt werden wir überschwemmt!" Er zeigt immer noch keine Spur des Verständnisses. Ich frage ihn, ob er *carabinieri* beherbergt. „Nein!", sagt er energisch, „im Moment nicht." Und fügt kleinlaut hinzu: „Nur ein paar Polizisten."

„Wir haben ihnen zu trinken gegeben"

Im Supermarkt sehe ich eine ältere Frau und einen Mann mittleren Alters, die miteinander britisches Englisch sprechen, aber die Mitarbeiter kennen sie offenbar gut und der Mann spricht gut Italienisch. Ich spreche die beiden an. Sie freuen sich, dass sie jemand auf Englisch anspricht. Sie sind Schwiegermutter und Schwiegersohn. Die beiden scheinen ein sehr enges Verhältnis zu haben. Er spricht sie mit *Mum*

---

34 Dass er das Problem der Arbeitslosigkeit auf die Familien bezieht und nicht auf die arbeitslosen Individuen, ist ein Hinweis dafür, dass auch Silvio in der Clanlogik denkt.

an, und sie lobt ihn ständig. Pacos Englisch hat einen starken Latino-Einschlag, aber als er *„bloody hell"* sagt, sagt sie stolz: *„You see: a true Londoner!"*

Paco kommt ursprünglich von den Galapagos-Inseln und ist ausgebildeter Koch. Er hatte seine Frau in London kennen gelernt, wo die beiden lange Zeit gearbeitet haben. Um 2000 sind die beiden nach Verona gezogen, wo er einen guten Job gefunden hatte. 2002 haben sie in Lampedusa Urlaub gemacht. Er erzählt, dass sie sich sofort in die Insel verliebt hätten. Seine Schwiegermutter besuchte die Insel später auch. Sie entschieden sich gemeinsam, ihre kleinen Wohnungen in Verona bzw. London zu verkaufen und hierherzuziehen. Die Restaurants in Lampedusa reißen sich um ihn, denn ausgebildete Köche sind hier selten.

Lampedusa gefällt ihnen sehr gut, alles sei so schön hier und die Leute so nett. Man könne alles aufgesperrt lassen, die Marktware auf dem Marktplatz würde über Nacht einfach abgedeckt, aber es würde nichts gestohlen. Sie seien aber immer noch als Londoner erkennbar, weil sie sich im Auto anschnallten, lachen sie.

Sie erzählen, dass sie eines Tages während einer Bootsfahrt um die Insel ein Flüchtlingsboot entdeckt haben. „Die Menschen waren halb tot, das Boot konnte jeden Moment kentern, sie hingen schon aus dem Boot heraus. Wir haben ihnen zu trinken gegeben und Hilfe gerufen, wir hatten ja sonst nichts dabei." Die Frau erzählt, dass dieses Erlebnis ihr Denken verändert habe: Sie sei immer deprimiert gewesen, weil sie hier nach wie vor zur Miete wohnte und in London eine Garage mieten musste für ihre Möbel, aber sie habe doch ein Dach über dem Kopf. Das sei ihr in dieser Situation bewusst geworden. „Das Elend dieser Menschen – ich verstehe jetzt, welche Verzweiflung in ihnen sein muss, so aufzubrechen und ihr Leben zu riskieren." Während sie die Geschichte erzählen, hat die Frau Tränen in den Augen.

Sie beschreiben auch den Tag der großen Demonstration 2009. Der Flüchtlingszug kam direkt an ihrem Haus vorbei, viele haben sie um Essen gebeten. Sie gaben ihnen scheibchenweise ihren *panettone*[35].

---

35 Ein traditioneller Weihnachtskuchen aus Mailand.

Der Tag ist auch ihnen als großer Tag für die Humanität in Erinnerung, und sie rechnen den *lampedusani* ihr besonnenes Verhalten hoch an.

Wir vereinbaren, uns in den nächsten Wochen einmal zu treffen. Sie holen uns mit dem Auto ab. Alle sind angeschnallt, das ist hier tatsächlich befremdlich. Auf der Terrasse der *Bar dell' amicizia* erzählen sie uns, dass sie beim Hauskauf in Lampedusa vom Immobilienmakler betrogen wurden und durch eine verschwiegene Hypothek ihr ganzes Geld verloren. Aber nicht alle seien so.

Als ich im Februar 2011 am ersten Tag nach meiner Ankunft zu Domenico in die Bar gehe, stürmt Paco herein und umarmt mich herzlich. Er hatte mich hineingehen sehen und sofort gewendet, um mich zu begrüßen. Er arbeitet jetzt in einem anderen Restaurant, auch seiner Familie gehe es immer noch gut hier.

„Ich und das Meer, wir sind untrennbar verbunden"

Abends treffe ich mich kurz mit Ursula auf der *via Roma*, wir unterhalten uns auf einer Bank. Zwei ältere Männer stellen sich zu uns, der eine sagt die ganze Zeit kein Wort. Der andere erzählt, dass er als Seemann in der ganzen Welt herumgekommen ist. Er redet über die Vorzüge der Insel und dann über die „Illegalen", dass das Problem jetzt endlich gelöst sei, zum Glück! Und dass sie letztes Jahr dagegen demonstriert hätten, dass die „Illegalen" frei herumlaufen dürften und dann in die Häuser einbrächen. Sie seien hier nur 5.500 und die „Illegalen" 40.000 (dass das über ein ganzes Jahr gerechnet ist, sagt er nicht). Das könnten die *lampedusani* nicht schaffen, und außerdem habe man sich bis letztes Jahr Sorgen um die Frauen machen müssen.

Ich sage ihm – zu meinem eigenen Erstaunen ganz ruhig – das sei rassistisch. Er wiegelt kurz und halbherzig ab, nimmt dann einen zweiten Anlauf: „Wir Sizilianer sind ein Volk, das ist so gestrickt: Wir sagen: jedem sein Land. Jeder soll dort bleiben, wo er ist." – „Da könnt ihr Sizilianer aber froh sein, dass die anderen Völker der Welt nicht so denken, denn sie haben euch zu Hunderttausenden aufgenommen, als ihr auf ihre Arbeitsmärkte gedrängt seid. Du, entschuldige, wir müssen jetzt aber weiter." Ich wende mich ab und bleibe sitzen. Die beiden trollen sich. Auch er gehört ins Porträt Lampedusas, und die Angst, als Einheimische verdrängt oder vergessen zu werden, ist auch eine der wichtigen Erzählungen in Lampedusa.

Ich bin noch in Brunos *Take away* mit seiner Frau Adrianna verabredet. Sie ist schon da, ihre beiden Söhne zeichnen, sie zeigen mir die Bilder.

Bruno steht jeden Tag von 16 bis 24 Uhr hinter der Theke. Es ist heiß und der fettige Dunst von gebratenen Hähnchen hängt schwer in der Luft. Es ist ein harter Job, der verstehen lässt, wieso Bruno letztes Jahr von Auswanderung träumte – sie haben die Pläne inzwischen beiseitegelegt. Vielleicht, weil sie beide einen Weg gefunden haben, in Lampedusa besser zu leben: Bruno über sein Engagement für das Museum, Adrianna über den Besuch eines Shiatsu-Massage-Kurses in der Toskana. Wenn man Lampedusa oft genug für eine Weile verlassen würde, sei es einfacher, hier zu leben, sagt Adrianna. Sie erzählt lachend, dass die anderen Kursteilnehmer ganz erstaunt waren, dass eine *lampedusana* einen so weiten Weg auf sich nahm. Aber für sie ist das gar nichts, „halt ein Flieger mehr, als wenn ich nach Palermo fliege." Ich spiele mit Luca, er ist fünf, inzwischen kennt er mich schon recht gut und bekommt immer mehr Mut, auf mich zuzugehen. Immer wieder verstehe ich Dinge nicht, die er sagt, dann wiederholt er sie langsam Silbe für Silbe. Da es aber die Vokabeln sind, die ich nicht verstehe, sagt Adrianna ihm: „Gilles spricht eine andere Sprache als wir, deshalb kann er nicht alle Wörter auf Italienisch. Du musst ihm erklären, was du meinst." Er versteht sofort und beschreibt mir das Tier, von dem er mir erzählen wollte: „Das ist ein Insekt. Es krabbelt, es ist sehr klein und es kann große Lasten tragen." Die Kinder erzählen mir, dass sie an Ostern ein großes Schokoladenei geschenkt bekommen, mit einer Überraschung drin. Ich erzähle vom Osterhasen und den bunten Eiern, die die Kinder suchen müssen. Später am Abend fragt Luca unvermittelt: „Bei euch, geht ihr da im Sommer auch baden?" – „Ja, aber wir haben kein Meer." – „Kein Meer?" Er ist ungläubig, ich erkläre ihm, dass wir Seen haben, große Wasserflächen im Landesinneren.

Er findet das komisch, aber Hauptsache, wir gehen auch baden. Und: „Esst ihr bei euch auch Eis?"

Brunos Cousin Francesco, mit dem wir ein Interview über seine Arbeit im *centro* geführt hatten, kommt an: Die Buben stürzen sich begeistert auf ihren Onkel und raufen wild mit ihm. Langsam wird die Bar zum Privatraum. Bruno beginnt hinter der Theke mit den Aufräumarbeiten, die Familie und die Freunde werden zahlreicher, auch Martina und der alternative Giovanni sind dabei. Mit ihren Tattoos und den vielen Piercings fallen die beiden in Lampedusa besonders auf. Sie alle engagieren sich politisch und kulturell mit Bruno.

Als Brunos Kollege Leonardo, den wir schon kennen gelernt haben, aus der Küche kommt und sich dazusetzt, sage ich: „Ich habe gehört, dass du Seemann bist." – „Ich und das Meer, das ist eine eigene Geschichte, wir sind untrennbar verbunden. Ich muss immer rausfahren, ich brauche das."

Leonardo ist eigentlich Fischer, arbeitet aber seit ein paar Jahren in diesem *Take Away*-Restaurant, weil es in der Fischerei nicht mehr viele Jobs gibt und kaum mehr Geld zu verdienen ist, seit das Meer überfischt ist. Er war davor auch ein paar Jahre Fischer in Rimini (wie so viele *lampedusani*) und Ancona, „aber die Adria, das ist zu geschlossen, das ist kein Meer. Wenn die Bora weht, dann geht es so gerade, aber niemals ist die Adria so wie die offene See hier bei uns." Leonardo brennt sofort, als er mein Interesse für die Fischerei sieht, nimmt ein Blatt Papier, zeichnet mit kurzen sicheren Strichen eine Karte Lampedusas, der Küste Nordafrikas und des Schelflandes vor Afrika. Er zeichnet die Untiefen vor Lampedusa ein – „Das ist, weil wir hier schon auf der afrikanischen Platte liegen" – und erklärt mir, wie sich hier auf hoher See eine einzigartige Unterwasserflora und -fauna entwickeln konnte.

„Die erwachsenen Schwärme migrierten bis in die 1980er Jahre nach Norden, in die Gewässer Lampedusas und Maltas, und hier lebte man als Fischer gut in jener Zeit. Ein Fischer konnte sich in Lampedusa immer ein schönes Haus bauen." Wenn er als Kind schnorcheln ging, sagt er, wusste man nicht, ob im Wasser überhaupt noch Platz für einen sei. Die Fischschwärme seien riesig gewesen.

Seit den 1980er Jahren wurde den großen Trawlern, die für die Ozeanfischerei gebaut waren, erlaubt, auch im Mittelmeer zu fischen. Sie kreuzten 20 Jahre lang zwischen Lampedusa und Nordafrika, fischten nicht nur die ganzen Bestände ab, sondern zerfurchten und zerstörten auch nachhaltig den Meeresgrund und die für die Fauna überlebensnotwendige Vegetation. Seither gehe es mit der Fischerei stetig bergab, denn die kleine Flotte Lampedusas könne auch von den technischen Möglichkeiten her nicht mit den großen Schiffen konkurrieren. Allerdings, sagt er, sei es auch früher nicht ungetrübt gewesen, denn der Fischmarkt im sizilianischen Porto Empedocle (von dem Lampedusa abhängt) sei seit jeher fest in der Hand der Mafia.

Ich denke an die LKWs, die oft tagelang mit eingefrorenem Fisch auf die Fähre warten, um den Fang aus Lampedusa nach Sizilien zu bringen. Vom Regen in die Traufe.

Die Ökonomie in Lampedusa

Lampedusa ist eine Welt des Mangels. Es fehlt sichtbar an allem: an Straßen, Schulen, Institutionen, Freizeitmöglichkeiten, Süßwasser, medizinischer Versorgung. Das Meer ist überfischt und die Fischereierträge entsprechend gering, der Boden unfruchtbar, vor allem aber gibt es wenig Arbeit und damit wenig Geld.

Trotzdem lässt es sich auf Lampedusa gut leben, es scheint niemand Hunger zu leiden, und alle haben ein Dach über dem Kopf.

Dass dies so ist, liegt an der besonderen Ökonomie der Insel. Die ökonomischen Strukturen lassen sich über die Zirkulation von Geld nicht ausreichend erklären. Natürlich gibt es Deviseneinnahmen, Geschäfte und ein paar Unternehmen. Der Tourismus stellt in dieser Hinsicht die wichtigste Einnahmequelle dar. Fast ausschließlich über den Tourismus kommt neues Geld und damit neue Kaufkraft auf die Insel, und fast alle bestreiten zumindest einen Teil ihres Einkommens direkt oder indirekt über den Tourismus.

Die meisten übrigen ökonomischen Tauschbeziehungen basieren nur eingeschränkt auf Geld. Es fließt wenig Geld, da wenig Geld vorhanden ist.[36] Vielmehr besteht eine komplizierte Verflechtung des Gebens und Nehmens, die einerseits dafür sorgt, dass jede und jeder einen angemessenen Gegenwert für das bekommt, was er oder sie gibt, andererseits aber vor allem die Beziehungen zwischen den einzelnen Mitgliedern der Gemeinschaft steuert und reproduziert. In diesem Sinne findet man heute auf dieser italienischen Insel ein System, von dem man versucht wäre, es mit den von Ethnologen des frühen 20. Jahrhunderts beschriebenen Gegebenheiten in Gesellschaften gleichzusetzen, die wenig Kontakt zum Westen hatten. Solch eine romantisierende Sichtweise greift freilich nicht, denn hermetische Systeme gab es hier wie dort zu keinem Zeitpunkt.

Dennoch: Tommaso etwa, der Taxiunternehmer mit dem Minibus, der bei jeder Schiffs- oder Flugzeugankunft – oft vergeblich – auf Kunden hofft, stellt seine Dienste und seinen Transporter immer wieder zur Verfügung. Ständig sieht man ihn mit seinem Bus irgendwelche Waren oder Menschen hin und her fahren. Er bekommt dafür nicht immer Geld. Aber vielleicht einmal ein paar Kilo fangfrische Makrelen, von denen er wiederum den Teil, den er nicht selbst mit seiner Familie essen kann, weitergibt. Es entstehen und reproduzieren sich weitere Abhängigkeiten, die vom Empfänger erwidert werden müssen.

Die *lampedusani* merken sich ihre Schuldigkeiten genau, denn immer wieder werden wir Zeugen einer solchen Schuldbegleichung, die meistens wie beiläufig erfolgt. Alle sind involviert, und die Abwesenheit des Geldes, bzw. die Maskierung des Geldwertes der getauschten Waren oder Dienstleistungen lässt den Tausch wie einen Freundschaftsdienst erscheinen. Zugleich werden Freundschaften und Verlässlichkeiten fixiert und das Prinzip des Gebens und Nehmens vermittelt ein Gefühl der Zugehörigkeit aller in diesem Mikrokosmos.

Aus diesem Grund irritieren mich immer Aldos große Geldscheine, die er nicht ostentativ zur Schau stellt, die aber doch sichtbar werden. Er präsentiert sich damit als erfolgreicher Unternehmer, der über die

---

36 Auffällig wird das auch daran, dass tatsächlich fast alle mit kleinen, abgegriffenen Geldscheinen bezahlen. Nur selten sieht man 50-Euro-Scheine oder noch höhere Werte. Dies ist nicht nur ein sichtbares Zeichen der Armut, sondern auch ein Hinweis darauf, dass das Geld tatsächlich in einem relativ geschlossenen System zu zirkulieren scheint.

Vermietung von Ferienwohnungen über bares Geld verfügt, das er in das System einspeisen kann. In diesem Sinne ist sein Handeln wohl weniger als Distinktionsbemühen zu verstehen, denn als Zeichen, seinen Beitrag zum Funktionieren der lokalen Ökonomie zu leisten, der ihm wiederum symbolisches Kapital bringt. Denn die Logik des Tausches verwischt zwar den Gegenwert des Tauschobjektes, nicht aber die Position der Beteiligten im sozialen Raum von Anerkennung und Abgrenzung.

Dass auch Aldo dieser sozialen Ordnung stärker verpflichtet ist als einer eventuell zu unterstellenden Liebe zum Geld, unterstreicht die Tatsache, dass er das Geld, das er einmal kurzzeitig von mir leihen musste, weil die Geldautomaten mal wieder kaputt waren, sofort zurückzahlen wollte. Die finanzielle Ungleichheit war für ihn nicht erträglich, und er drehte den Spieß um, indem er mit seiner Kreditkarte meine Supermarkteinkäufe bezahlte, wodurch ich wiederum ihm einen geringen Geldbetrag schuldete. Zugleich signalisierte seine Handlung mir unterschwellig, dass ich nunmehr konform zu den Regeln der lokalen Ökonomie reagieren musste.

Die Nivellierung der sozialen Ungleichheit, die dieses System mit sich bringt, ist für die symbolische Ökonomie der kleinen Gemeinschaft lebensnotwendig. Die Insel wäre ansonsten vermutlich zu klein, die Unterschiede zwischen relativ wohlhabenden Hoteliers und arbeitslosen Fischern auszuhalten. So stellen alle ihre jeweiligen Ressourcen und Kapitalien zur Verfügung, und das Geld als soziales Machtinstrument wird zumindest zum Teil in den Hintergrund gedrängt. Dabei darf bei aller Anerkennung für den sozialen Zusammenhalt, den diese spezifische Ökonomie hervorbringt, nicht in Vergessenheit geraten, dass die ökonomischen Unterschiede auf der Insel zum Teil erheblich sind.[37]

Der Arbeit als solcher kommt dadurch weniger Bedeutung zu. Man arbeitet nicht, um reich zu werden, sondern immer nur gerade so viel wie nötig, denn durch den Mangel an Beschäftigung müssen die Tä-

---

37 Seit der Frühphase der Besiedlung haben sich ein paar Clans herausgebildet, die durch kluge Spekulation, strategisches Heiraten, Klientelismus und die Besetzung der zentralen politischen Ämter und wirtschaftlichen Positionen zu einer bemerkenswerten Macht gelangen konnten, die sie bis heute erfolgreich zu verteidigen wissen.

tigkeiten in der Zeit gestreckt werden. Außerdem gibt es keinen Anreiz, immer höher zu streben. Es reicht, wenn das System am Laufen bleibt. Vor diesem Hintergrund wird auch verstehbar, wieso es vielerorts Brachflächen gibt, auf denen Müll und Schutt liegt, und wieso die Hotels und die Häuser immer nur gerade so viel saniert werden, dass sie bis zum nächsten Jahr noch stehen. Wir sind weit entfernt von der Sozialromantik des *laissez-faire* des Südens.

Am Mangel und der fehlenden Infrastruktur haben alle zu leiden: Das Ausbleiben des Versorgungsschiffes betrifft alle in gleichem Maße, vor allem aber hängt in letzter Konsequenz das Leben eines jeden davon ab, ob der Rettungshubschrauber im Krankheitsfall rechtzeitig in Palermo ist.

Bezahlen für Geld

Als ich im März 2010 in Lampedusa lande, sehe ich gleich Tommaso mit seinem wettergegerbten Gesicht, wie er in die Gepäckausgabe schielt. Aldo holt mich ab, sodass ich wieder nicht mit Tommaso fahren kann. Aber wir sprechen kurz miteinander, er fragt nach Diana und Ursula. Ich sage ihm, dass sie später anreisen werden.

Zehn Tage später hole ich Diana zu Fuß vom Flughafen ab. Kurz bevor ich ankomme, gabelt Tommaso mich auf. Ich steige ein. Sein Auto ist unordentlich, der Motor ist sehr laut. Tommaso seufzt: „Wir sind am Leben, wir sind gesund, das ist das Wichtigste, aber wir verdienen kein Geld." Im Flughafen angekommen reden wir über dies und jenes, er druckst herum, fragt dann, ob er uns nicht nach Hause fahren könne. Ich sage ja, er ist sichtlich erleichtert.

Tommaso spricht noch einige Leute an, ob sie ein Taxi bräuchten. Er verhält sich dabei genau wie die bettelnden Obdachlosen. Mit gesenktem Kopf nähert er sich und stellt leise und verschämt seine Frage, und wenn die Leute ablehnen (alle tun es), zieht er sich genauso verschämt und diskret zurück.

Jetzt, wo er mit uns Kunden gefunden hat, hat er alle Zeit der Welt. Er fragt, ob wir schon sein Haus kennen würden. Er fährt mit uns hin und zeigt uns die großen Olivenbäume, die er vor Jahren gepflanzt hat. Das Haus ist groß und schön, mit einem lachsfarbenen Fassadenanstrich. Unten wohnt er mit seiner Frau, oben zieht in eine Wohnung bald wieder ihr Sohn ein, der Berufssoldat ist. Tommaso ist stolz, dass er einen richtigen Beruf hat.

Die zweite Wohnung vermietet er an Touristen. Ob es schon Reservierungen für den Sommer gebe. „Nein, nur Anrufe, ein paar Auskünfte, sonst nichts", sagt er niedergeschlagen.

Tommaso beschreibt noch die Vorzüge seiner Ferienwohnung, aber er ist nicht fordernd dabei. Dass es besser sei, nah am Dorf zu wohnen, man sei ohnehin in zehn Minuten zu Fuß am Strand. Und am Friedhof.

Als wir angekommen sind, frage ich, wie viel ich ihm schulde (es gibt natürlich keinen Taxameter). Verschämt sagt er: „Zehn Euro bitte." Es ist viel zu teuer für eine Strecke von kaum zwei Kilometern, er weiß das auch, aber ich denke an die Dutzenden Leerfahrten und zahle sie ihm gerne. Mein abgegriffener Zwanziger. Der Zehner, den er mir zurückgibt, ist noch abgegriffener. Tommaso bedankt sich ergeben – es ist uns furchtbar unangenehm – und fragt, wie lange wir noch hier seien. „Eine gute Woche? Dann lege ich sofort zwei schöne Stücke Gemüse aus meinem Garten ins Auto, und einen Schwamm, wenn wir uns dann über den Weg laufen, schenke ich sie dir."

Ein extremes Beispiel für die Ökonomie des Tausches in Lampedusa: Er schuldet mir jetzt etwas, denn ich habe ihm ein seltenes Gut für seine Dienstleistung gegeben: Geld, das so sehr fehlt. Und sogar Geld von außerhalb. Allein der Naturschwamm hat einen Geldwert von weit über zehn Euro. Gemüse aus seinem Garten hat er zur Genüge, den Schwamm hat er wahrscheinlich in einer ähnlichen Tauschaktion bekommen. Eine großzügige Ökonomie: bezahlen für Geld.

Ein paar Tage später hält Tommaso mit seinem Minibus neben mir. „Steig ein!" Er sagt, er habe uns nicht vergessen und fragt, wann wir abreisen. Am Tag der Abreise steht er schon in der Abflughalle, als wir ankommen. Er schenkt uns einen wunderschönen Schwamm und zwei große Schneckenmuscheln.

Eine Dame ohne Schminke

Ich stehe früh auf, um den großen Flieger beim Starten mit der Kamera abzufangen, wenn er am Ende der Startbahn Gas gibt und dann an den Häusern vorbeibrüllt.

Später möchten wir mit dem Bus an die *Spiaggia dei Conigli* fahren und uns einen Ruhetag gönnen, da an Ostern ohnehin kein Mensch greifbar ist. Wir verpassen den Bus, denn wir bemerken zu spät, dass die Haltestelle wegen einer Baustelle verlegt wurde.

Wir gehen ein paar Meter die Straße entlang, wollen Autostopp machen, da hält neben uns Aldo: „Alle ins Auto, los!" Wir widersprechen auch heute nicht, und er freut sich diebisch, uns wieder einmal erwischt zu haben. Er fährt uns zur *Isola dei Conigli*, das ist recht weit. Wir fragen ihn, wohin er unterwegs ist. „Ich mache eine Spazierfahrt." – „An Ostern? Gibt es denn kein Feiertagsmenü?" – „Das Osterlamm ist im Ofen. *A posto*. Jetzt muss ich warten, und da fahre ich ein bisschen herum." Als wir in die Nähe der Militärbasis kommen, spricht Aldo das Flüchtlingsthema an und sagt: „Hier wollten sie Guantánamo machen. Unter offenem Himmel die Leute einsperren. Jetzt haben sie das Abkommen mit Gaddafi, aber dem sollte man nicht trauen, mit dem sollte man keine Geschäfte machen. Hunderte Millionen haben sie schon ausgegeben für das neue *centro*, und jetzt verfällt wieder alles." Obwohl er gewöhnlich eher in den Diskurs der Tourismusunternehmer einstimmt, sieht er offenbar auch diese absurde Seite der Medaille.

Als wir aussteigen, sagen wir: „Du kommst immer zum richtigen Zeitpunkt an, wie *deus ex machina*!" – „Ich bin Aldo *il salvatore*."

Am Strand sehen wir von weitem den freundlichen Sportlehrer, der uns letztes Jahr im Auto mitgenommen hatte. Er hatte uns erzählt, dass er sich nach seiner Scheidung aus Ancona ans Gymnasium in Lampedusa hatte versetzen lassen, weil er vom winterlichen Nebel in Mittelitalien genug hatte. Jeden Tag würde er die Nachmittage an diesem Strand verbringen. Er hat wieder eine Partnerin. Sie sehen sehr glücklich aus, spazieren in Bikini und Badehose Hand in Hand am Strand entlang. Gestern hatten wir die beiden im Auto vorbeifahren gesehen – wir sind schon richtige *lampedusani*, wissen immer schon alles über alle.

Lucia und ihre Umweltschutzvereinigung haben hier am Strand und in der Umgebung zahlreiche Hinweis-, Informations- und Verbotstafeln aufstellen lassen, die das viel zu fragile Ökosystem und die Herausforderungen der Koexistenz mit dem Massentourismus erklären. Eine Toilette fehlt immer noch. Wie das wohl im Sommer funktioniert? Wir picknicken am menschenleeren Strand, aber der Scirocco bläst uns den Sand ins Gesicht und in die Kleider.

Wir fahren mit dem Bus nach Hause, es ist eine schöne Fahrt: Wie die Weite nach und nach immer mehr mit anarchisch angeordneten Gebäuden abwechselt, bis man schließlich ins Dorf kommt.

Weil ich heute Geburtstag habe, wollen wir im Garten Fisch grillen. Wir brauchen Alufolie, weil der Grill so verrostet ist. Ich klopfe bei einem Nachbarn. Er hat keine, „aber frag mal meinen Bruder." Punkt. „Und wo wohnt dein Bruder?" – „Ach so, gleich hier nebenan." Der Bruder hat auch keine. Ich gehe ein paar Häuser weiter. Zwei Kinder spielen auf der Terrasse mit dem Spielzeug, das sie in ihrem Osterei gefunden haben. Das Mädchen holt „jemanden, der dir helfen kann." Ihre

Oma kommt heraus, aber auch sie hat keine Alufolie. Macht nichts, ziehe ich halt noch weiter. Da hält neben mir ein Auto. „Steig ein", sagt der Bruder von soeben. „Ich habe vielleicht was in der Garage, weil wir immer im Ferienhaus grillen." Ich denke, das sei anderswo, aber er wendet und fährt die 30 Meter zu seinem Haus zurück. Er bedeutet mir, auszusteigen, öffnet die Garage und gibt mir den blitzsauberen Rost seines eigenen Grills. „Das geht doch auch", sagt er. „Und hier habt ihr auch was zu trinken zum Essen." Er schenkt mir eine Flasche sizilianischen Weißwein. Ich protestiere nur schwach, denn ich weiß, dass ich keine Chance habe. Ich gebe ihm im Tausch unseren Krokant-Osterhasen aus der Schweiz, den ich vorsorglich mitgenommen hatte. In den nächsten Tagen sei er nicht da, aber ich könne den Grillrost auch dem Bruder zurückgeben, oder irgendjemand anderem. „Hier kennt eh jeder jeden."

Wir grillen auf unserer Terrasse, ein Festmahl, ein richtiges kleines Geburtstagsfest, und holen uns dabei einen kräftigen Sonnenbrand.

Als ich ein paar Tage später den Grillrost zurückbringe, erzählt mir der Mann seine Geschichte. Drei Jahre lang war er Koch in Lausanne, davor auf einem Kreuzfahrtschiff. Er war in China, Patagonien, im Orient, in Panama, auf den Seychellen und in Madeira. „Und dann in Lampedusa. Lampedusa! Lampedusa ist eine Dame ohne Schminke." Denn die Seychellen und einige andere Orte, an denen er war, seien schön, aber im Stile des amerikanischen Kinos: geschminkt. Hier sei alles *al naturale*.

„Lampedusa ist ein großes Boot"

Am Ende unseres ersten Aufenthaltes in Lampedusa nahm uns Marco einmal mit dem Auto mit. Wir hatten kaum Zeit, hallo zu sagen und uns fürs Anhalten zu bedanken, denn er wollte sofort wissen, wer wir waren. Wir versuchten, die Musik aus dem Radio zu übertönen und brüllten ihm und seiner Beifahrerin ein paar Sätze entgegen. Er stellte sich mit den folgenden Worten vor: „Ich bin Marco. Ich bin 22 Jahre alt, aber ich bin in Lampedusa geboren. Ich bin einer der Letzten, die noch hier geboren wurden." Seine Hebamme würde noch leben, aber sie sei steinalt. „Geht sie mal besuchen." Er beschreibt uns den Weg dorthin. Marco ist ausgesprochen jovial und sehr gesprächig. Er besteht darauf, uns zu unserem Ziel im Hafen zu fahren. Seine Freundin Rita, vielleicht 19 Jahre alt, arbeitet im *centro* in der Betreuung der minderjährigen Migranten. Wir bedauern es, sie nicht mehr treffen zu können und hoffen auf nächstes Jahr. Marco gibt uns die Visitenkarte seiner Mutter, die natürlich auch Ferienwohnungen vermietet. Sie wisse immer, wo er stecke, falls er sein Handy mal vergessen würde. Die Nummer schreibt er hinten auf die Karte.

Im März 2010 rufe ich ihn an. Er kann sich sofort an mich erinnern. Ich frage nach Rita, aber er ist nicht mehr mit ihr zusammen. Wir hatten gehofft, sie treffen zu können, da sie wohl zu jenen gehörte, die nach dem Abkommen mit Gaddafi arbeitslos geworden sind. Andererseits passte ihre zurückhaltende Art schon letztes Jahr nicht recht zu Marcos schulterklopfendem, scherzendem Gestus.

Marco schlägt vor, in den nächsten Tagen einmal ein Bier trinken zu gehen. Ein paar Tage später ruft er mich gegen elf Uhr abends an und holt Diana und mich mit dem Auto ab. Er fährt jetzt einen uralten Renault 5, mit seinem anderen Auto hatte er einen Unfall. Er hat einen Freund mitgebracht, Davide, ein paar Jahre jünger als er. Ein sensibler Junge, der sich als Chansonnier definiert und zweisprachig Baudelaire liest. Wir fahren in das sogenannte Pub direkt neben der Schule. Einer der Jungen, den wir letztens bei einer Karaokeveranstaltung gesehen hatten, die nahezu von der gesamten Jugend Lampedusas besucht wurde, sitzt ebenfalls in der Bar. Ein Straßenhund schläft unter dem Nachbartisch. Niemand stört sich daran, die Gäste setzen sich an die anderen Tische, und die Kellnerin macht einen Bogen um ihn.

Marco ist ein patenter Kerl, der laut und gestikulierend eine Anekdote nach der anderen zum Besten gibt. Sein Freund – ebenso wie letztes Jahr Rita – wirkt wie ein Gegengewicht zu ihm. Marco ist gelernter Koch, hat aber letztes Jahr in Rom ein Zertifikat in Ton- und Lichttechnik gemacht und verdient sich damit links und rechts ein wenig Geld.

Er erzählt, dass in Lampedusa fast jeder mehrere Häuser hat und dass kaum jemand zur Miete wohnt.[38] Marco und Davide sprechen auch über den Bürgermeister, dem sie attestieren, korrupt zu sein. Bei jedem Bauvorhaben würde er mitschneiden. Als junger Mann sei er Präsident des lokalen Fußballvereins gewesen. Das Fördergeld aus Palermo habe er abgezweigt und sich davon ein Moped gekauft. In unserem Gespräch mit den beiden jungen Männern tritt ihre Langeweile deutlich hervor. Marco schlägt uns vor, in Lampedusa ein Kino zu eröffnen. „Ihr würdet reich, jeder wünscht sich das hier. Ich stelle euch das Grundstück zur Verfügung." Denn ein bisschen wie ein *padrone* möchte er sich schon präsentieren.

Als wir um ein Uhr das Lokal verlassen, schlägt er vor, noch eine Runde mit dem Auto zu fahren. Zuerst fahren wir zum Leuchtturm, er verlässt sogar die Straße und holpert im Dunkeln gefährlich nah zu den Klippen, dann quer über die so genannte Panoramastraße zur *Isola dei Conigli*. Das Dorf ist von hier in der Ferne zu erkennen. Wir fahren bis zur *Casa Teresa*, das als ältestes Haus Lampedusas gilt. Es ist stockfinster. Marco blödelt herum, gestikuliert während der Fahrt mit beiden Händen, er ist ein geborener Alleinunterhalter. Trotzdem spüren wir auch den Inselkoller, denn die Fahrt durch die Dunkelheit ist eigentlich sinnlos, auch wenn auf der NATO-Straße genauso viel Verkehr wie tagsüber ist, obwohl es nach ein Uhr ist. Während wir langsam über die Betonplatten der Panoramastraße rumpeln, entwirft Marco ein Bild Lampedusas als großes Boot, auf dem alle *lampedusani* sich befinden würden. Ich frage ihn, wo das Boot denn hinfahre. Er ist energisch: „Jedenfalls nicht nach Sizilien! In Sizilien ist die Mafia, mit denen wollen wir nichts zu tun haben, und vom Staat sind wir sowieso immer vergessen worden. Es darf auf keinen Fall nach Palermo fahren!" Das Bild ist spannend. Ich werde ab jetzt immer wieder danach fragen, wohin denn für die *lampedusani* ihr Boot fährt.

---

38 Im Interview mit mir umschrieb der Bürgermeister das so: „Zwischen Mai und Oktober kommen 40.000 Touristen, vor allem zum *ferragosto* – der 15. August ist in Italien einer der wichtigsten Feiertage. Offiziell haben wir hier 1.700 Betten. Aber viele Privathäuser können Touristen aufnehmen."

„Wir sind Afrikaner"

Ein paar Tage später trinke ich mit Aldo einen Espresso im *Caffè del Porto*. Ich sage ihm, dass Marco mir sagte, Lampedusa sei ein großes Boot, das auf keinen Fall nach Palermo fahren dürfe. Aldo lacht, ich frage ihn, wohin das Boot für ihn fährt. „Nach Afrika. Denn wir sind Afrikaner. Ich habe mich immer näher an Afrika gefühlt als an Sizilien. Dort oben sind sie hinterlistig und mafiös. Dort unten sind sie arme Hunde wie wir." Ein Mann am Nachbartisch schaltet sich ein. Für ihn ist das Boot verankert, aber es droht zu kippen. Alle müssen es halten, auch am Ort halten.

Ich sage, dass ich den Hubschrauber der Finanzpolizei heute gesehen habe, wie er tief über die Baustellen in der *Cala Creta* geflogen ist, um die illegalen Bauprojekte zu kontrollieren. Die beiden verbinden das Thema des wilden Bauens und der Schwarzarbeit mit dem vorangegangenen der Isolation. Einerseits würde der Staat hier ständig kontrollieren, und es sei ja eigentlich auch gut, aber wenn auch noch die Schwarzarbeit eingedämmt würde, gebe es gar keine Arbeit mehr in Lampedusa. Im Gegenzug würde der Staat aber nichts bieten, wäre überall abwesend – das sei wie in Afrika.[39]

Aldo sagt: „Komm mit, wir organisieren deine Drehgenehmigung für die Fähre. Lass' mich reden. Ich werde sagen: ‚Gilles macht eine Studie für die Uni über die Kommunikationssysteme zwischen den Schiffen. Deshalb muss er auf das Schiff.' Widersprich mir nicht, sonst haben wir keine Chance." – „Du bist ein richtiges Schlitzohr! Dann bist du also doch auch ein bisschen ein *siciliano*." Er lacht verschmitzt. Es gefällt ihm, für uns alle Kontakte einfädeln zu können. Ich frage, wen er hier eigentlich nicht kenne. „Niemanden!"

Wieder ein paar Tage später liest Aldo mich wieder einmal am Straßenrand auf. Er sagt, er würde eh gerade eine Runde drehen. Wir fahren zur Fähranlegestelle, durch die Straßen des Dorfes, trinken einen

---

39 Ein sprachlicher Hinweis auf diese empfundene Abwesenheit des Staates zeigt sich in der oft gehörten Formulierung, jemand würde „nach Italien" ausfliegen oder ausgeflogen werden – so als wäre es Ausland.

Kaffee im *Isola delle Rose*. Ich sage ihm, dass ich noch mit einem Angehörigen des Militärs sprechen möchte, weil mir das bislang noch nicht gelungen sei. Wir fahren wieder ziellos herum, Aldo denkt wohl nach, wo er mich hinbringen kann. Wir fahren dann zu seinem Schwager Edoardo. Er ist Unteroffizier bei der Luftwaffe. Wir vereinbaren für den Folgetag einen Interviewtermin.

An der Einfahrt zu seinen Ferienhäusern sagt mir Aldo stolz: „Diese Steinsäule! Von Aldo gemacht!" Sie steht anarchisch mitten im Chaos.

Wir holen seine Tochter Beatrice zu Hause ab, sie fährt einfach mit herum. Ist das die Sozialisation des Inselkollers?

„Hier lebt man so, als wäre man in einem Freihafen"

Aldo begleitet mich zur Schule, um mich mit der Schulleiterin in Kontakt zu bringen. Er ist hier offenbar nicht in seinem vertrauten Umfeld, denn er stellt sich unsicher mit seinem Nachnamen vor und sagt, dass ich ein Freund sei, der eine Forschung über die Insel mache. Ich vereinbare mit der Schulleiterin einen Gesprächstermin für den nächsten Tag.

Das Schulgebäude, das von außen fürchterlich heruntergekommen wirkt, ist im Inneren doch ganz akzeptabel. Es riecht und klingt nach Schule, wenn der Unterricht schon begonnen hat.

Das Gespräch mit der Schulleiterin räumt mit vielen Unklarheiten und widersprüchlichen Erzählungen auf, die ich in Lampedusa über die Schule gehört habe.

Marta ist keine *lampedusana*, genauso wie die Mehrheit des Lehrpersonals. Sie kommt aus Palermo. Einmal die Woche fliegt sie nach Hause. Sie sagt, das sei zwar eine schwierige Situation, aber ihre Kinder sind erwachsen, und nach Lampedusa zu kommen war ihre Wahl.

Sie leitet die einzige Schule der Insel, ein *Istituto Omnicomprensivo*, in dem alle Schulstufen von der Vorschule bis zur Reifeprüfung angeboten werden. An der Schule sind über 1.000 Schüler eingeschrieben. Die Geburtenrate in Lampedusa ist auch im italienischen Vergleich hoch und die Bevölkerung im Schnitt sehr jung.

Zusätzlich bietet die Schule eine Kindertagesstätte an, sodass die Institution Kinder im Alter von zwei bis 19 Jahren betreut.

Ein Problem, das in Lampedusa von vielen angesprochen wird, sieht auch Marta darin, dass es in der Oberstufe ausschließlich ein Gymnasium gibt. Das Gymnasium kann die Anforderungen des Gebietes nicht befriedigen. Vor allem Ausbildungsmöglichkeiten für handwerkliche Berufe fehlen weitgehend. Die Folge ist, dass es eine sehr hohe Zahl von Schulabbrechern gibt, die meistens im Alter zwischen 14 und 16 Jahren, am Übergang zur Oberstufe, zumeist ohne Pflichtschulabschluss, die Schule verlassen. Jedes Jahr werden etwa 70 Kinder eingeschult, doch die Reifeprüfung absolvieren jedes Jahr nur etwa 20 Schüler. Marta räumt ein, dass vielleicht zehn von den ursprünglich eingeschulten 70 Schülern in Schulen außerhalb eingeschrieben seien, aber die übrigen 40 würden die Schule frühzeitig verlassen und auf der Straße landen. Von den 20 Schülern, die es bis zur Reifeprüfung schaffen, sind 90 % Mädchen. Die Jungen seien zu schwach. „Und die Insel schreibt den kulturellen Werten keinen sehr hohen Wert zu. Die ökonomischen Werte gehen vor. Und familiäre Werte. Das heißt, dass die meisten Familien ihren Kindern den Wert und die Bedeutung der Bildung nicht vermitteln. Im Alter, wo das Kind beginnt, wichtig für die Familienökonomie zu werden, gehen sie von der Schule." Der Kampf, den die Schule in Lampedusa führt, geht in die Richtung, so viele wie möglich an der Schule zu halten.

Marta bemüht sich, die Situation der Schule im Interesse der Bevölkerung zu verbessern, vor allem aber kämpft sie gegen die Bildungsferne auf der Insel. Denn die Schulabbrecher arbeiten unweigerlich in untergeordneten Tätigkeiten. Das Ziel der Schule ist, Jugendliche auszubilden, die zur Entwicklung der Insel beitragen können. Tatsächlich sind die Personen, die die Infrastruktur verwalten, die Tauchclubs, die Geschäfte, aber auch die Handwerker und andere Qualifizierte meistens Leute, die von außen kommen. „Und die Leute hier denken, dass sie, wenn sie diese vier, fünf Monate im Jahr arbeiten, auch ohne Diplom gleich gut leben können. Den Rest des Jahres tun sie nichts. Das ist nicht gut! Man muss das ganze Jahr über arbeiten!"

Inzwischen ist es ihr gelungen, in den ersten drei Jahren der Mittelstufe Kurse in Tourismusorganisation und Hotelmanagement anbieten zu können, sodass die Schüler zusätzlich zu ihrem Sekundarschuldiplom auch eine professionelle Qualifikation erlangen können, die sofort auf dem lokalen Arbeitsmarkt einsetzbar ist. In weitgehender Ermangelung von Berufsausbildungsmöglichkeiten ist dies ein wichtiger Schritt. In den Wintermonaten werden außerdem Kurse angeboten, die sich vornehmlich an die Erwachsenen richten, z.b. Informatikkurse, Englischkurse oder einen Kurs über die Schätze der Insel, denn „letztendlich hat bislang niemand den Mut, ein Touristeninformationsbüro zu eröffnen. Es gibt hier kein Tourismusbüro. Wenn Sie sich von jemandem herumführen lassen wollen, um die Schätze der Insel zu entdecken, wird er allenfalls sagen: ‚Und das ist die *Cala Francese.*' Aber warum die so heißt, wo der Name herkommt, das wissen sie nicht. Die Professionalität fehlt vollkommen!"

Marta versteht ihre Schule als Zentrum für soziale Inklusion, das sich an die gesamte Bevölkerung der Gemeinde richtet. So ist es ihr etwa gelungen, auf der Nachbarinsel Linosa eine Filiale ihrer Schule zu eröffnen, wo die dortigen Schüler mittels eines Systems von Videokonferenzen an den Veranstaltungen der Schule in Lampedusa teilnehmen können. Auch die Schulbibliothek hat Marta für die Bewohner geöffnet, weil die Gemeinde keine Bibliothek hat. Sie klagt darüber, dass sie überhaupt nur sehr wenig Unterstützung seitens der Gemeinde bekommen und etwa mit den Problemfällen allein gelassen werden. Es gibt dafür sicherlich mehrere Gründe, einer ist wohl die Bildungsferne der Akteure auf Gemeindeebene, ein anderer aber auch die Tatsache, dass die Schulleiterin und zahlreiche Lehrer von außerhalb kommen und unterschwellig Ablehnung erfahren, da man ihnen unterstellt, die wirklichen Bedürfnisse, Probleme und Besonderheiten der Insel nicht zu verstehen.

Trotzdem – oder gerade deshalb – organisiert Marta auch einen Kurs zu Recht und Legalität: „Sie haben doch sicherlich bemerkt, wie sich hier niemand an die Regeln hält. (Sie lacht.) Hier lebt man so, als wäre man in einem Freihafen. Du kommst hierher, du fährst ohne Helm, ohne Gurt … du kannst bauen, wo du willst, u.s.w." Auch die Gelegenheitsarbeiten, die die Jugendlichen verrichten – z.B. als Verkäufer an den zahlreichen Obstständen –, sind keine offiziellen Tätigkeiten, da sie oft noch nicht einmal das legale Arbeitsalter erreicht haben. Weil die Jugendlichen kaum Vorbilder haben, denen sie nacheifern können, und weil die Eltern oftmals nicht erkennen, welche Chancen die Schule ihren Kindern eröffnet, reproduzieren sich immer wieder die gleichen Abbruchkarrieren.

Marta möchte die Eltern, die ihr Kind frühzeitig von der Schule nehmen, trotzdem nicht zur Anzeige bringen: „Wir suchen den Kontakt zur Familie, wir gehen auf sie zu." Die Eltern würden ohnehin nur das Bußgeld bezahlen, aber ansonsten würde nichts passieren.

Im Anschluss an unser Gespräch stellt Marta mich zwei der wenigen einheimischen Mitarbeiterinnen der Schule vor. Zuerst der 35-jährigen Sprachlehrerin Elena, die ihre Diplomarbeit in Linguistik über den lampedusanischen Dialekt geschrieben hat. Darin beschreibt sie die Sprachdiversität aus der Einwanderung als dynamische, vereinigende Kultur und eine eigene Sprache im Entstehungsprozess. Die zweite Person, mit der ich in Kontakt gebracht werde, ist die Direktionsassistentin Matilda.

„Die qualifizierten Leute haben die Tendenz, die Insel zu verlassen"

Matilda ist Grundschullehrerin und steht kurz vor der Pensionierung. Sie hat in Agrigento das Gymnasium und die Pädagogische Hochschule besucht. Ihr Vater fuhr 25 Jahre auf Kreuzfahrtschiffen zur See. Ihre Mutter ist Hausfrau. Auch Matildas Schwester arbeitet in der Schule: „Dank der Opfer unserer Eltern ist es uns gelungen, ein Studium außerhalb der Insel zu machen und hier eine sichere Arbeit zu finden." Heute sei es fast umgekehrt: obwohl die Jugendlichen bessere ökonomische und infrastrukturelle Möglichkeiten hätten, eine Ausbildung zu machen, würden sie früher abbrechen.

Matildas Vater ist vor vielen Jahren gestorben, die beiden Schwestern leben bis heute bei der Mutter. Seit 1979 arbeitet Matilda an der Schule, seit 1991 ist sie Direktionsmitarbeiterin. Sie wirkt auf mich berufsmüde, aber sehr liebenswürdig, hilfsbereit und interessiert.

Sie erzählt wie die Direktorin Marta davon, dass die Lehrer, die von außerhalb kommen, in Lampedusa mit Problemen der Anerkennung zu kämpfen haben. In der Grundschule stellen sie ca. 40 % des Lehrpersonals, aber im Gymnasium gibt es nur zwei einheimische Lehrer – von 120. Das Hauptproblem ist für Matilda die Diskontinuität in der Lehrerschaft, die sich in Abbruchkarrieren der Schüler verlängert. Viele Lehrer sind während des Schuljahres öfters über längere Zeiträume abwesend, weil sie an den Wochenenden und in den Ferien, aber auch im Krankheitsfall die Insel verlassen und die Fährverbindung gerade in den Wintermonaten dermaßen unzuverlässig ist, dass sie oftmals nicht rechtzeitig zurückkehren können. Die meisten bleiben überhaupt nur ein, zwei Jahre an der Schule in Lampedusa. Meistens ist Lampedusa für sie nur eine vorübergehende Lösung, weil sie anderswo keinen Job finden. Diese strukturelle Fluktuation geht auf Kosten der Schüler.[40]

Ich erzähle Matilda von meiner Beobachtung, dass in Lampedusa vor allem die Frauen sehr jung heiraten und dann von der Bildfläche zu verschwinden scheinen. Sie sagt, dieses Phänomen sei früher noch viel ausgeprägter gewesen. Es gebe zwar immer noch solche Fälle, aber sie würden zum Glück seltener. Bei den Mädchen, die die Reifeprüfung machen, sei die Situation ohnehin nochmals anders: „Wenn sie die Möglichkeit dazu haben, gehen sie weg, um draußen zu arbeiten, in den Städten. Die qualifizierten Leute haben die Tendenz, die Insel zu verlassen."

Matilda bestätigt, dass es in Lampedusa signifikant mehr Menschen gibt, die an Depressionen leiden, vor allem in ihrer Generation. „Wenn ich daheimbleibe, den ganzen Tag nur das Haus putze, ist es logisch, dass ich Depressionen bekomme und die Insel verlassen will. Die, die nichts zu tun haben, langweilen sich und werden depressiv. Jeden Tag das Gleiche. Wenn Sie durch die Straßen gehen, sehen Sie die Leute draußen sitzen und warten, Sie sehen die Langeweile: Sie werden ver-

---

40 Einige Zeit später lerne ich in einem Geschäft durch Zufall eine Gymnasiallehrerin kennen, die aus Mailand kommt und gleich nach Abschluss ihres Studiums nach Lampedusa gekommen ist. Sie ist geblieben und hat hier geheiratet, aber wie die meisten Lehrer hier hat sie nach zehn Jahren immer noch keine Festanstellung.

rückt." Matilda sieht den Ausweg in ehrenamtlichem Engagement und einer erfüllenden Freizeitgestaltung, weil man dann immer etwas zu tun habe, selbst wenn man keine Arbeit habe. Zugleich könne man damit etwas gegen den Stillstand auf der Insel tun und zur Entwicklung der Gemeinschaft beitragen.[41]

Weil Matilda die Bedeutung des Aktivseins so hervorstreicht, frage ich sie noch nach dem Bild Lampedusas als großes Boot, das Marco entworfen hatte. Sie wiegt den Kopf hin und her: „Sehen Sie, das Schiff fährt dorthin, wo wir wollen, dass es hinfährt. Es hängt vom Willen ab. Wenn wir es treiben lassen, dann geben wir auf. Wenn wir es aber in den Hafen bringen wollen ... das hängt von der Tapferkeit der Seeleute ab. Ob wir das Steuer herumreißen können. Aber es gibt einige tapfere Seeleute auf diesem Schiff."

„Ich dachte, du würdest mich fragen: ‚Wie geht es dir hier?'"

Die meisten Angehörigen des Militärs, der Polizei, der *carabinieri*, der Küstenwache oder des Zolls, mit denen wir im Laufe der Zeit in Lampedusa in Kontakt kamen, blieben uns gegenüber stets misstrauisch und verschlossen. Wir konnten selten mehr als kurze Gespräche mit ihnen führen. Auch unsere Bekannten in Lampedusa konnten uns nicht weiterhelfen. Es schien niemand jemanden zu kennen, die meisten Beamten kamen ohnehin von außerhalb und befanden sich nur für kurzzeitige Missionen in Lampedusa.

Schließlich bat ich nochmals Aldo um Hilfe, und so stellte er für mich den Kontakt zu seinem Schwager Edoardo her. Die beiden schienen nicht das allerbeste Verhältnis zueinander zu haben. Sie sprachen etwas distanziert miteinander, und Aldo hatte nicht sofort an ihn ge-

---

41 Der Dorfpfarrer sagte uns in Bezug auf die ehrenamtlichen Versuche, Familien mit behinderten Kindern durch stundenweise Gruppenaktivitäten zu entlasten, dass es in Lampedusa ein strukturelles Defizit in der Betreuung von Menschen mit physischen und psychischen Krankheiten und Einschränkungen gebe. Es gebe für die Alten und die Kranken nicht viele Möglichkeiten einer würdigen, umfassenden und organisierten Betreuung außerhalb der familiären Einbettung. Es gebe weder ein Altenheim noch ein Institut, das mit Behinderten arbeite oder sich der Leute mit psychischen Problemen annehme.

dacht, als ich ihn darum bat, mir zu helfen, Kontakt zu einem Mitarbeiter des Militärs zu bekommen.

Aldo brachte mich über unbefestigte Wege zu Edoardos Haus am Rande des Dorfzentrums. Er arbeitete gerade in seinem Garten, ein kleiner Mann mit dünnem Schnurrbart und sanften, dunkelbraunen Augen. Aldo fuhr weg und wir setzten uns in einem Arbeitsraum im Untergeschoss an einen kleinen Tisch, um das Interview zu führen.

Edoardo stammt aus Apulien und ist Unteroffizier der Luftwaffe. Er ist ausgebildeter Elektroniker und hatte an der Universität ein Ingenieursstudium begonnen, das er zugunsten einer Laufbahn bei der Luftwaffe abbrach. In den 1980er Jahren kam er nach Lampedusa, weil er sich dadurch Fortschritte in seiner beruflichen Karriere versprach. Spätestens im Zuge des Konfliktes zwischen den USA und Libyen entdeckte das italienische Militär das Potential Lampedusas als Brückenkopf für die italienische Luftverteidigung. Es handelt sich um die erste Militarisierungswelle in der Nachkriegszeit. Zuvor waren lediglich eine Handvoll Militärs am Flughafen stationiert – und bis 1994 mehrere Dutzend amerikanische Soldaten an der NATO-Basis –, doch nun entsandte Italien zusätzlich etwa 100 Mann nach Lampedusa. Die Soldaten freundeten sich mit den amerikanischen Kollegen an. Sie feierten gemeinsam Feste, nutzten die Freizeitinfrastruktur der anderen und kochten zusammen, „denn sie hatten alles amerikanisch. Sie haben alles über ihre Kanäle geliefert bekommen. Ausschließlich amerikanisches Material. Sogar das Brot haben sie selbst gebacken! Aber nicht so wie die Italiener!"

Edoardo lernte zu Beginn seiner Zeit in Lampedusa seine heutige Frau kennen – Aldos Schwester –, und so blieb er all die Jahre auf der Insel. Er ist der Chef der Unteroffiziere in Lampedusa. Eine höhere Position kann er hier nicht mehr erreichen, denn die Kompanie ist mit drei Offizieren klein. In einigen Jahren hat er das Pensionsalter erreicht.

Da mir noch wichtiges Wissen über das Militär in Lampedusa fehlt und weil ich am Anfang des Gespräches die gleiche Skepsis bei ihm spüre wie bei den anderen Soldaten und Polizisten, fokussiere ich meine Fragen auf seine Berufswelt und die Tätigkeiten des Militärs in Lampedusa. Edoardo klärt mich auf, enthält mir aber gewisse Informationen bewusst vor, etwa die Anzahl der stationierten Leute und den Inhalt ihrer Tätigkeit, die er ausweichend mit „Luftraumüberwachung" charakterisiert. Er erklärt mir, dass der operative Teil sich in der ehemaligen NATO-Station befinde und die zweite Kaserne in der Nähe des Flughafens die Logistik, Bekleidung, Gehaltsabrechnung, Küchen, die Schlafräume, die Krankenstation und die Fahrzeugwartung beherberge. Er spricht auch über die „Illegalen". Sein Blick ist stark von der Sichtweise der Exekutive und des Militärs geprägt. Er wirkt auf mich verschlossen und vorerst nicht besonders sympathisch.

Als ich das Gespräch beenden will, reagiert er enttäuscht: „Ich dachte, du würdest mich fragen: ‚Wie geht es dir hier?' Wie es mir geht, hier zu leben. Dazu möchte ich noch etwas sagen." Ich freue mich, dass er diese Initiative ergreift, und das Gespräch nimmt eine vollkommen andere Richtung. Er öffnet sich und spricht eine halbe Stunde lang differenziert über die Schattenseiten seines Lebens auf dieser Insel, auf der er sich nie richtig zu Hause gefühlt hat, und über seinen Schmerz über die Trennung von seiner Familie, vor allem seinen Eltern, die zu alt sind, um nach Lampedusa zu reisen. Die älteste seiner beiden Töchter hat Lampedusa vor fast zwei Jahren verlassen und arbeitet in Rimini in einer Schuhfabrik, nachdem sie ihr Studium abgebrochen hatte. „Denn hier geht es um eine Insel. Mehr Meer als wir, das gibt es gar nicht! Aber es ist eine Insel, auf der die Infrastruktur fehlt, die zahlreiche spezifische Probleme hat, immer fehlt etwas, hier lebt man nicht gut. (Er seufzt.) Und dann entscheiden sie sich wegzugehen." Edoardos jüngere Tochter ist 15 und geht noch zur Schule, aber auch sie will nicht bleiben. Er ist darüber verbittert: „Ich nehme so viel auf mich hierzubleiben, und meine Kinder tendieren dazu wegzugehen. Und das gefällt mir nicht, weil ich jetzt das durchmachen muss, was meine Eltern durchmachen mussten, als ich weggegangen bin. Das ist der Kreislauf des Lebens ..." Seine Stimme bricht.

Die Reproduktion der Trennung schmerzt ihn, auch wenn er sich über die fehlenden Perspektiven für seine Töchter in Lampedusa im Klaren ist. Am Rande klingt gegen Ende des Gespräches an, dass er sich in Lampedusa nicht integriert fühlt. Auch wenn die Akzeptanz für die Anwesenheit des Militärs im Gegensatz zu der der Polizei bei der

Bevölkerung höher sei, blieben die Soldaten, die in der Mehrheit von außerhalb kämen, marginalisiert. Denn die *lampedusani* seien „zum Teil verschlossenen Geistes". Umso wichtiger sei meine Arbeit über die Insel, und als ich mich für das Gespräch bedanke, sagt er, er fühle sich geehrt, an dieser Studie mitzuwirken.

Zu eng!

Nach einem langen Tag stehen wir in unserer Küche und beginnen mit den Essensvorbereitungen, als es an unsere Tür klopft. Es ist Antonio.[42] Er will mit mir eine Spazierfahrt mit dem Auto ins Dorf machen. Ich nehme die unverhoffte Einladung erstaunt an.

Wir fahren los, zuerst ist er etwas grantig, so wie wir es bei ihm schon mehrmals erlebt haben. Ich frage ihn, wie es ihm geht; er macht eine negative, abwinkende Geste und verzieht das Gesicht. Bisher nahm ich das immer als Ablehnung wahr, aber diesmal hat er mich ja bewusst aufgesucht, es muss also etwas anderes dahinterstecken. Ich lasse ihn gewähren, sehe zu, wie er im Dorf ziellos die Straßen auswählt, in die er abbiegt.

Wir fahren in den Hafen. In der Sackgasse, wo die Fähre anlegt, wenden wir und Antonio nimmt die hintere Straße ins Dorf. Er hält vor dem Gemüsestand von Mario, einem entfernten Cousin, der mit seiner Frau und ihren beiden Söhnen 14 Jahre in der Provence gelebt hat. Seit zwei Jahren sind sie wieder zurück in Lampedusa. Antonio stellt mich vor: „Das ist Gilles, ein Freund aus Luxemburg." Mario steht von der Obstkiste auf, auf der er sitzt, und kneift die Augen zusammen: „Luxemburg. Gleich neben Frankreich, was?" Er wechselt jetzt ins Französische und erzählt wortreich, wo er gelebt hat und wo er überall gearbeitet hat – die meiste Zeit am Bau in Brignoles. Stolz zeigt er mir seine Aufenthaltsgenehmigung. Sein Französisch ist nicht sehr gut, aber so wie Antonio mich ihm als exotischen Freund vorführt, möchte er wohl Antonio seine Sprachgewandtheit vorführen –

---

42 Siehe „Zufrieden und unzufrieden auf dem Hügel"

du bringst den Exoten zwar her, aber ich kann mit ihm seine Sprache sprechen.

Später kommt Marios Frau Michela hinzu. Ihr Gesicht ist genauso braun und wettergegerbt wie seines, sie spricht sehr gut französisch und erzählt mir sofort, dass sie nicht in Lampedusa bleiben will, sondern nach Frankreich zurückmöchte. Hier seien die Winter lang und die Arbeit wenig, in Frankreich sei alles besser. Sie kommt aus Agrigento und kann sich mit der Insel nicht anfreunden. Beide wirken unglücklich.

Ich besuche die beiden seit diesem Tag regelmäßig an ihrem Gemüsestand, Marios Jovialität wirkt auf mich zunehmend, als wolle er sich damit selbst Mut machen, dass er hier ein gutes Leben lebt. Einen schicken Renault haben sie aus Frankreich mitgebracht – er steht gleich gegenüber. So arm und abgerissen gekleidet, wie sie aussehen, haben sie womöglich nicht viel mehr Besitz erwirtschaftet. Warum sie wohl zurückgekommen sind?

Antonio bringt sich gekonnt wieder ins Gespräch ein. Seine Mutter habe eine Zeit lang in Marseille gelebt und habe schnell französisch gelernt. Er wolle sie mit mir besuchen gehen. Wir verabschieden uns, steigen wieder ins Auto und fahren zu ihrem Haus, kaum mehr als hundert Meter entfernt. Sie ist 97 Jahre alt und so gut wie taub. Zwei von Antonios vier Schwestern sind ebenfalls dort, beide sind deutlich älter als er. Die eine hat es geschafft, Lampedusa zu verlassen, und lebt seit vielen Jahren in der Nähe von Rom. Antonio ist immer noch etwas albern und kantig. Eine Frau kommt noch hinzu – das Haus liegt mitten im Dorf und wie immer steht man hinter der Eingangstür direkt im Wohnzimmer. Es ist die Frau von Aurelio, einem Maurer, den Antonio uns letztes Jahr vorgestellt hatte. Ich sage ihr, dass die selbst in Salz eingelegten Kapern, die er uns letztes Jahr geschenkt hatte, uns sehr gut geschmeckt haben. Das sei kein Wunder, sagt sie „Bei euch in den Supermärkten kriegt man keine ordentlichen Kapern."

Wir fahren, immer noch im 100-Meter-Rhythmus, zur *Bar dell' amicizia*, kommen nicht an den geparkten Mopeds, den wild überquerenden Fußgängern und den vielen Autos vorbei, Antonio verhandelt gestikulierend, wer wie weit zurückschieben muss. Das dauert in Lampedusa immer lange, und es hat nichts mit den Stresssituationen zu tun, die man aus norditalienischen Großstädten kennt. Hier eilt nichts. In dem entgegenkommenden Auto sitzen vorne zwei Erwachsene mit einem Kleinkind auf dem Schoß, hinten vier Erwachsene. Die Fahrerin ist Antonios Nichte. Wir trinken in der Bar einen Espresso. Als wir ausparken, spazieren gegenüber zwei hübsche junge Mädchen vorbei, die eine gefällt Antonio sichtlich, er sagt mehrmals: „Das sind keine *lampedusane*, das können keine *lampedusane* sein", und schaut in den Spiegel. Ich frage ihn, ob die *lampedusane* nicht so schön seien. Er macht eine abfällige Geste.

Wir fahren zurück zum Hafen, jetzt bin ich also einmal bei einer dieser Inselkollerfahrten dabei. Doch bei aller Skurrilität spüre ich seinen Leidensdruck immer deutlicher, und mir wird klar, dass es für ihn kein Entrinnen gibt. Nie habe ich die Enge hier so deutlich gespürt – denn wir hatten immer ein Rückflugticket. Wir fahren gerade die lange Straße zur *Cala Francese* entlang, die seit letztem Jahr halbherzig geflickt wurde, als Antonio langsam zu erzählen beginnt, dass es ihn aufregt, dass in Lampedusa nichts klappt und alles kaputt sei. Touristen, die für ein, zwei Wochen kommen, mögen Lampedusa, aber hier leben müssen, das ganze Jahr, wo nichts funktionieren würde, so isoliert von allem, das verursache Depressionen. Zumal er ja fortgewesen sei, 20 Jahre in Kampanien. In dieser Zeit hat er die Insel Ischia kennen gelernt. Er sieht sie als Gegenfolie zu Lampedusa. Dort gebe es drei Kliniken, Thermalbäder, und vor allem kämen das ganze Jahr über Touristen auf die Insel. Der Tourismus ist für Antonio, wie für viele andere *lampedusani* auch, uneingeschränkt positiv konnotiert, weil er die Möglichkeit des Kontaktes mit der Außenwelt eröffnet. Er genießt ja auch den Kontakt mit uns, auch wenn er seine Bockigkeit meistens nicht überwinden kann.

Diese Ambivalenz uns gegenüber, genauso wie sein anfängliches Misstrauen, hat wohl mehr mit seinen Depressionen zu tun als mit dem von uns bei ihm vermuteten Unbehagen, „Objekt" ethnologischer Beobachtungen zu sein.

Antonio nimmt sich Zeit für seine Klage über die Probleme auf Lampedusa, beschwert sich über die fehlende Arbeitsmoral des Südens, über die fehlende medizinische Versorgung, über die langen Wartezeiten auf Arzttermine und dass man sich den Arzt nicht aussuchen könne. Ein paar Tage zuvor hatten Teresa und Antonio uns erzählt, dass sie in ein paar Wochen für zehn Tage nach Bologna fliegen würden, um diverse Arztbesuche zu absolvieren. Teresa sprach davon angesichts der Aussicht auf vier Umsteigeflüge mit Unbehagen. Jetzt beschwert sich Antonio, noch bevor sie überhaupt hingeflogen sind, dass die Woche viel zu schnell vorbei sein werde, und dann seien sie wieder hier, auf dieser lästigen Insel mit ihrem korrupten Bürgermeister, die sich über Generationen nicht ändern würde.

Weil er noch nicht alles erzählt hat, machen wir nach der Spazierfahrt mit dem Auto noch einen Spaziergang zu Fuß durch unser Viertel. Er sinniert darüber, dass er zu wenig zu Fuß gehe. Zwischen den Häusern zieht es, er schlägt den Kragen seiner Winterjacke hoch, sein Gesichtsausdruck verrät echtes Leiden unter dem Kälteeinbruch. Ich gehe im leichten Baumwollpullover. Ich finde es sehr erträglich.

Nachher spreche ich mit Ursula über die Erfahrung. Sie sieht bei Antonio eine depressive Struktur, sich immer zu beschweren, immer ungerecht zu anderen zu sein und andere für die unbestimmte eigene Unzufriedenheit verantwortlich zu machen. Das Negative bekommt bei ihm Eigendynamik und lässt ihn sich immer im Kreis drehen – die Autofahrt übersetzt das ja sogar im physischen Raum. Sein Männlichkeitsbild erlaubt ihm nicht, seine Selbstzweifel zuzulassen, so kommt er über das Sich-Beschweren und seinen Frust nicht hinaus.

Tatsächlich schien er nach der Tour mit mir in keiner Weise erleichtert. Es gibt für ihn unter diesen Umständen keine Perspektive.

Zeit der Öffnung – Zeit der Stille

Ich gehe zum telefonisch vereinbarten Termin mit der 38-jährigen Psychologin und Kulturanthropologin Giulia. Ihre Wegbeschreibung ist nicht allzu hilfreich, aber sie winkt mir schon von weitem vom Balkon zu.

Giulia hat nach der Reifeprüfung zehn Jahre im Tourismus gearbeitet, weil sie damals die Insel nicht verlassen wollte, und erst mit 32

Jahren ihr Studium in Palermo begonnen. 2007 schloss sie es mit einer Arbeit über Insularität und Identität ab.

Sie wohnt bei ihren Eltern. Das Haus liegt im Dorfzentrum an einem etwas trostlosen Platz. Im Inneren herrscht eine kleinbürgerliche Ästhetik: ein Servierwagen mit alkoholischen Getränken, ein riesiges Gemälde in Imitation eines Biedermeier-Arrangements des 19. Jahrhunderts, Stukkaturen an der Decke, eine Büchervitrine, schwere Holzmöbel. Da mein Besuch angekündigt war, ist es gespenstisch leer im Haus, aber der Vater taucht kurz auf und begrüßt mich höflich distant. Ein paar Minuten später wiederholt sich das Szenario mit der Mutter.

Giulia hat einen Lebenspartner, trägt aber keinen Ehering und hat auch keine Kinder.

Sie erzählt mir von ihrer Diplomarbeit über die Insularität. Sie stellt darin jedoch die gängigen Insularitätsdiskurse nicht in Frage, sondern romantisiert sie: „Jeder Insulaner ist eine eigene Insel auf einer Insel" oder „Die *lampedusani* haben das Meer in der Seele." Die spezifische Stellung der Frauen in der lampedusanischen Gesellschaft hat sie nicht, wie ich gehofft hatte, besonders hervorgehoben, und sie kann mir dazu keine Auskunft geben. Giulia stellt in ihrer Arbeit eine Polarität zwischen Insel- und Stadtleben her und nicht etwa einen Vergleich zwischen Inselleben und Leben in der Provinz auf dem Festland, das sich in mancherlei Hinsicht ähnelt. Im Vergleich zu ländlichen Regionen auf dem Festland, so scheint mir, unterscheidet sich Lampedusa vor allem durch die identitäre Verortung und die soziale Kohäsion.

Sie unterscheidet im lampedusanischen Leben einen Sommer- und einen Wintermodus, die von zwei Ereignissen gerahmt werden, die als Übergangsriten fungieren. Zu Ostern würden die *lampedusani* den negativen, lethargischen und eintönigen Wintermodus verlassen. „Die Zeit der Arbeit, der neuen Gesichter, der Sonne und der Quirligkeit bricht an. Die Insel öffnet sich." Am 23. September, dem Tag der Prozession, mit der das wichtigste religiöse Fest der Insel –, eine Prozession zu Ehren der *Maria di Porto Salvo* – begangen wird, werde die Insel wieder geschlossen: „Jeder sucht sich selbst und die anderen wieder auf und die Gemeinschaft kommt wieder zum Tragen. Es ist die Zeit der Stille."

Religiöse Feste und Mythen

Eine wichtige Erzählung in Lampedusa ist die Legende von Andrea Amfossi. Er stammte aus Castellaro Liguria. Im Jahre 1561 wurde er vor der ligurischen Küste von Seeräubern gefangen genommen und während 40 Jahren als ihr Sklave gefangen gehalten. Als die Piraten eines Tages in Lampedusa landeten, schickten sie ihn los, um Holz zu fällen. Er begann zu beten und fand in einer Höhle ein Madonnenbild. Mit einem Floß stach er in See. Das Madonnenbild hielt er hoch über seinen Kopf und nutzte es als Segel. Die Piraten verfolgten ihn noch, aber weil sein Glaube an die Madonna so stark war, war ihm der Wind gnädig und er kam unbeschadet in Ligurien an. Zwischen den beiden Gemeinden gibt es wegen dieser Verbindung eine Städtepartnerschaft.

In Lampedusa wird die *Madonna di Porto Salvo* – Madonna des sicheren Hafens – verehrt, weil hier seit Jahrhunderten Schiffe Schutz gesucht haben. Jedes Jahr im September gibt es eine große Prozession vom Dorf zur Votivkirche in der Mitte der Insel, an der die gesamte Bevölkerung teilnimmt. Der Dorfpfarrer Matteo sagt dazu: „Man kann in Lampedusa an alles rühren. Aber nicht die Madonna! Das ist in ganz Sizilien ein bisschen so. Aber hier ist diese Bindung besonders stark, auch bei Leuten, die nicht viel in die Kirche gehen."

Ein weiterer Mythos ist, dass an dem Ort, an dem Andrea Amfossi das Madonnenbild gefunden hat, bereits im Mittelalter ein Einsiedler gelebt haben soll, der für die Schiffbrüchigen und die Schutzsuchenden nebeneinander den christlichen und muslimischen religiösen Kult organisierte. Die oft gehörte Erzählung passt zum Bild Lampedusas als Kreuzungspunkt und Ort der Aufnahme.

„Es ist langweilig, aber es ist mein Leben"

Es ist schon dunkel. Wir sind auf dem Weg nach Hause. Diana spricht auf der Hafenmauer drei Fischer an, die gerade ihren Fang auf einen Transporter geladen haben. Sie fragt, ob wir an Bord steigen und ihnen bei der Arbeit zusehen dürfen. Wir schwingen uns über die hohe Reling an Deck. Die Fischer schütteln Algen aus den Netzen und reinigen das Schiff. Es riecht nach Fisch, kniehoch stehen sie in Gummistiefeln in den salzigen, nassen Tanghaufen. Dann fahren wir noch einmal aus dem Hafen hinaus, denn der Dreck darf nicht ins Hafenbecken gelangen, sondern wird auf See vom Boot gespült. Es ist unglaublich laut.

Der Kapitän ist gesprächig. Auf den Motor einer schweren Seilwinde gestützt, erklärt er uns rauchend, dass sie heute nur noch von fünf Uhr morgens bis zehn Uhr abends hinausfahren – jeden Tag. Früher haben sie auch schon mal zwei Tage und Nächte am Stück gearbeitet. Aber man könne an Bord nicht schlafen – der Motor liegt direkt hinter dem Pritschenraum.

Seit 35 Jahren ist er Fischer. Sein Sohn, der ebenfalls an Bord ist, hat ein Geschäft, er mag nicht mehr Fischer sein, aber er kommt immer abends in den Hafen, um die Netze zu reinigen.[43] Von den beiden Matrosen kann dann jeweils abwechselnd einer früher nach Hause gehen. Morgen fahren sie allerdings nicht hinaus, denn der Kapitän fährt mit seinem Sohn mit der Fähre „nach Sizilien" – es klingt so, als wäre es eine lange Auslandsreise. Sie wollen nach Catania fahren, um einzukaufen. Der Kapitän erzählt, dass er vor ungefähr 30 Jahren von heute auf morgen Angst vor dem Fliegen bekommen hat und seither nie mehr geflogen ist. Mit einem kleinen wackeligen Boot bei schwerer See tagelang im Mittelmeer herumzuschippern, macht ihm dagegen nichts aus.

Er sagt, es sei ein harter Beruf, aber man solle nicht jammern: Früher seien zwar mehr Fische da gewesen, dafür habe man heute Computer, die einem zeigen würden, wo die Schwärme seien, und das habe alles viel einfacher gemacht. Er will noch drei bis fünf Jahre hinausfahren, dann will er sich zur Ruhe setzen.

Alle sechs Monate muss das Boot an Land, um abgeschliffen und neu gestrichen zu werden. Viele der Boote, die an der Hafenmauer aufgebockt sind, scheinen mir aber öfter an Land zu sein als im Wasser – wohl ein weiteres Zeichen für den Niedergang der Fischerei.

Während der Kapitän sich mit uns unterhält, arbeiten sein Sohn

---

43 Es gibt in Lampedusa noch ca. 500 Fischer. Wenn man ihre Familien mitzählt, sind im Ganzen ca. 2.000 *lampedusani* von den spärlichen Einkünften aus der Fischerei abhängig.

und der Matrose Alessio hart. Alessio sagt: „Das ist unser Leben. Fahrt doch mal einen ganzen Tag mit uns raus. Ihr seid sehr willkommen."
Der Kapitän schippert an die Liegestelle des Bootes im Hafen. Er schenkt uns drei fangfrische Tintenfische und erklärt bildlich, wie wir ihn zubereiten müssen. Er selbst isst keinen Fisch. „Ich fange ihn, das reicht."
Wir steigen in ein wackliges Ruderboot und rudern ans Dock. Einen Steg gibt es hier nicht. Die Menschen in Lampedusa sind so unkompliziert, teilen so selbstverständlich.
Am nächsten Tag treffe ich im Hafen wieder auf Alessio. Seine billige Brille und seine schlechten Zähne waren mir gestern nicht aufgefallen. Er lädt uns noch einmal ein, einen ganzen Tag mit hinauszufahren. Er pinselt lustlos am aufgebockten Ruderboot des Kapitäns herum, mit dem sie im Hafen zum Schiff rudern. Das Boot ist alt und halb morsch. Alessio ist ein freundlicher und ausgesprochen intelligenter Mann. Er beschreibt dicht das Elend der Insel und seines Jobs, der ihn zwingt, von morgens bis abends weg zu sein, und das Leben am Existenzminimum. Er lässt mich nicht weitergehen: Er hat Zeit, er will reden, gegen die Einsamkeit und die Langeweile. Er zeigt mir einen Straßenarm, der eigentlich vor etwa zehn Jahren die direkte Verbindung vom alten zum neuen Hafen hätte ermöglichen sollen, aber man habe dann dort archäologische Grabungen gemacht, und seitdem sei das Straßenprojekt gestoppt.[44] Für Alessio ist diese unfertige Straße ein deutliches Beispiel für die Misswirtschaft in Lampedusa. Es sei wieder einmal viel Geld für nichts ausgegeben worden.
Alessio erzählt von seinen vier Schwestern. Eine sei vom Vater für teures Geld nach Sizilien geschickt worden. Sie habe dort eine Ausbildung zur Krankenschwester absolviert. Sie arbeitet inzwischen seit 30 Jahren in Turin, aber sie hofft immer noch darauf, eine Arbeit in Lampedusa zu finden. „Wir anderen, wir haben einander, und sie ist immer allein. Und auch der schlechte Lebensstil, den sie dort hat: immer die Uhr im Blick, immer rennen, immer Regen und Nebel."
Alessio fragt mich, wie das Leben in Luxemburg sei. Dass es dort

---

44 Siehe „Lampedusa ist ein kleines Stück Afrika"

noch mehr regnet als in Turin, mag er nicht recht glauben. Trotzdem sagt er, er würde sich auch für Lampedusa die Organisiertheit, diese Ordnung Turins wünschen.

Weil er sich mit Seefahrt auskennt, frage ich ihn, warum die Fähre eigentlich schon beim geringsten Wellengang ausbleibt. Sie sei *„un carrozzone"* – ein Schrotthaufen –, mindestens 25 Jahre alt, die Motoren seien zu schwach und die Manövrierfähigkeit veraltet, deshalb könne sie nicht andocken, wenn Wellengang herrscht. Früher gab es von der Region Sizilien nur Subventionen für die Betreiberfirma, wenn die Fähre auch tatsächlich fuhr. Also fuhr sie immer und wartete dann manchmal tagelang an der Hafeneinfahrt, dass sie andocken konnte. Heute gebe es die Subventionen immer. Es könne durchaus sein, dass sie vielleicht gerade deswegen jetzt noch seltener kommt, meint er. Ich sage: „Jetzt haben sie ja das andere Dock in der *Cala Pisana* gebaut, da kann die Fähre doch auch anlegen, wenn schlechtes Wetter ist." – „Ja, hoffentlich. Aber weißt du was? Dort verläuft nämlich das Unterwasserkabel, Telefon, Internet, das alles. Und wenn das Meer aufgewühlt ist, gehen die Schiffe aus Mazara del Vallo dort vor Anker und beschädigen das Kabel. Das Telekom-Schiff, das es wieder repariert, musste letztes Mal aus Triest abgewartet werden. Das dauert ewig, bis es da ist und kostet viel. Dabei wäre die Lösung so einfach: ein paar Bojen verankern, an denen die Schiffe anlegen könnten."

Als ich ihm die Geschichte mit dem Bild Lampedusas als Boot erzähle und frage, wohin es seiner Meinung nach fährt, unterbricht er mich: „Es geht den Bach runter! Und die Ruder sind faul." Er zählt noch einmal die Probleme auf, und es fallen ihm noch neue ein, er sagt, ohne zu überlegen könne er mir von hier, wo wir stehen, mindestens 30 aufzählen und sogar zeigen: die Straßen, die Korruption, „und dieser Bürgermeister, der nur spricht und nichts tut. Und jeder Bürgermeister ist immer noch schlechter als der Vorgänger."

Im Herbst wird Alessio heiraten. „Eine *lampedusana*, von hier, gezwungenermaßen." – „Das klingt aber nicht gerade positiv." – „Ja, aber ich sage das, weil eine von außerhalb es niemals mit einem von uns hier aushalten würde." – „Du könntest ja nach Sizilien heiraten." Er denkt kurz nach: „Die Idee ist mir noch nie gekommen. Was soll ich denn tun dort? Ich wohne hier, ich arbeite hier, ich habe hier alles." Alessio baut schon seit langem an seinem Haus, denn dann sei es so, wie man es möchte, und man wisse, was man hat.

Alessio packt sein Werkzeug zusammen: „So, und jetzt nach Hause, essen, sich vor den Fernseher werfen und dann ins Bett. Und morgen wieder von vorne. So ist das Leben hier, es ist langweilig, aber es ist mein Leben, was soll man machen."

Ein paar Tage später treffe ich Alessio wieder im Hafen. Sein Ruderboot wird heute wieder zu Wasser gelassen.

„Ich sehe nicht nur die Frauen ankommen, ich sehe Afrika"

An einem Samstagabend bin ich bei Bruno im *Take Away*. Ich stehe an der Theke, und immer, wenn er eine halbe Minute lang nichts zu tun hat, setzen wir unser Gespräch fort. Ich schaue mich im Lokal um, schaue mir die Leute an. Viele kommen, bestellen etwas zum Mitnehmen und gehen dann wieder. Nur wenige sitzen an den Tischen. Der enge schlauchartige Raum ist nicht besonders einladend.

Eine dunkelhäutige, elegant gekleidete Frau betritt die Bar, ein ausgesprochen seltener Anblick hier. Sie möchte ein gebratenes Hähnchen zum Mitnehmen abholen. Bruno sagt, sie seien leider bereits ausverkauft. Sie reagiert ungehalten, sie habe doch zu Mittag angerufen, um eines zu reservieren. Bruno entschuldigt sich, sie verdreht nur die Augen und bestellt etwas anderes. Bruno sagt, es könne etwas dauern.

Hinter ihrer randlosen Brille wirkt sie verschlossen. Ich höre, dass sie einen minimalen französischen Akzent hat und frage: „*Parlez-vous français?*" Sie ist erstaunt. „Wie haben Sie das gemerkt?" Ich bin nicht sicher, ob sie mir glaubt, oder ob sie denkt, ich hätte das kolonialistische Bild, jede aus Afrika stammende Frau müsste französisch sprechen können.

Jeanne ist Gynäkologin, etwa 40 Jahre alt, und arbeitet in Rom für ein sozialmedizinisches Zentrum. Die Ärzte dieser Organisation arbeiten turnusmäßig auf Lampedusa in Bereitschaft, falls Flüchtlinge ankommen. Die jeweiligen Bereitschaftsärzte wohnen seit dem Freundschaftsvertrag mit Gaddafi in einem Appartement über einer Pizzeria im Zentrum, früher hatten sie ein besseres Hotel.

Sie fragt kurz – ich bin nicht sicher, ob sie meiner Antwort richtig zuhört – was ich mache, ich sage: „Ethnologe, hier in Lampedusa." Sie nickt. Dann beginnt sie sogleich zu erzählen. Heute war wieder ein Boot angekommen. Ein unerhörter Leidensdruck liegt auf ihr, und jetzt, hier, vor dieser Fastfood-Theke öffnen sich die Schleusen. Sie erzählt von sexueller Gewalt, die den Migrantinnen widerfährt und mit der sie ständig konfrontiert wird. „Fast alle Frauen, die in Lampedusa ankommen, sind zu irgendeinem Zeitpunkt ihrer Reise sexueller Gewalt ausgesetzt. Oft von mehreren Soldaten, manchmal mehrmals, und oft werden sie an mehreren unterschiedlichen Kontrollpunkten vergewaltigt, an denen sie vorbeikommen. (…) Viele dieser Frauen sind minderjährig."

Jeanne erzählt, dass die Barbarei, die in den oft verhaltenen oder bruchstückhaften Erzählungen zum Vorschein kommt, die Frauen auch nach Jahren nicht loslässt. Und sie selbst könne es manchmal einfach nicht mehr ertragen, trotz intensiver supervisorischer Begleitung, „dann muss ich die Patientinnen alleine lassen, weil ich weinen muss. Dafür schäme ich mich. Ich lasse sie allein, obwohl sie Hilfe brauchen. Und ich halte es nicht aus. Ich ertrage es manchmal nicht, obwohl ich schon so viel gesehen habe, so viel gehört."

Sie ist sehr bitter, ich höre ihr aufmerksam zu, ich schaue in ihre Augen, versuche Kontakt zu ihr zu bekommen, aber sie sieht durch mich hindurch, sie kann ihren Schmerz nicht teilen.

Die Abtreibungsdebatte in Italien und der daraus entstehende Druck sind für ihre Arbeit eine zusätzliche Belastung. „Wie soll ich so einer Frau raten, ihr Kind zu behalten? (…) Oft haben die Männer außerdem ja Aids! Aber man will verstecken und vergessen, in Europa ist das das Wichtigste. Hier in Lampedusa z.B.: das *centro* unsichtbar, die Ankünfte werden unsichtbar gemacht, die Geschichten der Ankommenden bleiben in jedem Fall unsichtbar, alles!" Und die neue Situation, seit das Abkommen mit Libyen in Kraft sei, mache alles nur noch schlimmer. „Früher wussten alle, was zu tun war, es hingen über hundert Arbeitsplätze dran, heute weiß die Polizei nicht mehr, an wen sie sich wenden muss, wenn ein Boot gesichtet wird. Und der Zoll und die Küstenwache müssen jetzt nach jeder Ankunft Berichte schreiben. Früher machten das andere. Wie sollen sie noch arbeiten? Es ist alles schlimmer geworden, denn auch früher kamen meist nur 60 Leute auf einmal an. Aber heute sind wir nur mehr ein halbes Dutzend, um damit umzugehen." Das Verstecken und die Sensationsgier widern sie an. Sie fragt sich, wer es den Journalisten heute gesteckt haben konnte, dass ein Boot angekommen ist. „Wie sonst konnten sie so schnell vor Ort sein? Ich war gerade im Rettungswagen und versorgte einen Verletzten, als ich jemanden hinter mir spürte. Ein paar Stunden später sah ich meinen Rücken im Fernsehen." Jeanne erzählt, dass die Flüchtlinge von ihr heute hier nur erstversorgt wurden und dann mit Schiffen der Finanzpolizei weiter nach Sizilien verbracht wurden – nach tagelanger Irrfahrt noch acht Stunden mehr auf einem Schiff.

Sie mischt aufgrund ihrer Überarbeitung und der überfordernden Struktur ihrer Arbeit in die Erzählung auch Persönliches. Dass sie als Kongolesin nicht einmal für eine Woche nach Frankreich in Urlaub fahren könne, weil Präsident Sarkozy sie nicht wolle.

Sie ist in ihrem Team die einzige Afrikanerin, alle anderen sind Italiener. Sie wuchs in der Demokratischen Republik Kongo auf, studierte in Belgien und machte ihre Spezialisierung in Rom, wo sie seither arbeitet. „Wenn ich den Flüchtlingen helfe, dann sehe ich nicht nur die Flüchtlinge ankommen, ich sehe Afrika. Ich sehe, in welchem Zustand Afrika ist. Und das macht mich krank. Und niemand interessiert sich dafür, dass sie deshalb herkommen, weil die Europäer sie in Stellvertreterkriegen dazu zwingen, ihre Länder zu verlassen. Weil die Europäer um Rohstoffe Kriege anzetteln und Bevölkerungsumsiedlungen erzwingen, damit ihr mit euren Handys telefonieren könnt."

Sie ohrfeigt pauschal die Europäer und mich gleich mit, das ist unverhohlen, als sie vom unpersönlichen „die Europäer" zum „ihr" wechselt. Dabei ist sie selbst auch eine Europäerin geworden: ihr Medizinstudium, ihre geographische und soziale Mobilität, die sich in ihrem Kleidungsstil spiegelt, ihr großstädtisches Auftreten gegenüber Bruno hinter der Bar, ihre Teilnahme an der Karfreitagsprozession – denn jetzt fällt mir ein, dass mir dort schon ihr trauriges Gesicht aufgefallen war.

Aber sie hat natürlich auch recht: *Sie* vergisst nicht, sie arbeitet dort und sieht die Realität der Gewalt in immer neuen Abgründen. Die Pseudoaufmerksamkeit der Medien, die Kurzfristigkeit des Interesses, das allein an der Tatsache deutlich wird, dass wir die Journalisten, die offensichtlich hier sind, nicht sehen können, so als lauerten sie in einem Versteck auf ein medienfähiges Ereignis. Aber es geht auch darum, dass das Unsagbare und Unerträgliche nicht zeigbar ist, und Jeannes eigenes Ringen, ihre eigene Bitterkeit spiegeln diese Zwickmühle. Das Grauen versperrt sich dem verstehenden Blick.[45]

Zuletzt sagt Jeanne: „Eines Tages wird einer die Verantwortung dafür übernehmen müssen." Wir stehen schweigend vor den Pizzastücken in der Auslage. Sie bekommt ihr Essen, bezahlt schnell, wir verabschieden uns kurz, was sollen wir denn noch sagen? Ich rufe ihr noch nach: „*Restez courageuse* – Behalten Sie Ihren Mut!", aber sie ist schon hinaus.

Ein paar Tage später treffen wir Jeanne am Straßenrand, unweit des Strandes. Sie führt ihre neue Kollegin gerade herum, eine Dermatologin. Es kommen immer abwechselnd jeweils eine Gynäkologin, eine Dermatologin und ein Infektiologe nach Lampedusa.

Jeanne ist heute gelöst, morgen fliegt sie zurück nach Rom. Sie sieht viel besser aus, und sie trägt ein rotes figurbetontes T-Shirt, statt schwarz wie zuvor. Ihr Gesicht ist ganz verändert. Sie sagt, dass der Spaziergang ihr gut tue, hier auf der Insel würde sie immer zu viel essen und sich zu wenig bewegen. Jeanne interessiert sich für unsere Arbeit, sie hat einmal an einem Ausstellungsprojekt über Transnationalismus mitgearbeitet. Wenn sie wieder nach Rom zurückkehrt, kann sie sich von den Strapazen in Lampedusa kaum erholen, Urlaubstage bekommt sie keine.

---

45 Der Philosoph Giorgio Agamben hat Zeugnisaussagen von Überlebenden der Shoah untersucht, die er als Grenzfall von Zeugenschaft sieht, da an ihrem Grund ein Paradox liege: Diejenigen, die das Konzentrationslager überlebt haben, sehen sich nicht als befugt an, Zeugnis abzulegen. Über die Vernichtung können nur diejenigen Zeugnis ablegen, die ihr zum Opfer gefallen sind. Das Zeugnis über das Grauen ist so zugleich notwendig und strukturell unmöglich. Die Zeugen bringen dieses Dilemma der Unmöglichkeit zum Ausdruck. Genau das sei aber unentbehrlich: Auch wenn die Toten nicht mehr sprechen können, muss jemand für sie sprechen. (Diese Überlegung findet sich ausführlich bei Hito Steyerl in ihrem Buch über Dokumentarismen im Kunstfeld.)

Was für uns angesichts ihrer Verfassung unvorstellbar erscheint, nimmt sie in Kauf, denn das angespannte Warten und die Ohnmacht vor den menschlichen Schicksalen, denen sie hier alleine entgegentreten muss, sind derart belastend, dass sie mit diesem Umstand leben kann.

„Hey, wo kann man die Illegalen fotografieren?"

Zur Vorbereitung meiner zweiten Reise nach Lampedusa sah ich mir das Gespräch, das ich ein Jahr vorher mit Lucia geführt hatte,[46] nochmals an und entdeckte viele angedeutete Punkte, denen ich noch nachgehen wollte. Natürlich ist Lucia exponiert und im Rahmen der intellektuellen Beschäftigung mit Lampedusa eine lokale Berühmtheit, das hat mein Interesse zuerst ja von ihr weggeführt. Um jedoch ihre Verortung in der Gemeinde zu verstehen, muss ich sie wieder treffen. Mich freut der Gedanke, die vor Energie sprühende Lucia wieder aufzusuchen.

Ich besuche sie ohne Ankündigung in ihrem Büro. Sie umarmt mich herzlich. Die Unterhaltung mit einem Mann im Büro beendet sie sofort, er hatte wohl nichts zu tun, jetzt zieht er weiter.

Ich frage Lucia, wie es ihr geht: „*Tutto a posto* – Alles in Ordnung?" – wie die Männer immer zueinander sagen. Eine Floskel, und Lucia spricht nicht in Floskeln. Ihre Mimik zeigt ihre Besorgnis, ihre negative Einschätzung der Lage in Lampedusa. Sie sprudelt sofort los.

Lucia wurde 1961 in Lampedusa geboren. Mit 13 Jahren musste sie die Insel verlassen, um eine weiterführende Schule besuchen zu können. Ihre Eltern nahmen schwere Entbehrungen in Kauf, um ihren beiden ältesten Kindern den Besuch des kirchlich geführten Internates in Agrigento zu ermöglichen. Lucias Vater war Kommunist und setzte bei den Nonnen durch, dass sie eine öffentliche Schule besuchen durfte. „Es war grausam, denn mit 13 bist du noch ein Kind. Du brauchst es noch, mit deinen Eltern zu kuscheln, du kannst dein Bett noch nicht selbst beziehen, und dann wirst du bei den Nonnen eingesperrt, ohne Zeitun-

---

46 Siehe „Lampedusa ist ein kleines Stück Afrika."

gen, ohne Fernsehen: Du bist vollkommen isoliert." In den Ferien kam sie immer nach Hause. „Das waren damals eher große Fischerboote, ich habe mir jedes Mal die Eingeweide rausgekotzt, und wenn ich nach einer Woche wieder gesund war, musste ich wieder weg." Lucia hat in Palermo studiert, die letzten Prüfungen legte sie aber nicht ab. Ihre Schwester und ihre beiden jüngsten Brüder konnten in Lampedusa das damals neu gegründete Gymnasium besuchen. Ihre Schwester studierte in Pisa und blieb dort. „Die würde nicht einmal mit einem Gewehr im Rücken zurückkommen. Vielleicht, weil sie bis zur Reifeprüfung in Lampedusa bleiben musste."

Man sieht Lucia an, dass sie eine qualifizierte Beschäftigung hat, die ihr das ganze Jahr über Sinn gibt. Sie ist dynamisch und selbstsicher, steht mit beiden Füßen auf dem Boden: „Die Leute fragen mich: ‚Was machst du hier im Winter?' – Ich bin doch keine Touristin, ich lebe hier! Ich habe nie dran gedacht wegzugehen, weil Lampedusa für mich einer der schönsten Orte der Welt ist zum Leben. Sofern du die ökonomischen Mittel hast, manchmal zu verreisen. Kulturelle Veranstaltungen zu besuchen, die hier fehlen, Reisen machen u.s.w. Es ist nicht perfekt hier, aber hier lässt es sich sehr gut leben." Oft wüssten ihre Freunde aus Palermo gar nichts von den Ausstellungen, die sie dort besucht.[47]

Unser heutiges Gespräch dreht sich um das Verschweigen, Schummeln und Verbergen auf der Insel.

So ist für Lucia der Diskurs, der Tourismus würde wegen der Migranten zurückgehen, nichts als Propaganda. Im Gegenteil sei der Tourismus in den letzten Jahren explodiert: „Den viel bemühten negativen Effekt der Bootslandungen gab es einfach nicht." Lucia führt das darauf zurück, dass es in Lampedusa um Massentourismus gehe, der vom politischen Geschehen entkoppelt sei: „Sie kommen nach Lampedusa, weil es eine Insel ist, die so nah an Afrika liegt, dass das Wetter auch in der Nebensaison schön ist."

Lampedusa sei heute weitgehend unter Kontrolle der großen Reiseveranstalter. Der *All-Inclusive*-Tourismus, den sie verkaufen, sei ein

---

47 Bei aller Leichtigkeit, nach Palermo zu fliegen, darf jedoch nicht vergessen werden, dass der Flughafen eine Stunde außerhalb der Stadt liegt und nicht besonders gut angebunden ist.

ausbeuterischer Tourismus: „Der Tourist kommt, er grast alles ab, was zu holen ist, und dann geht er. Das ist kein Tourist, der einen besonderen Urlaub will, der auf der Suche nach der lokalen Identität ist oder die Natur entdecken will. Er will alles greifbar und bequem haben." Die *Spiaggia dei Conigli* unterscheide sich von den anderen Stränden in Lampedusa, weil sie in Widerspruch zur Idee des Massentourismus stehe. Dieser Strand ist als Naturschutzgebiet ausgewiesen und das Betreten ist streng reglementiert. So sind etwa Ballspiele und Musik verboten, auch der Zutritt ist nur tagsüber gestattet. Die anderen Strände hingegen seien banalisiert worden: Liegestühle, Sonnenschirme, übervoll, obwohl sie klein seien. Und einige Touristen würden es durchaus begrüßen, dass es auf der *Spiaggia dei Conigli* ruhiger sei. Andere würden sich beschweren, dass sie keinen Liegestuhl und keine Musik mitnehmen dürfen. „Du siehst, im Endeffekt ist niemand zufrieden, denn diese Insel ist nicht Fisch und nicht Fleisch. Sie hat keinen klaren Charakter: ‚Ich bin die afrikanische, wilde Insel. Kommt her, wenn ihr nicht die Bequemlichkeit sucht, sondern das Gebiet erobern wollt, entdecken wollt.' Denn es ist klar, dass die schönen Orte erobert werden wollen."

Ihr sei es sogar passiert, dass Touristen in ihr Büro kamen, um Informationen über das Naturschutzgebiet zu erhalten, und fragten: „Hey, wo kann man die Illegalen fotografieren? Wo kann man sie sehen?" Lucia schüttelt den Kopf: „Es war quasi ein Folkloreelement geworden!" Sie glaubt ohnehin nicht, dass der Tourismus 1986 aus Solidarität explodiert ist, sondern aus Neugier. Das habe Lampedusa einerseits Wohlstand gebracht. Von einem anderen Standpunkt her sei es natürlich nicht so gut gewesen, weil die Insel darauf nicht vorbereitet war. „Das kam ‚wumm!', von heute auf morgen. Dann ist der Bausektor gewachsen. Von meinem Standpunkt aus kann ich also sagen, dass die Anarchie im Bauwesen auch Gaddafis Schuld ist," sagt Lucia lachend.

Weil die gesamte touristische Orientierung, die gesamte Ökonomie in Richtung Massentourismus ausgerichtet ist, entstehen starke Interessenskonflikte, die sich besonders deutlich am Beispiel der *Spiaggia dei Conigli* ablesen lassen. Andernorts wäre es wohl undenkbar, dass solch ein Ort überhaupt touristisch genutzt werden kann. Bedingt durch die

Überschaubarkeit der Insel dringen die touristischen Aktivitäten bis weit in die Naturschutzgebiete vor. Für Lampedusa sind diese Konflikte kaum auflösbar. Nicht nur die Hotels sind im Sinne des Massentourismus aufgestellt. Im Gegenteil: „Die Hotels stellen nur einen verschwindend geringen Teil der Betten bereit. Der überwältigende Teil ist über das Gebiet verteilt. D.h. der Tourismus ist eng mit dem Bausektor verbunden. Von den 5.000 Einwohnern lebt ein guter Teil vom Tourismus. Ein weiterer Teil hat nur Arbeit, *weil* es den Tourismus gibt. Wenn es weniger Betten geben würde, würde es auch weniger Arbeitsplätze im Bauwesen geben." Auch der Handel – Souvenirgeschäfte, Bars u.s.w. – ist eng an die Tourismuswirtschaft gebunden: „Denn wenn ich während sechs Monaten viel Geld verdienen kann, ist es mir egal, wenn ich im Winter mein Lokal schließen muss, oder wenn ich nur sehr, sehr wenig verdiene. Die touristische Ökonomie von der Quantität auf Nachhaltigkeit umzustellen, das ist sehr langwierig. Wenn du das von heute auf morgen tun würdest, würde es einen Volksaufstand geben! Man muss also einen guten und langfristigen Plan erarbeiten, um die Ökonomie umzuorientieren."

Lucia sieht es als wahnsinnige Ressourcenverschwendung an, einen enormen Park an Immobilien zu haben, der nur ein paar Monate im Jahr genutzt werde. Vor allem aber seien die Rhythmen der Insel der Kreativität und der Persönlichkeit der Menschen in Lampedusa nicht förderlich. „Die Hälfte des Jahres versinkt die Insel in kompletter Lethargie. Es ist hier wirklich alles tot dann. Das macht einen wahnsinnigen physischen und mentalen Stress. Die Zeit destrukturiert sich. Und das schafft enorme Dysfunktionalitäten."

Lucia sieht die Chance, das aufzufangen, in einem qualifizierten und in der Zeit diversifizierten Tourismus. Die *lampedusani* würden dann verstehen, dass der Schlafplatz nicht das Einzige ist, das man braucht, um Tourismus zu machen, sondern auch Dienstleistungen, eine qualifizierte Küche, touristische Fischerei etc. Das wäre auch eine Methode, die Fischerei zu erhalten. „Denn die traditionellen Berufe können in der Konkurrenz zum Massentourismus nicht überleben." Die Identität eines Ortes werde ausgelöscht.

Ebenso beklagt sie, dass man nun, nicht einmal ein Jahr nach dem

Unterbleiben der Bootsankünfte, die Vergangenheit einfach aus dem Gedächtnis streichen wolle. So wie auch die Vergangenheit der Verbannten und Kriminellen in den Familiengeschichten tabuisiert und verdrängt werde.

Womöglich hängt diese von vielen in Lampedusa beklagte Gegenwartsorientierung mit einer Ungleichzeitigkeit zusammen: einerseits ist die Moderne mit der schnellen Verfügbarkeit von Wissen, das sie ermöglicht, natürlich auf der Insel angekommen. Andererseits ist es nach wie vor und wie seit jeher eine arme Gegend. In Lampedusa gibt es keine Tradition der schriftlichen Überlieferungen und Festschreibungen. Auch die mündlichen Traditionen sind bruchstückhaft und zum Teil bis zur Unkenntlichkeit abgewandelt.[48] Erst wenn die täglichen Grundbedürfnisse erfüllt sind, kann man Geschichte sammeln und pflegen.

Obwohl Orte, die aus der Kolonisierung entstanden sind, die Tendenz haben, diese Geschichte in Erinnerung zu behalten, glaubt Lucia, dass das in Lampedusa wegen der Vergangenheit als Strafkolonie nicht funktionieren kann. „Es gab historische Perioden in Lampedusa, wo die Verbannten viel zahlreicher waren als die freien Inselbewohner. In einer Phase haben sich die Familien vermischt." Wenn man also an den Pionier in seiner Familie zurückdenken würde, müsse man auch an den Sträfling oder Verbannten in seiner Familie zurückdenken. Und deshalb würden viele es besser finden, das zu vergessen, da nicht alles schön sei. Das ist für Lucia ein wichtiger Mechanismus: „Niemand hat Lust, seine Herkunft zu erfahren."

Sie kann diese Tradition des Verdrängens exemplarisch an ihrer eigenen Familiengeschichte festmachen. Sie habe alles über ihre Herkunft erfahren wollen, und dabei sei herausgekommen, dass ihr Vorfahre kein Krimineller war, sondern ein verbannter Anarchist, ein politischer Gefangener. Sie sei darauf stolz, aber viele andere würden sich für die Vergangenheit ihrer Familie schämen.

Lucias Vater hatte seine Kindheit in der Blütezeit des Faschismus. Er

---

48 Die Anthropologin Heidrun Friese hat eine beachtenswerte Arbeit über die Praxis der mündlichen Überlieferung in Lampedusa vorgelegt.

erzählte ihr, dass die unpolitischen Verbannten damals nicht als Kriminelle gesehen wurden und anders behandelt wurden. Sie hatten Freiheiten, das Gefängnis tagsüber zu verlassen und arbeiten zu gehen. Lucias Großeltern hatten auf dem Land Verbannte, die für sie im Garten arbeiteten, auf die Tiere aufpassten u.s.w. Die politischen Gefangenen hatten hingegen ein anderes Regime, denn die Regierung hatte Angst, dass sie Propaganda machen könnten, und wollte deshalb vermeiden, dass sie in Kontakt zur einheimischen Bevölkerung kamen. Sie waren vollkommen isoliert, während die anderen tagsüber Freigang hatten und nur über Nacht eingesperrt waren. Die *lampedusani* verstanden, dass das wichtige, intellektuelle Personen waren, aber sie hatten keinen direkten Kontakt zu ihnen. Ihr Vater habe ihr erzählt, „dass der Anarchist Andrea Costa hier war, der ein wichtiger *Leader* war und später ein sozialistischer Abgeordneter wurde.[49] Es wurden also wirklich auch wichtige Leute hier gefangen gehalten. Und sobald die weg waren, war es klar, dass man hier nicht viel Lust hatte, sich an diese Zeit der Exilierungen zu erinnern." Nicht alle seien intellektuell gewesen. Viele der Verbannten seien einfach nur Kommunisten gewesen, keine Theoretiker. Das faschistische Regime schickte auch unbedeutende Kommunisten unter zum Teil fadenscheinigen Vorwänden in die Verbannung: „In Wirklichkeit waren das natürlich politische Häftlinge. Aber sie galten als Kriminelle, denn die Gleichung ,Verbannter ist gleich Krimineller' war sehr wirksam. Diese Gleichung führte dazu, dass man sich schämte und sich sagte: ,Es ist wohl besser, ich versuche nicht zu sehr aufzufallen mit meiner Geschichte.' Es ist bis heute ein Tabu."

Lucia erzählt noch von einer weiteren Brisanz in ihrer Familiengeschichte. Denn ihre Vorfahren mütterlicherseits waren wohlhabende Kolonisatoren, die zum Spekulieren nach Lampedusa gekommen waren. „Die ganze Geschichte der Kolonisierung ist ja so: Jemand entscheidet sich, eine neue Gemeinschaft aufzubauen. Er hat bei sich keine Möglichkeiten, es geht also sehr viel um Hoffnung. Und dann, in einem zweiten Schritt, etwas später, gibt es jene, die bei sich schon

---

49 Heidrun Friese konnte in den Archiven keine Bestätigung für diese in Lampedusa oft erzählte Geschichte finden.

Geld verdient haben und sagen: Es ist einfach, sich an dem neuen Ort zu bereichern, indem man seine finanziellen Mittel einsetzt, um zu spekulieren. Um das Gebiet auszubeuten."

In den Erzählungen aus der Familie von Lucias Mutter und der ihres Vaters gab es große Kontraste, weil die beiden Familien aus völlig unterschiedlichen sozialen Schichten stammten. Aus diesem Grund sei die Liebe ihrer Eltern sehr schwierig gewesen. Sie hätten sie lange Jahre geheim halten müssen und erst verhältnismäßig spät in aller Heimlichkeit geheiratet. Als Lucia größer wurde, wollte sie wissen, wo sie herkam, wer sie seien, und die Probleme innerhalb ihrer Familie verstehen. Lucia sucht im Computer ein Foto ihres Großvaters mütterlicherseits, dann würde ich den Gegensatz sofort verstehen. Sie findet es nicht. „Aber wir sprechen bei meinem Großvater von jemandem, der ein Faschist war. Eine unglaubliche Pose, mit dickem Schnurrbart. Ein Landjunker!" Und ihr Großvater väterlicherseits sei Schmied gewesen, schon seit Generationen. Er habe natürlich keinen Grundbesitz und keine Güter gehabt, die anderen hingegen schon. „Deshalb konnten sie so einer sonderbaren Heirat nicht zustimmen." Um den Besitz zu halten, sei es sehr lange üblich gewesen, innerhalb der Familie zu heiraten. Ich bin sprachlos.

Einige Tage später treffe ich eine Frau in meinem Alter, die mir ganz selbstverständlich erzählt, dass sie mit ihrem Großcousin verheiratet ist. „Wir haben sogar beide den gleichen Nachnamen."

Der lange Weg durch die Institution

Die meisten Kontakte stellten wir spontan vor Ort her. In einigen Fällen erschien es uns aber sinnvoll, bereits im Vorhinein unsere Beziehungen einzusetzen, um das Terrain vorzubereiten. In der Ökonomie der symbolischen Kapitalien gilt es, die Spielregeln anzuerkennen und dem Gegenüber den Regeln entsprechend entgegenzutreten.

Ich bat also ein paar Wochen vor meiner zweiten Reise Aldo darum, mit dem Bürgermeister Bernardino de Rubeis ein Treffen für einen Interviewtermin zu vereinbaren. Schon als er mich vom Flughafen abholte, erzählte mir Aldo mit Genugtuung, dass der Bürgermeister ihm sein Okay schon gegeben habe.

Gegen Ende des Aufenthaltes holte Aldo mich ab und wir fuhren zum provisorischen Gemeindeamt, denn das alte Gemeindehaus im Ortskern, einer der mythenumwobenen sieben *palazzi* der Gründerzeit, die sich architektonisch von den benachbarten schmucklosen Gebäuden nicht im Geringsten unterscheiden, wurde gerade renoviert. Es war meine Schuld, dass wir fünf Minuten zu spät ankamen. Es war niemand mehr da, allerdings sah es nicht so aus, als seien alle erst kürzlich aufgebrochen. Aldo nahm gewohnt lässig sein Handy hervor und rief einen Freund an, der als Mittelsmann fungierte. Dieser rief kurze Zeit später zurück und ließ ausrichten, ich möge am Folgetag um halb zehn wiederkommen. Diesmal erschien ich pünktlich.

Der lang gestreckte Bau, in dem das Gemeindeamt jetzt untergebracht war, war das ehemalige Gefängnis für die Verbannten, die tagsüber zwar einer Arbeit nachgehen und sich auf der Insel frei bewegen konnten, nachts aber eingesperrt wurden.[50] Von außen wirkt das Gebäude sehr verschlossen, nicht unbedingt wie ein Gefängnis, eher wie ein langes Stallgebäude. An der Eingangstür und an allen weiteren Türen im Inneren hängen mit aufwändigen Wappen verzierte Schilder mit Namen, Titeln, Funktionen und Abteilungsnamen. Eine wichtiger als die andere. Ganz schön teuer für ein Provisorium, denke ich.

Ich gehe lächelnd auf die Empfangsdame zu und sage ihr, dass ich einen Termin mit dem Bürgermeister habe. Sie scheint nicht zuständig zu sein und schickt mich in den ersten Stock. Überall verschlossene Türen mit Tafeln. Im ersten Stock warten ein paar sichtlich entnervte Leute, die erregt miteinander tuscheln. Sie verhalten sich ganz anders als auf der Straße, wo alle per Du sind und unkompliziert aufeinander zugehen. Ich grüße sie, klopfe an die Tür des Sekretariates, drücke die Klinke, denn ich habe ja einen Termin. Ein Raunen – ich hätte wohl auf die Aufforderung zum Eintritt warten müssen. Zwei Sekretärinnen fragen mich unverwandt, was ich wolle (im Subtext: was mir eigentlich einfiele). Ihnen ist nichts von meinem Termin mit dem Bürgermeister

---

50 Siehe „Hey, wo kann man die Illegalen fotografieren?"

bekannt, außerdem sei er noch gar nicht da, ich solle in anderthalb Stunden zurückkommen. Ich diktiere ihnen meinen Namen ins Terminbuch.

Als ich später wiederkomme, bitten mich die Sekretärinnen, im Vorzimmer Platz zu nehmen. Ich fühle mich erniedrigt. Ein paar weitere Minuten des Wartens, dann erscheint ein Mann in Anzug und spricht mich in gutem Deutsch an. In einer halben Stunde sei er so weit, dann könnten wir zum Bürgermeister gehen und er werde übersetzen. Ich mache ihm ein Kompliment für sein Deutsch – er hat eine Weile in Deutschland studiert – und erkläre, dass ich keinen Übersetzer brauche. Allein der Gedanke an eine weitere halbe Stunde absurden Wartens macht mich nervös. Wieder bittet er mich zu warten. Die Sekretärinnen ignorieren mich, tun betont geschäftig. Nach einiger Zeit bitten sie mich, ohne zuvor einen Anruf oder eine Nachricht erhalten zu haben, einzutreten.

Ich öffne eine majestätische zweiflügelige Tür – und trete in ein weiteres Vorzimmer. Ein anderer Mann nimmt mich in Empfang. Es ist wie bei Kafka. Wir durchqueren noch drei weitläufige Räume mit Büros, vor der letzten Tür hält er kurz inne, raunt ehrfürchtig „Der Bürgermeister" und winkt mich mit einer ausladenden Geste durch die Tür. Sein Reich ist riesig. Wie im Film im Stil des reichen Bösewichts bei Walt Disney oder Columbo. Im Hintergrund ein Porträt des Papstes, des Präsidenten der Republik, ein weiteres Porträt eines Klerikers und ein Bildnis der lokalen Schutzpatronin *Maria di Porto Salvo*. Vor ihm auf dem ausladenden Tisch ein Stehschild: *Sindaco Sig. Bernardino de Rubeis*. Es stellt alle anderen Schilder mühelos in den Schatten. Der Bürgermeister, ein zwei Meter großer Mann Anfang 40, sitzt hinter seinem mit Leder bezogenen Schreibtisch, macht keine Anstalten aufzustehen und reicht mir seine Hand über den Tisch. Keine Spur einer Entschuldigung für die Verspätung. Er trägt, wie bei anderen Anlässen, staatsmännisch Anzug und Krawatte (Aldo sagt, das passt nicht nach Lampedusa, und eigentlich gebe ich ihm recht. Mit Vorliebe bindet der Bürgermeister sich zu jeder Gelegenheit die Schärpe der italienischen Trikolore um). Sein zweiter Sprecher rückt mir den Stuhl zurecht und setzt sich wie ein Wachhund halb hinter mich.

Das Gespräch bringt erwartungsgemäß wenig Neues. Die Person ist so unsympathisch wie die Erscheinung: ein Provinzbürgermeister, der im Sommer 2009 wegen Korruptionsverdachtes verhaftet wurde und einen Monat im Gefängnis verbrachte, um dann in sein Amt zurückzukehren, als sei nichts gewesen, der sich wie der Inselkönig gebärdet und der aufgrund des Medienspektakels um die Flüchtlinge auf einmal ins eigentlich zu helle Rampenlicht gerückt ist. Er selbst sieht sich als Mittler zwischen der lokalen Bevölkerung – „wir *lampedusani*" – und der Regierung in Rom, allerdings näher an Letzterer. Zu erzählen hat er wenig, außer den üblichen Klischees in einer sonderbaren Mischung aus paternalistischen katholischen Moralitätsdiskursen und der aalglatten Herumlaviererei, wie sie jenen eigen ist, die eigentlich keine wirkliche Meinung haben. Tatsächlich schwankte in den letzten Jahren seine Haltung von Begeisterung für die ausländerfeindliche Politik der *Lega Nord* über moderate bis abwesende Berlusconi-Kritik zu uneingeschränkter Solidarität mit den linken, aber auch den rechten und den apolitischen Demonstranten und wieder zurück zum pathetischen Wischiwaschidiskurs der menschlichen Tragödie, den er auf verquere Weise mit dem Tourismus parallel setzt – sporadische rassistische Entgleisungen inklusive. Das Ganze wortgewaltig serviert, fast ohne Atempause. Man spürt in seinen (mir aus anderen Anlässen bereits bekannten[51]) Litaneien den abgebrochenen Priesterseminaristen.

Gütlich spricht Bernardino de Rubeis zu mir, er duzt mich ganz selbstverständlich, genauso selbstverständlich, wie er von sich selbst in der dritten Person spricht. Ich spiele das Theater mit, es hat ja in seiner Persiflage amerikanischer Mafiafilme auch den Reiz des Unwirklichen. Als in der Mitte des Gesprächs dann auch noch eine über die Maßen herausgeputzte 60-jährige Dame in wallenden Kleidern hereinrauscht und fragt, wo denn ihre Gemälde hinsollen, die gerade von zwei Arbeitern hereingetragen werden, beginne ich mich zu fragen, ob das alles nicht vielleicht doch inszeniert ist. Die Komödie ist bekanntlich das geeignetste Mittel, das Unaussprechliche zu ertragen, aber nein: Es ist

---

51 De Rubeis tritt ständig in der Öffentlichkeit auf, um sich für seine Handlungen zu rechtfertigen, seine Gegner zu kritisieren oder seine Sinneswandel bekannt zu geben.

alles echt, und in dieser schlechten Filmkulisse karikiert jeder Schauspieler sich selbst in vollem Ernst. So wird mir also bewusst, dass diese Seite Lampedusas wohl einer der wichtigsten Schlüssel ist, um zu verstehen, warum auf der Insel Chaos und Anarchie herrschen. Ohne einen dermaßen aufgeblasenen Hofstaat – zum Büro des Bürgermeisters gehören 17 Personen – könnten wohl gar nicht so viele Gelder versickern, wie sie in Lampedusa immer fehlen, um selbst das Notwendigste zu erledigen. Oder Aldos langer Weg durch die Telefonkontakte, um meinen Termin zu organisieren: Wenn im sozialen Raum – so wie auf dieser Insel – die Distanz zwischen sozialen Feldern und Menschen unterschiedlichen Ranges im physischen Raum aufgrund der Enge nicht aufrechtzuerhalten oder überhaupt festzuschreiben ist, werden solche überdeutlichen Distinktionsbemühungen unausweichlich. Der Soziologe Pierre Bourdieu spricht in diesem Sinne von den „feinen Unterschieden". Hier ist daran nichts Feines mehr, es ist eine brutale Posse.

Gegen Ende des Gesprächs, in dem ich bald dazu übergegangen war, vordergründig das *Wie* zu beobachten, gelingt es mir doch noch, den Bürgermeister um eine klare Angabe zu statistischen Daten über die Insel zu bitten. Gönnerhaft greift er zu einem Blatt Papier, kritzelt einen Namen darauf und „Herrn Dr. Reckinger statistische Daten über Lampedusa aushändigen!" Er unterschreibt und füllt mit seiner Unterschrift das halbe Blatt. Ein bunter Stempel noch dazu, ein wohlwollendes Kopfnicken und ein paternalistischer Händedruck zum Abschied und ich trete den Rückweg durch eine andere Tür als zuvor an.

Weitere Amtswege

Das Amt, zu dem mich der Bürgermeister geschickt hat, um die Statistiken abzuholen, liegt im Dorfzentrum. Es gibt also tatsächlich noch mehr Bürokratieapparat, obwohl das, was ich im Gemeindeamt gesehen habe, gefühlt schon für eine Großstadt reichen würde!

Die Mitarbeiterin ist unfreundlich und unkooperativ. Mit einem Griff nimmt sie besagtes Buch mit den Bevölkerungsstatistiken hervor, in das alles von Hand eingetragen wird. Es geht um drei Seiten, die sie sofort aufschlägt. „Morgen mache ich Ihnen die Kopien, und übermorgen können Sie sie holen. Auf Wiedersehen." Der Kopierer steht in Reichweite. Auch hier wimmelt es von Personal, alle im klassischen Büroschick: die Männer in Hemd und Bügelfaltenhose, die Frauen mit Blazer, hohen Schuhen und eleganten Brillen. Alle wirken professionell und gebildet, wie man sich „Amtspersonen" vorstellt.

Ich werde für weitere Statistiken in ein anderes Büro geschickt, das sich wieder im Gemeindeamt befindet. Also wieder zurück, es ist unglaublich.

Diesmal finde ich das Büro sofort. Die Frau, die hier zuständig ist, heißt Allegra. Sie ist 44, ausgebildete Buchhalterin, hat den Teint und die Gesichtszüge einer Tunesierin – sie hat aber nur italienische Vorfahren –, und hat nach dem langen Winter ein offensichtliches Bedürfnis nach Austausch. Sie ist sehr hilfsbereit, hat alle Statistiken, die mir die Frau im anderen Amt soeben verwehrt hat, digitalisiert griffbereit. Allegra bietet mir an, morgen mit meinem USB-Stick vorbeizukommen. Ich versuche mehrmals, das Gespräch zu beenden, aber jedes Mal fällt ihr noch eine andere Frage oder ein neues Thema ein. Sie ist charmant, aufmerksam und hilfsbereit, will genau wissen, was ich in Lampedusa mache. Sie macht seit kurzem ein Fernstudium in Politikwissenschaften und Soziologie. Sie verspricht sich von dem akademischen Titel einen Karrieresprung. Ich frage noch nach dem Bild Lampedusas als Schiff. Sie macht eine Geste, als würde sie etwas tragen: „Das Schiff bleibt auf der Stelle, aber es wackelt. Wir müssen alle dran arbeiten. Es gibt viel zu tun, viel Arbeit. Die Insel, und Europa überhaupt, müsste für die Migranten geöffnet werden. Erstens ist es immer so gewesen."[52] Und zweitens erhofft Allegra sich dadurch Stimulation: „Lampedusa könnte das Monte Carlo des Mittelmeeres sein, es könnte ein Ort der Begegnung sein. Afrika ist so nah; es wäre schön, wenn diese Nähe spürbar werden könnte."

*

---

52 Auch sie erzählt die Geschichte des Nebeneinanders von Christentum und Islam im Mittelalter.

Am Abend kommt Aldo noch einmal vorbei, heute soll er die Miete für die Wohnung holen. Er setzt sich an den Tisch. Er erklärt uns, dass er uns am Freitagabend sein Auto vor die Tür hinstellen werde, weil er am Samstag zu einer Hochzeit eingeladen sei und am Sonntag ausschlafen wolle. Ich soll dann am Sonntagmorgen Ursula selbst zum Flughafen bringen, und am Nachmittag, wenn Diana und ich abreisen, auch selbst zum Flughafen fahren. Ich soll das Auto einfach mit steckendem Schlüssel am Flughafen abstellen.

Aldo ist aufgebracht, weil heute im Fernsehen eine Norditalienerin sagte, im Süden würde nicht gearbeitet. Er spricht differenziert über das Problem, dass es im strukturschwachen Süden keine Arbeit gibt, über die Korruption, und über die „Illegalen": „Zu behaupten, dass die Menschen in diesen Ländern da unten nicht arbeiten, das ist doch der gleiche rassistische Diskurs! Wir müssen diesen Ländern helfen, Strukturen zu schaffen, und das muss Norditalien auch für den Süden machen." Deswegen habe er vor ein paar Tagen gesagt, das Boot gehe Richtung Afrika.

Das andere Gesicht Lampedusas

Juli 2010

Nach zwei Aufenthalten in der Wintersaison war uns klar, dass wir auch das andere, von Touristen überlaufene, auf Hochtouren arbeitende Lampedusa kennen lernen mussten. Zudem schien es uns wichtig, auch einmal über das Meer auf die Insel zu fahren, um die Distanz zu ermessen, die die *lampedusani* auf sich nehmen müssen, wenn sie auf dem Seeweg nach Sizilien reisen.

Bikinis, Ameisen und eine Ikone

Wir fahren mit dem *aliscafo*, einem Tragflächenboot, das nur im Sommer verkehrt, wenn das Meer ruhiger ist, und Sizilien in nur 4,5 Stunden (statt acht mit der uns wenig vertrauenswürdig erscheinenden Fähre) mit Lampedusa verbindet. Das Meer ist spiegelglatt, die Überfahrt ist kurzweilig, mit einem kurzen Zwischenstopp in Linosa. Hier steigen zahlreiche Tagesausflügler aus Lampedusa zu. Einige von ihnen tragen nur einen Bikini bzw. eine Badehose. Eine Vorahnung der Massen von Badetouristen und des Stils dieses Tourismus, von dem Lucia berichtet hatte.[53]

Lampedusa kommt in Sichtweite, zuerst die Steilküste, dann die Kargheit. Im Gegensatz zu Sizilien, das im Frühling ganz grün ist, ist Lampedusa das ganze Jahr über verbrannt.

Als wir vom klimatisierten Boot an Land gehen, trifft uns die Hitze wie ein Faustschlag. Es sind an die 40 Grad.

Aldo holt uns am Hafen ab. Er hat ein geräumiges, klimatisiertes

---

53 Siehe „Hey, wo kann man die Illegalen fotografieren?"

Auto, das ich noch nicht kenne. Ich frage ihn danach. „Das benutze ich nur im Sommer für die Touristen. Weil es luxuriöser ist." Überall fahren gemietete Mopeds und Autos, spazieren Fußgänger in Freizeitkleidung oder fast unbekleidet, Boote liegen links und rechts. Lampedusa ist trotz aller Vertrautheit doch ganz verändert.

Aldo ist herzlich, aber er sagt, dass er von morgens bis abends eingespannt sei. Seine Ferienwohnungen sind alle ausgebucht.

Alle Bekannten freuen sich, dass wir wieder da sind, aber alle entschuldigen sich, dass sie nicht genügend Zeit haben, mit uns ausgiebig zu sprechen. Der Barmann in der *Bar dell' amicizia* bringt es auf den Punkt: „Im Sommer ist es schön in Lampedusa. Dann sind viele Leute hier und wir arbeiten." Denn die Normalität in Lampedusa ist die Arbeitslosigkeit.[54]

Lampedusa ist eine Miniatur der gesamten Gesellschaft. Damit ist – wie auf jeder Insel – eine Utopie verbunden. Weil die *lampedusani* die meiste Zeit des Jahres isoliert sind, müssen sie sich als Gesellschaft Reize von außen holen (im Gegensatz zu vielen anderen Touristengebieten, wo viele denken, sie bräuchten das nicht). Das macht mir die *lampedusani* sympathisch. Der gleiche Barmann hatte mir im Winter gesagt, hier sei das Leben ganz anders. Er stammte aus Venetien und hatte seine Frau, eine *lampedusana*, erst vor zwei Jahren geheiratet und lebte seither auf der Insel. Das Leben hier würde gar nichts kosten: „Man isst Fisch, und den haben wir hier! Im Norden muss man sogar für die Luft bezahlen, die man atmet."

Jetzt im Sommer, wo alle rund um die Uhr arbeiten, alle Dienstleister sind, springen die Anarchie und die Desorganisation noch mehr ins Auge. Im Hafen liegen jetzt zahlreiche umgebaute Fischerboote, Ausflugsboote und ein paar Yachten, die auf schreienden Plakaten Bootstouren anbieten: Tagesfahrten nach Linosa, Inselumrundungen, Tauchausflüge – mit Mittagessen an Bord: „Mit lokalen Fischspezialitäten."

Einer überbietet den anderen mit den immer gleichen Angeboten und den immer gleichen bunten Visitenkarten. Wenn man durch den Hafen geht, wird man wild umworben, in der Hoffnung, dass man zu

---

54 Anderswo würde man eher umgekehrt formulieren: Im Winter ist man arbeitslos."

ihnen an Deck steigt und nicht zu ihrem Nachbarn. Denn es gibt keine
Unterschiede.

Wir mieten uns für einen Tag ein kleines Motorboot, um die Insel
zu umrunden, weil uns mehrmals gesagt wurde, man kenne Lampedusa nicht, so lange man es nicht vom Meer aus gesehen habe. Einen Bootsführerschein braucht man hier nicht. Ein Jugendlicher steigt
mit an Bord und erklärt kurz, wie das Boot gesteuert wird, wir bekommen eine kaum noch lesbare fotokopierte Karte der Insel, auf der
die Schutzzonen eingezeichnet sind, in die man nicht einfahren darf.
„Wenn ihr schwimmen geht, müsst ihr den Anker werfen. Und rammt
keine anderen Boote!" Dann steigt er wieder an Land. Wir starten den
Motor, legen den Rückwärtsgang ein, der Motor ist sehr stark und das
Boot macht einen Satz nach hinten. Der Junge lacht nur.

Überall fahren Boote, die sich wider Erwarten erstaunlich gut ver-
teilen. Auch der Bootsbauer Giorgio schippert auf seiner Yacht Touristen herum. Viele halten sich mit ihren Booten nicht an die Umwelt-
Sperrzonen, aber es kontrolliert auch niemand. Wir springen mehrmals ins Wasser, denn die Sonne ist unerbittlich und das Meer glasklar.

Die *lampedusani* haben recht: Vom Meer aus gesehen ist die Insel paradiesisch. Ob die Migranten das auch so sehen, wenn sie ankommen?

Auch die Auto- und Mopedvermietungen, die jetzt überall aus dem Boden schießen, wirken großteils improvisiert. Viele Familien vermieten im Sommer einfach ihr Zweitauto. Besonders beliebt bei den Touristen sind die alten Citroën Méhari, kleine Autos ohne Dach und Türen, aus den 1960er und 1970er Jahren auf Basis des legendären 2CV, von denen man im Sommer in Lampedusa Dutzende herumfahren sieht. Auch hier werden keine Führerscheine überprüft, keine Formulare ausgefüllt, und vor allem keine Rechnungen ausgestellt.

Ich denke in diesen Tagen oft an den Fischer Alessio, der mir gesagt hatte: „Wir sind wie die Ameisen: Wir sammeln im Sommer, um es im Winter zu verbrauchen."

Einer der „größeren" Autovermieter ist Aldos Freund Federico. Als ich eines Morgens an seinem Zelt an der Mole vorbeigehe, kommt er auf mich zu, schüttelt mir die Hand und sagt: „Du bist doch Gilles, der Freund von Aldo." Ich bin erstaunt, denn ich erinnere mich nicht, Federico je gesehen zu haben. Wir sind wohl doch bunte Hunde in Lampedusa. In den folgenden Tagen unterhalten wir uns jedes Mal ein wenig, wenn ich vorbeikomme. Er erzählt mir, wie er zu dieser Autovermietung gekommen ist. Zuvor war er Maurer, aber die Arbeit hat ihn immer mehr gestört. „Und vor ein paar Jahren bin ich nach Hause zu meiner Frau und sagte ihr, dass ich nicht mehr will. Wenn ich aufgestanden bin, graute mir schon, wenn ich an die Arbeit in der Hitze dachte. Obwohl ich viel Geld verdiente. Ich konnte die Hitze einfach nicht mehr ertragen." Aber im Winter arbeitet er sporadisch noch als Maurer – natürlich schwarz. Das braucht hier niemand zu verheimlichen. Im Sommer würde er von morgens bis abends arbeiten, und es stimmt: ich sehe ihn zu jeder Tageszeit. „Aber ich verdiene hiermit auch sehr gut."

Ein halbes Jahr später, im Februar 2011 treffe ich ihn im Dorf. Er erzählt mir, dass er kürzlich mit seiner Frau in Paris war. „Im Winter nutzen wir die Zeit und unternehmen zusammen schöne Dinge." Im Winter vermietet er keine Autos, seine Lizenz gilt nur zwischen Mai und Oktober.

Die Strände sind übervoll, und ab dem frühen Abend verlagert sich das Geschehen auf die *via Roma*, die im Sommer für den Autoverkehr gesperrt ist. Jede Bar, jedes Restaurant hat Tische mitten auf die Straße gestellt, die im Winter geschlossenen Souvenirläden, die zum guten Teil nicht von Einheimischen, sondern von Norditalienern betrieben werden, stellen ihre Ware aus, es spielen Live-Bands, Alleinunterhalter,

es gibt Eis, Luftballons und Jongliershows, die Touristen flanieren die Straße entlang und die Einheimischen laufen geschäftig herum. Es ist kaum möglich, mehr als ein paar Sätze mit ihnen zu wechseln. Viele arbeiten ohne Ausbildung als Kellner und Köche in den Restaurants. Sowohl in der Küche als auch im Service bleibt das Familiäre, Improvisierte und Hausbackene offensichtlich, was zwar den Charme des Spontanen ausstrahlt, aber für Touristen mit gastronomischen Erwartungen gewöhnungsbedürftig sein dürfte.

Ohne Rimini oder Mallorca zu kennen, grenzt der Trubel – besonders im Vergleich zum Winter – für uns an einen Kulturschock. Vor allem aber macht uns die Hitze zu schaffen, die sogar nachts erdrückend ist. Noch während man sich nach dem Duschen abtrocknet, beginnt man bereits wieder zu schwitzen.

Inmitten dieses chaotischen Treibens haben ein paar lokale Vereinigungen ein kleines Festival organisiert, bei dem Dokumentarfilme zur Migrationsthematik und zu Lampedusa gezeigt werden. Zwei Journalisten aus Rom, Fabio Sanfilippo und Alice Scialoja, präsentieren ihr neues Buch *A Lampedusa* über die Korruption, die Misswirtschaft und den Umgang des Staates mit den Flüchtlingen. Auch der Filmemacher Dagmawi Yimer aus Rom präsentiert seinen Film *Ritorno a Lampedusa* – Rückkehr nach Lampedusa. Er war selbst vor einigen Jahren aus Äthiopien über Libyen nach Lampedusa geflüchtet und hatte in Italien Asyl erhalten. Mit einem Filmteam hat er Lampedusa wieder besucht und die Leute über die Migranten befragt.

Ich freue mich, mit ihm sprechen zu können, weil ich in Lampedusa auf seine beiden Filme aufmerksam gemacht worden bin. Doch unser Gespräch bleibt seltsam hohl. Dagmawi wird im lokalen Diskurs zur stellvertretenden Personifizierung des Schicksals der Bootsmigranten. Seine Filme scheinen visuell – als Dokumente – die Perspektive des geretteten Flüchtlings greifbar machen zu können, die im Alltag, trotz der Allgegenwart der Ankünfte, ausgeblendet und verborgen ist. Sie scheinen ein Bedürfnis der Einheimischen nach einer Spiegelung zu erfüllen, in der sich die Sprachlosigkeit auflöst, die das Verhältnis zu den anonymen Migranten im *centro* kennzeichnet, deren Spuren sich, so wie sie ohne Papiere und ohne erkennbare Identität gekommen sind, wieder verlieren, gleich ob sie nun bleiben dürfen, abgeschoben werden oder untertauchen.

Mir scheint es, als müsse Dagmawi für eine moderne Version der Geschichte des Sklaven von *Porto Salvo* herhalten.[55] Auch wenn er wohl aus freien Stücken darin einwilligt, kann er in Wahrheit natürlich nur für seine eigene Geschichte stehen. Der Druck scheint auf ihm zu lasten, und er tut mir leid – nicht so sehr wegen seiner eigenen Geschichte, denn da ist er handlungsfähig –, sondern wegen der hohen Erwartungen an ihn als fast mythische Ikone. Das, was das Interesse an seiner Geschichte auslöst – die Bedingungen des Lebens in Afrika, die Strapazen der Überfahrt, die Hoffnung auf ein neues Leben und die glückliche Rettung –, ist letztlich nicht darstellbar, und das Zeigbare bleibt eine Rekonstruktion aus Relikten.

Beim Festival treffen wir viele Bekannte, Lucia und die Gruppe um Bruno. Es sind ansonsten nicht viele Einheimische hier und so gut wie keine Touristen. Die Lebenswelten begegnen sich nicht, so wie es sich die Organisatoren des Festivals wünschen würden. Aber es entspricht der gewachsenen Struktur in Lampedusa. Es gibt in der Tat drei parallele Inseln: die der Migration und die der Touristen, und dazwischen leben die Einheimischen. An der Person Dagmawi Yimers wird dies in großer Radikalität spürbar. Auch wenn wir ihn sehen können, bleibt seine Erfahrung unzeigbar: Sie erzählt sich nicht.

Während das Festival sich mit dem Migrationsthema beschäftigt und die Touristen den Sommer genießen, landet ein Boot mit etwa 20 Männern aus Nordafrika in Lampedusa. Da das *centro* offiziell geschlossen ist, improvisiert das verbliebene Personal am Rand einer entlegenen Straße gleich neben ihrem Ankunftsort ein Zeltlager, wo sie die Flüchtlinge versorgen, bis sie nach Sizilien verlegt werden. Ich bemerke nur, wie das Boot mit einem mobilen Kran aus dem Wasser gehoben wird und auf einen LKW verladen wird, der ohne Aufhebens zu machen schnell davonfährt.

---

55 Siehe „Religiöse Feste und Mythen"

Fast Winter

Seit heute Morgen sitzen wir in Lampedusa fest, weil das Tragflächenboot und die Fähre nicht fahren. Bereits gestern hatte Aldo uns gesagt: „Es kommt Wind auf. Ich glaube, ihr werdet noch eine Weile hierbleiben." Natürlich war uns klar, dass man damit in Lampedusa immer rechnen muss, aber im Sommer passiert es selten, dass sowohl das Tragflächenboot als auch die Fähre nicht anlegen. Für ein paar Minuten denken wir an unsere Termine und Verpflichtungen zu Hause, aber in Lampedusa verlieren sie schnell an Bedeutung. Man ist gezwungen, sich dem Meer zu ergeben.

Mit dem Wind kühlt es auch etwas ab. Obwohl das Treiben des Tourismus nicht abgenommen hat – man sieht jetzt sogar im Gegenteil mehr Menschen auf den Straßen, weil keine Boote auslaufen können –, ändert sich die Stimmung. Es scheint, als sei für die *lampedusani* die Unterbrechung des Kontaktes mit dem Außen eine willkommene Abwechslung, ein Verschnaufen. Die Touristen scheinen davon keine Notiz zu nehmen.

Ein Paar aus Rom, Mitte 30, nimmt mich in ihrem Mietauto mit. Sie sind zum ersten Mal in Lampedusa, aber es gefällt ihnen nicht. Sie sind enttäuscht, weil alles so chaotisch ist. „Ja, das Meer ist wunderschön, das Wetter, die *Spiaggia dei Conigli*, aber es gibt keine Organisation: Keine Spazierwege, das Mietauto ist alt, man kann nichts machen außer am Strand liegen." Sie werden nicht wiederkommen. Ich denke an den Rhythmus des Winters, an den die momentane Isolation erinnert, und bin froh, dass ich dieses andere Lampedusa zuerst kennen gelernt habe.

Am zweiten Tag, an dem wir festsitzen, treffe ich Aldo auf der *via Roma*. Er sitzt mit einem Arbeitskollegen und einem Freund vor der Bar *Isola delle Rose*. Ich setze mich dazu und trinke einen Kaffee mit ihnen. Sie reden über Insularität – das ständige Sprechen über die Identität schafft natürlich auch Identität, das ist ein Spezifikum der Inseln und überhaupt jener Orte, die sich in ihrer kulturellen Identität bedroht oder unsicher fühlen – und der Freund erzählt, dass er Lampedusa vor 15 Jahren verlassen hat. Er arbeitet jetzt als Elektriker in Rom, aber ein

Insulaner sei er immer noch. Jeden Sommer kommt er her. „Ich schreibe jedes Mal Gedichte hier." Aldo und der andere bestätigen, dass er „ein Poet" sei. In Lampedusa geben viele – vor allem Männer – an, Gedichte zu schreiben. Abgesehen von Hans Magnus Enzensbergers Feststellung, dass es mehr Leute gibt, die Lyrik schreiben, als solche, die sie lesen, begünstigt die Konstruktion von Insularität die Vorstellung, aus dem Eigenen schöpfen zu müssen (und zu können). Vielleicht ist es das, was die Anthropologin Giulia meint, wenn sie davon spricht, dass jeder Insulaner eine eigene Insel auf einer Insel sei.[56]

Hier sitzen wir in der improvisierten Fußgängerzone auf der *via Roma* und es ist wieder wie im Winter: Es gibt genug Zeit zu plaudern, so als gäbe es keine Touristen. Die *lampedusani* scheinen das Ausbleiben der Fähre tatsächlich zu brauchen, so wie es Tino beschrieben hatte[57]: Es handelt sich um den identitären Diskurs des Verlassenseins, aber zugleich auch der (temporären) Freiheit von der Hektik des Festlandes, die mit den Schiffen (mehr als mit den Flugzeugen), wenn auch in abgeschwächter Form, auf die Insel übergreift.[58]

Am Morgen des vierten Tages holt uns Aldo ab. Der *aliscafo* fährt heute vielleicht wieder – der Kapitän entscheidet das sehr kurzfristig –, es wäre gut, dann im Hafen zu sein. Tatsächlich können wir an Bord gehen. Das Meer ist aufgewühlt, das Boot fällt in jedes Wellental. In Linosa steigt eine Gruppe junger italienischer Männer in Fußballtrikots zu. Als das Boot ablegt, jammern sie laut bei jeder Welle. Ein paar Frauen, deren Kinder ganz tapfer sind, schauen sie strafend an, bis sie still sind. Ein Matrose hangelt sich wankend durch die Reihen und verteilt wortlos Plastiktüten.

Einige werden seekrank. Diana und ich halten uns gut an den Lehnen fest, konzentrieren uns auf den trivialen Actionfilm, der gezeigt wird, und überstehen die Fahrt einigermaßen unbeschadet. Erst kurz vor Sizilien beruhigt sich das Meer. Unter diesen Umständen ist Sizilien eine Ewigkeit entfernt.

---

56 Siehe „Zeit der Öffnung – Zeit der Stille"
57 Siehe „Es ist eine Tradition, dass man lamentieren muss, wenn die Fähre nicht kommt."
58 Siehe „Keine Insel"

Afrika rückt näher

Februar 2011

Als Anfang 2011 die arabischen Revolutionen einsetzten und sich die Medien wieder auf Lampedusa stürzten, weil aufgrund der Umbruchsituation die Grenzen Tunesiens nur mehr lückenhaft überwacht wurden und zahlreiche junge Tunesier die Überfahrt nach Italien wagten, entschied ich mich kurzfristig, allein für ein paar Tage nach Lampedusa zu fliegen, um zu sehen, wie die Situation den Alltag auf der Insel veränderte.

Trotz der vorhersehbaren Flucht vieler Menschen in den Umbruchswirren sah man in Italien im Januar 2011 noch keine Veranlassung, sich auf eine vermehrte Zahl von Bootsflüchtlingen vorzubereiten. Das *centro d'accoglienza* in Lampedusa blieb weiterhin geschlossen, sodass mehreren Tausend Flüchtlingen, die innerhalb weniger Tage die Insel erreichten, nichts anderes übrigblieb, als unter freiem Himmel am Hafen zu übernachten. Als das *centro* Mitte Februar wieder geöffnet wurde, waren seine 850 Plätze bei weitem nicht mehr ausreichend, und vor dem Hintergrund der Medienbilder aus Lampedusa sprach Innenminister Maroni von einem „biblischen Exodus". Wieder einmal war der Notstand erst durch die Politik hervorgerufen worden, die die Augen vor der Realität der Migration verschließen wollte, und wieder einmal konnte man nun diesen „Notstand" unter dem Einsatz von Militär und Polizei medienwirksam als Bedrohung der Sicherheit bekämpfen.

Palermo – Flughafen

Die Flüge nach Lampedusa von gestern Abend und heute Morgen wurden gestrichen. In Lampedusa war es stürmisch, die Landung auf der kurzen Piste wäre zu riskant gewesen. Zuerst ist unklar, ob ich fliegen kann, aber am Ende klappt es doch. Es sind wohl knapp 100 Polizisten und *carabinieri* in der Abflughalle, die auf den Flug nach Lampedusa warten. Viele sind sehr jung, kaum 20 Jahre alt.

Ich spreche einen *carabiniere* mit Kappe an, der offensichtlich einen höheren Grad hat und sich um den *Check-in* der ganzen Leute kümmert. Er erzählt mir von ihrer Mission in Lampedusa und sagt: „Europa muss wie die USA werden, wir können nicht die nationalen Interessen vor das Gesamte stellen. Europa muss das Problem an den Außengrenzen gemeinsam lösen."

Später spreche ich noch mit dem 26-jährigen *carabiniere* Lorenzo, der aus Gorizia kommt. Sein Vater ist Kalabrier, seine Mutter aus Mailand, dort ist er aufgewachsen. Sein Großvater führte eine Bar, direkt gegenüber einer *carabinieri*-Kaserne. „Ich bin mit ihnen aufgewachsen. Ich bin der Erste in meiner Familie, der in dieser Karriere ist," sagt er stolz. Sie sind immer auf Missionen, zuletzt in Neapel, davor in Afghanistan, denn die *carabinieri* gehören zum Militär. Wenn er nach circa einem Monat Lampedusa verlassen wird, bekommt er vier Tage frei. Er war noch nie in Lampedusa und freut sich darauf, vor allem auf den Wellness-Bereich seines Hotels. Ihre Aufgabe bestehe darin zu warten, ob Migranten kommen, und dann bereit zu sein. Bereit wofür, das kann er mir nicht sagen. Ich frage ihn, wieso sie ihre Waffen mit an Bord nehmen dürfen. Das sei die Entscheidung des Flugkapitäns. In der Regel müssten die Waffen entladen sein und die Magazine in einem Safe beim Piloten deponiert werden. Das sei bei so vielen Waffen aber nicht möglich. Ich werde also wieder einmal mitten in einem Arsenal hinüberfliegen! Ich treffe Lorenzo ein paar Tage später in Lampedusa wieder. Um mir die Hand zu schütteln, zieht er seinen feinen weißen Handschuh aus. Seine anfängliche Begeisterung ist Enttäuschung gewichen, denn das vielversprechende Hotel, das er im Internet gesehen hatte, liegt weit außerhalb und hat nur ein Freibad, das jetzt im Winter geschlossen ist.

Von den Zivilisten in der Abflughalle kenne ich einige Gesichter, eine junge Mitarbeiterin der Stadtpolizei, die ich ein Jahr zuvor kennen gelernt hatte, ist dabei, sie lädt mich ein, sie wieder im Büro zu besuchen. Ein anderer kommt hinzu und spekuliert, ob der Flug stattfindet oder nicht. Er erklärt mir, dass wir andernfalls nach Palermo in ein Hotel gebracht werden. „Essen! Trinken! Sie bezahlen alles!" Es macht ihm nichts aus, Zeit ist in Lampedusa immer im Überfluss vorhanden. Darum sind sie zu beneiden. Mit einer halbstündigen Verspätung beginnt das Boarding. Die *carabinieri* sitzen hinten, die zivilen Reisenden vorne. Alle kennen sich. Die Stewardessen könnten *lampedusane* sein, jedenfalls kennen sie sich auch, vielleicht auch nur, weil sie immer auf dieser Linie fliegen. Zuletzt kommt eine etwa 30-jährige Frau herein, die mir schon in der Abflughalle bekannt vorkam. Es ist die Copilotin! Was die allerdings im Warteraum gemacht hat ... ? Der Pilot erklärt in einer Durchsage, dass es möglich war, auch die Passagiere von heute Morgen und von gestern mitzunehmen, aber dass dadurch das Flugzeug voll ausgelastet sei. Da sie in Palermo gestern den Flieger für einen Hin- und Rückflug nach Lampedusa betankt hatten (weil in Lampedusa oft Treibstoffmangel herrscht), haben wir jetzt zu viel Kerosin an Bord, um zu landen, und werden eine halbe Stunde Schleifen über Lampedusa drehen müssen.

Die MD-80 ist zwar steinalt, aber im Flug angenehm leise, anders als beim Start in Lampedusa, bei dem das ganze Dorf erzittert.

Neben mich setzt sich ein Mann in meinem Alter, er könnte Journalist sein oder sogar Aktivist. Aber er ist der Pressesprecher von Frontex![59] Der Mann kommt aus Polen und arbeitet im Hauptquartier

---

59 Frontex („*frontières extérieures*" – Außengrenzen), 2004 vom Rat der Europäischen Union geschaffen, ist die europäische Agentur für den Schutz der Außengrenzen mit Sitz in Warschau, wo sie etwa 270 Mitarbeiter beschäftigt. Die Agentur ist demokratiepolitisch und völkerrechtlich umstritten, weil sie sich als apolitischer Dienstleister präsentiert, der Grenzen als technische Axiome begreift und mit Migrationskontrolle und Asyl nichts zu tun habe. Bernd Kasparek und Sabine Hess beschreiben die Problematik dieser Verantwortlichkeitsteilung, nach der Frontex die Grenze vor allem als Technologie zur Regierung eines Raumes abseits des EU-Territoriums betreibt, während die Verantwortung für Menschen- und Flüchtlingsrechte bei den Mitgliedsstaaten der Europäischen Union verbleibt. Tatsächlich gerät Frontex immer wieder in Kritik, weil die Abschiebungen in internationalen Gewässern zum Teil intransparent erfolgen (und gegen geltendes Recht verstoßen) und nicht immer gewährleistet ist, dass Menschen, die ein Recht auf Asyl haben, auch die Gelegenheit bekommen, einen Asylantrag zu stellen – denn dafür ist Frontex nicht zuständig. Zudem gibt es immer wieder Todesfälle oder Unglücke, bei denen ein zu zögerliches Eingreifen von Frontex kritisiert wird. Frontex selbst argumentiert in einem Interview mit der deutschen „Tageszeitung" am 8. Juni 2011, dass sie zwar bei einem Seenotfall auch ohne Mandat helfen dürfen, verweist aber darauf, dass es Auslegungssache sei, wann von einem Seenotfall zu sprechen sei.

in Warschau. Er ist ständig unterwegs zwischen Warschau, Brüssel, den Kanarischen Inseln, Griechenland, Rom und Lampedusa.

Er fliegt jetzt nach Lampedusa, „um den Journalisten zu erklären, dass keine Frontex-Leute auf die Insel kommen werden, sondern dass sie in den *centri* auf dem Festland zum Einsatz kommen werden." Er spricht natürlich *pro domo*, die Kritiker hätten keine Argumente, aber er hat zumindest zum Teil auch recht: Frontex exekutiert nur die restriktive Politik, die von uns Europäern in Auftrag gegeben wurde. Frontex ist der deutlichste Ausdruck der europaweiten migrationsfeindlichen Politik, mithin eine der seltenen EU-Kreationen, in der die meisten Staaten sich einig waren – was wohl viel aussagt über die kulturellen Visionen des Projektes Europa.

Gestern hat Janek auf einer Pressekonferenz Zahlen der IOM[60] präsentiert, nach denen eine halbe bis anderthalb Millionen Migranten in Libyen leben, wovon viele auf eine Ausreise nach Europa warten *könnten*. In zwei italienischen Zeitungen las ich heute: „Es ist damit zu rechnen, dass eine halbe bis anderthalb Millionen Illegale Italien überrennen werden." Das ärgert Janek natürlich auch. Seine Aufgabe sei es, diesen *spin doctors* etwas entgegenzusetzen. Ich sage ihm, dass er ja auch ein *spin doctor* sei, wenn er die Meinung der anderen im Sinne von Frontex korrigieren „müsse". Er reagiert säuerlich. „Ich erkläre den Leuten den Sachverhalt."

Janek sagt, dass einerseits die extreme Rechte eine protektive Politik vorantreibe, dass aber zugleich die Abschottungshaltung bis weit in den politischen Mainstream reiche. Wenn die Journalisten fragen: „Was ist die Position von Frontex zur Migration?" – was er als „aufs Eis locken" bezeichnet –, sagt er, dass Frontex dazu keine Position habe, und dass er darauf nur als Privatmann in privatem Kontext seine private Antwort geben könne. Er sagt aber auch, dass es eine Welt ohne Grenzen nicht geben könne, und dass es historisch nie eine solche Situation gegeben habe. Ich widerspreche ihm nicht, denke spontan an das vorkoloniale Afrika und frage mich, warum wir Europäer uns eigentlich immer so sicher sind, dass unsere Sicht die wahre ist. Stattdessen sage ich: „Jedenfalls kommt Europa angesichts der aktuellen Umbrüche in

---

60 International Organization for Migration.

den arabischen Ländern nicht darum herum, seine Einwanderungspolitik endlich zu überdenken." – „Das ist ein Prozess, der seit langem im Gange ist und der einfach nicht von der Stelle kommt. Und es wird so weitergehen." Mit Blick auf Österreich, Frankreich, Deutschland und viele andere Länder Europas, die sich in massiven Renationalisierungsprozessen befinden, kann ich ihm nur Recht geben.

Der Flug ist kurz, Lampedusa kommt schnell in Sicht. Wie schnell die Düsenmaschine ist: Mit dem lauten Propeller-Oldtimer erscheint mir der Flug immer endlos. Als wir landen, wird es wieder böig, knapp vor dem Aufsetzen schüttelt es ein wenig, die Landung ist hart, das Flugzeug erhebt sich noch einmal ein wenig, dann bremst es fest ab. Die Kabine jubelt. Als das Flugzeug geparkt ist, kommt die Frau aus dem Cockpit. Sie wird beklatscht und gefeiert wie ein Rockstar. Der Frontex-Mann schüttelt den Kopf, diese Seite Lampedusas erschließt sich ihm nicht.

Als ich ihm erzähle, dass die *lampedusani* lange darum gekämpft haben, dieses größere Flugzeug mit Düsenantrieb auf ihre Linie zugeteilt zu bekommen, sagt er, er sei im Sommer mehrmals aus Rom mit fast leeren Boeings angereist. Die Landung mit diesen Maschinen sei abenteuerlich, weil die Piste so kurz sei. Mehrmals ist er aber auch mit einer Maschine der Finanzpolizei gekommen. Als wir aussteigen, zeigt er mir das Flugzeug, das gerade auf dem Rollfeld steht. Ich frage unschuldig: „Und das ist hier, um die Zollbeamten nach Hause zu fliegen?" – „Nein, es hat sehr sensible Kameras an Bord. Das Flugzeug kreist über dem Meer und sucht nach Booten." Ich frage, ob sie dabei Hinweisen folgen oder nur die Nadel im Heuhaufen suchen. Er sagt, sie suchten tatsächlich auf gut Glück, allerdings hätten sie ein komplexes Flugroutensuchsystem, um das Meer möglichst effizient zu durchforsten.

Draußen wartet Tommaso, begrüßt mich, fragt mich, ob er mich fahren könne. Sein Handy läutet. Auch er verdient an der neuen Situation, denn er hat bereits wieder eine Kundin in der Leitung.

Aldo wartet unten im Auto. Er beschwert sich über das schlechte Wetter, die viele Polizei und die Invasion der „Illegalen": 3.000 in zwei Tagen seien gekommen! Und frei herumlaufen würden sie. Ich weiche aus, ich will das lieber in den nächsten Tagen mit ihm in Ruhe besprechen. Die vielen Boote neben dem Fußballplatz springen sofort ins Auge. Viele liegen noch im Wasser, weil man nicht weiß, wo man sie hinbringen soll, oder weil sie zu schwer sind, um einfach an Land gezogen zu werden. Es sind nicht mehr nur kleine Boote, sondern es sind auch richtige Schiffe darunter. Ob nun auch noch die lokale Fischerei Tunesiens zusammenbricht, der ihre Flotte abhanden kommt?

Abenteurer und Aufgeregte

In der Nähe der Militärmole steht ein dunkelhäutiger Mann auf den Felsen, die Hände in den Taschen, und blickt aufs Meer. Ich rufe ihm ein *buongiorno* zu. Er antwortet ein paar Sätze auf Italienisch, dann frage ich ihn, ob er lieber Französisch sprechen möchte. Ja, das sei seine zweite Sprache, das sei einfacher. Kalil kommt aus Tunesien. Er ist ausgebildeter Heizungs- und Klimaanlageninstallateur. Er ist vor vier Tagen angekommen, „auf einem Boot mit 55 anderen Leuten, darunter zwei Frauen". Vier Tage waren sie auf See, eine Nacht lang fuhren sie im Kreis, weil ihr GPS-Gerät kaputt gegangen war. Es sei sehr gefährlich gewesen. Sie baten ein ägyptisches Fischerboot, die Finanzpolizei zu alarmieren. Zweieinhalb Stunden später war das Boot zur Stelle. Es war Rettung in letzter Minute: Die Insassen schöpften ständig Wasser ab, doch das Boot lief voll und war bereits kurz vor dem Untergehen. Viele seien sehr krank gewesen, aber gestorben sei niemand.

Es ist seltsam irreal, einfach mit jemandem am Meer zu stehen und zu hören, wie er nur knapp dem Tod entkommen ist, nur wenige Tage zuvor. Ich höre die Worte, die er sagt, ich spreche mit ihm, ich kann ihn berühren, aber die Distanz zwischen seiner Welt und meiner Welt ist unendlich. Wir können uns nicht begegnen.

Kalil ist gerade 30 geworden, sein Blick ist wach, und ich sehe ihm seine Unruhe an. Sie dürften sich frei bewegen auf der Insel, sagt er. Am liebsten geht er allein spazieren. „Fast immer komme ich hierher und schaue auf das Meer." – „Sie schauen aufs Meer..." – „Ja, und dann denke ich nach. Ich bin sehr nachdenklich." – „Woran denken Sie?" – „An alles. Was mich wohl erwartet. An meine Familie."

Ich frage vorsichtig, was er denn denkt, dass passieren wird, er sagt, er wisse es nicht. Ich sage ihm behutsam, dass er möglicherweise abgeschoben werden wird. Dabei hat er zur Bezahlung der Überfahrt lange Zeit gespart und sogar sein Moped verkauft. Seine Familie ist zurückgeblieben: Sein älterer Bruder ist verheiratet und hat eine kleine Tochter, sein kleiner Bruder ist noch zu jung, um wegzugehen. Kalil hatte Arbeit bis zum Umsturz, da hat das Chemiewerk, in dem er gearbeitet hat, die Leute einfach entlassen. Er wusste, dass er sterben könnte, aber er wollte seine Chance ergreifen. Sie hatten ihm gesagt, es sei ein großes Boot. Als er an den Strand kam und sich über das kleine Boot beschwerte, sagte man ihm und den anderen Passagieren, dass sie auch dableiben könnten. Das Geld würde man ihnen aber nicht zurückgeben. Niemand ist zurückgeblieben.

Kalil ist der erste Bootsflüchtling, den ich treffe, und ich bin überrascht, wie gut er gekleidet ist. Im Laufe des Tages sehe ich noch viele andere, alles junge Männer zwischen kaum 18 und etwa 35 Jahren, und sie sind alle sehr gepflegt. Viele waren noch beim Friseur, bevor sie gekommen sind, die meisten tragen neue modische Schuhe, Hosen und Jacken. Sie haben sich für Europa schick gemacht. Kalil trägt zudem eine Baseballmütze, die er tief in die Stirn gezogen hat. Er möchte in Europa arbeiten, und es ist ihm egal, in welches Land er kommt. Schon als Kind hat er immer *Rai Uno* geschaut. So hat er Italienisch gelernt – vor allem aber den „europäischen Traum" aufgesogen. Dass die Europäer von den Arabern ein falsches Bild haben, überall Kriminelle und Terroristen vermuten, führt er auf die einseitigen Fernsehbilder zurück. Die europäischen und amerikanischen Fernsehbilder, die er gesehen hat, hinterfragt er jedoch nicht. Er fragt mich, ob ich aus Frankreich komme, ich sage: "Nein, aus Luxemburg." Er verbeugt sich ein wenig und wiederholt mehrmals: „*Enchanté* – sehr erfreut." Seine Ehrfurcht beschämt mich. Sie richtet sich ja auch an das, was ich symbolisiere – Europa – , doch das macht er an meiner Person fest.

Er zeigt mir ein Stück Papier, es ist sein kostbarster Schatz in Lampedusa. Auf der einen Seite eine Tabelle, wo nach jeder Mahlzeit (dreimal am Tag) ein Unterschriftskürzel vermerkt, dass er schon gegessen hat. Auf der anderen Seite steht sein Ankunftsdatum und eine Nummer: 39. Die Flüchtlinge werden der Reihe nach aufs Festland verlegt. Er weiß noch nicht, wann er dran ist, aber er bleibt zuversichtlich, obwohl er ein wenig besorgt ist, dass gestern hundert Leute wieder zurück ins *centro* gebracht wurden. Es beruhigt ihn, als ich ihm sage, dass ihr Flug aufgrund der Wetterbedingungen nicht durchgeführt werden konnte. Ich bin schockiert über die Praxis der Behörden, die Menschen im Unwissen zu lassen. Niemand kann oder will ihnen sagen, was mit ihnen passiert. Sie werden einfach wie Gegenstände hin und her geschoben. Und niemand wehrt sich dagegen. Aufständische, Kriminelle und Terroristen stelle ich mir anders vor. Als ich wieder aufbreche und ihm alles Gute wünsche, drückt er mir fest die Hand und sagt: *„Merci, Gilles, mon frère."*

Eine Gruppe von vier Tunesiern schlendert vorbei. Ich kann nachvollziehen, dass die *lampedusani* beunruhigt sind. Es ist ein ungewohntes Bild hier. Niemand außer uns ging letztes Jahr zu Fuß. Mehrmals spüre ich heute argwöhnische Blicke, als ich mit in die Stirn gezogener Wollmütze durch den Hafen schlendere. Wie schnell man zur *Persona non grata* wird. Meine blauen Augen und meine helle Haut fallen niemandem auf.

Ich gehe zum *Caffè del Porto*, ich möchte dort frühstücken. Domenico, der Besitzer, begrüßt mich herzlich. „Domenico, du hast abgenommen" – „Ja! 24 Kilo! Schau her!" Er zeigt mir ein Foto, auf dessen Rückseite er das Datum der Aufnahme geschrieben hat. „So fett war ich." Jetzt gehe er täglich laufen. Früher habe er Fußball gespielt, aber nach drei Rempeleien und einem Nasenbruch habe er damit aufgehört. Vor kurzem habe er eine Fußballschule gegründet. 200 Kinder seien angemeldet.

Domenico fragt, ob ich wegen der „Illegalen" hier sei. „Nein, immer noch vor allem wegen euch. Ich möchte einmal sehen, wie es in Lampedusa ist, wenn so ein Rummel ist: Polizei, Medien, wie ihr damit umgeht."

Ein Bekannter Domenicos kommt herein und klinkt sich ins Gespräch ein. Gestern gab es wieder ein Treffen der politisch Interessierten, und Domenico, der dabei war, berichtet davon. Der Mann will wissen, ob auch das Problem der Hygiene angesprochen wurde. Ich höre das heute noch öfters: eine der größten Ängste der *lampedusani* ist, dass die Fremden Krankheiten einschleppen könnten. Früher habe es eine bessere medizinische Betreuung für die Migranten gegeben, sagt der Mann. Das stimmt nur bedingt. Wichtiger ist der Zusatz: „Und sie konnten nicht überall hingehen." Einsperren und kasernieren, was fremd ist, was Angst macht. Auf einmal scheint das, wogegen letztes Jahr alle gekämpft haben, ein gar nicht so unangenehmer Weg, mit den Migranten umzugehen. Der Mann sagt noch, die Araber hätten ihre Revolution doch auch ohne Blutvergießen und ohne Massenflucht machen können. Dass Gaddafi selbst die Leute umbringen lässt, scheint ihm nicht bewusst zu sein, oder es ist ihm egal. Er faselt noch von Al Qaida und Osama Bin Laden, der zu dem Zeitpunkt noch am Leben ist. Ich bin immer wieder verwundert, wie es sein kann, dass zahlreiche *lampedusani* keine blasse Ahnung von den Zuständen und Entwicklungen ihrer südlichen Nachbarländer haben, obwohl sie davon ja schon immer direkt betroffen waren – oder zumindest immer davon sprechen, davon betroffen zu sein. Und wie wenig sie sich von vorgegebenen Meinungen distanzieren und ihrer eigenen Wahrnehmung vertrauen: Dass diese Tunesier, die hier durch die Straßen spazieren, mindestens genauso gepflegt sind wie die Einheimischen und obendrein häufig bessser ausgebildet, scheint niemandem aufzufallen.

In Domenicos Bar herrscht Hochbetrieb. In den 20 Minuten, in denen ich dort bin, kommen zahlreiche Polizisten, *carabinieri* und Finanzpolizisten herein, um ihre Kaffeepause zu machen.

Ich gehe zum „neuen" improvisierten Bootsfriedhof auf der Brache neben dem Fußballplatz. Wo früher die beiden arabischen Boote vor sich hingammelten, liegen jetzt mindestens zwanzig. Ein Auto der Küstenwache steht dort, ein paar Beamte inspizieren die Boote. Ich frage sie, was mit den Booten passieren wird. „Wir wissen es nicht. Das Problem ist, dass die Boote keine italienische Zulassung haben. Wir können die Besitzer nicht ausmachen. Vorerst sind sie beschlagnahmt."

Als sie wegfahren, schaue ich mir die Boote genauer an. Das Hab und Gut der Flüchtlinge liegt noch dort, Essensreste, leere Wasserflaschen, schmutzige Hosen und Unterhosen, auch Jacken und Decken sind dabei, Medikamente, Zigarettenpackungen mit arabischer Auf-

schrift, Schuhe, Feuerlöscher. Alles wurde einfach so zurückgelassen, und jetzt entsteht hier eine Bilderbuchmüllhalde, denn es haben offensichtlich auch schon einige *lampedusani* ihren eindeutig als italienisch erkennbaren Müll und Schutt hier abgeladen. Das dürfte ein neues dauerhaftes Provisorium werden.

Es ist gespenstisch, zwischen diesen leeren Booten zu stehen und sich vorzustellen, dass noch vor ein paar Tagen Tausende von Menschen diesen alten, morschen Kähnen ihr Leben anvertraut haben. Sie sind ausnahmslos völlig verlottert, kaputt, und trotz ihrer beträchtlichen Größe viel zu klein, als dass ich mir darauf hundert, zweihundert Menschen vorstellen könnte.

Die Motoren sind nicht mehr vollständig, die Schiffsschrauben fehlen bei den meisten Booten. In einer Zeitung hatte ich ein paar Tage zuvor gelesen, dass die *lampedusani* die brauchbaren oder verkäuflichen Teile angeblich abmontieren und damit Handel treiben. Wer auch immer es getan hat, es hat System und ist anscheinend mit großer Sachkenntnis gemacht worden. In allen Nischen entstehen eigene Ökonomien und Profite. Als ich weitergehen will, kommt gerade ein Fernsehteam an. Der Kameramann stürmt mehr oder weniger ziellos drauf los und hält die Kamera auf die Wracks. Es sind die ersten Journalisten, die ich treffe.

Auf der *via Roma* kommen mir mehrere Gruppen von Männern entgegen. Polizisten, *carabinieri*, tunesische Flüchtlinge, ein paar jugendliche *lampedusani*. Auf dem zentralen Platz sitzen und stehen mehrere Gruppen von tunesischen Migranten. Vor der *Banca della Sicilia* sitzen ein paar Arbeitslose, das gewohnte Bild. Zuerst beobachte ich das Geschehen lange. Die Tunesier sind zum Teil so hellhäutig, dass sie von den Einheimischen beim besten Willen nicht zu unterscheiden sind.

Eine Journalistin sitzt vor der *Bar Royal* und interviewt die Rechtsanwältin Carmela[61]. Ein Fotograf mit zwei riesigen Fotokameras schlendert vorbei, ein anderer, wie sein Spiegelbild, kommt ihm ein paar Meter weiter entgegen. Vor einer anderen Bar sitzt eine andere Gruppe junger Tunesier. Sie schieben die Stühle zur Seite, damit ich auf dem Bürgersteig vorbeigehen kann. Ich bedanke mich auf Französisch, zwei sagen laut und deutlich: *„De rien* – Gern geschehen." Sie sind immer so zuvorkommend. Die Ängste einiger *lampedusani* kommen vielleicht daher, dass sie nicht mit ihnen kommunizieren können. Das dürfte für sie ein seltenes Gefühl sein, da hier in der Dorföffentlichkeit bisher kaum fremdsprachige Ausländer anzutreffen waren.[62]

Ich gehe zu einer Gruppe und frage die Migranten, ob jemand von ihnen französisch spreche. Nicht alle tun es, aber ein junger Mann, sehr adrett gekleidet und mit sorgfältig gegelten Haaren beginnt ein Gespräch. Ein Zweiter, Mitte 20, kommt hinzu. Sie wollen arbeiten, dem einen ist es egal, wohin er gehen kann, der andere würde am liebsten nach Frankreich gehen, weil er in der Nähe von Paris zwei Cousins hat und gut französisch kann. Sie sind jugendlich, naiv, unbekümmert, wie alle Männer in ihrem Alter. Ich bin darüber irritiert. Sie erzählen von der Überfahrt und den Strapazen. Einer sagt: „Und – entschuldige, wenn ich es so drastisch sage – wenn du pinkeln musst, dann musst du eben einfach unter dich machen. Es geht nicht anders, das Boot hat so gewackelt, da konnte man nicht aufstehen. Und alle haben es gemacht." – „Habt ihr denn neue Kleider bekommen?" – „Nein,

---

61 Siehe „Eine Bindung zwischen Schiffbrüchigen"
62 Für mich ist die Situation umgekehrt: Ich kann mit diesen zu Fremden gemachten Männern in meiner Zweitsprache Französisch viel leichter kommunizieren als mit den *lampedusani*.

aber neue Unterwäsche. Und die Hosen konnten wir waschen. " Ich kann mir nicht vorstellen, dass diese gestylten, attraktiven und ein wenig eitlen Männer vor ein paar Tagen urin- und kotstinkend erschöpft von der Polizei an Land geholt wurden. Wieder spüre ich eine unüberbrückbare Distanz.

Das Befremdliche daran ist, dass sie so „normal" und unauffällig aussehen. Die Aufladung des gesamten Phänomens und die Zuschreibungen an die Migranten werden von außen auf sie projiziert. Im direkten Kontakt und im Gespräch mit ihnen wird in aller Deutlichkeit spürbar, dass sie weder die Tragik der Überfahrt bebildern noch die Stationen ihres bisherigen Lebens noch den Zustand ihrer Herkunftsländer. In Mali nennen sich diese jungen Männer auf dem Weg nach Norden nicht Migranten, schon gar nicht Flüchtlinge, sondern *aventuriers* – Abenteurer. Und das sind sie wohl auch. Trotzdem ist ihre gelassene jugendliche Coolness, die ich in den folgenden Tagen immer wieder erlebe, womöglich auch Teil einer Verdrängungsstrategie, denn die Überfahrt nach Lampedusa ist niemals einfach, auch wenn das in ihren Schilderungen manchmal in den Hintergrund rückt.

Als ein Kameramann dreist mit der Kamera auf uns draufhält, ohne uns um unser Einverständnis zu fragen, verabschiede ich mich von der Gruppe und gehe aus dem Bild. Auch sie zerstreuen sich rasch. Was will er mit seinem Bild zeigen, weiß er, was er hier filmt, und warum spricht er nicht mit ihnen? Kopfschüttelnd überquere ich die Straße.

Der Fotograf von vorhin hat die Szene beobachtet. Er hat gesehen, dass ich mich mit ihnen verständigen kann, deshalb spricht er mich an. Er ist freiberuflicher Fotograf aus Den Haag und arbeitet an einem Fotoband über illegale Migration. Wie Trophäen zählt er die Orte auf, an denen er schon überall war. Letzte Woche in Kairo – genau zum Zeitpunkt der Gewalt des Mubarak-Regimes gegen die Demonstranten –, da sei es gefährlich gewesen, hier sei es ja gar nicht gefährlich. Es klingt fast ein wenig enttäuscht. Er schreibt mir seine Homepage auf, wo die Bilder jetzt schon online sind. Lucia stürmt herbei und umarmt mich: „Hallo! Ich begrüße dich und muss gleich wieder los. Gut dass du gekommen bist, ich habe dich vorhin schon gesehen und mir gedacht: ‚Gut dass der gekommen ist.'" Der Niederländer will von mir wissen, wo der andere Bootsfriedhof sei. Ich erkläre ihm den Weg dorthin und bin froh, als er geht. Der zweite Fotograf kommt aus Genf, sie machen für ein Schweizer Magazin eine Auftragsreportage hier in Lampedusa. Seine Kollegin hat gerade das Interview mit Carmela gemacht. Er hält Distanz zu mir, besonders, nachdem er erfahren hat, dass ich in der Schweiz arbeite, besorgt, sein Revier zu verteidigen. Ich verstehe, dass man in den Ländern des Maghreb früher dachte, ein Fotograf stehle mit dem Bild, das er einfängt, die Seele des Fotografierten. Wenn er nur könnte, würde er es sofort tun!

Das Kamerateam filmt inzwischen eine Gruppe Tunesier, die vor der Bar einen Kaffee trinken. Viele haben offensichtlich Euros dabei, denn immer wieder sieht man sie aus Bars, Bäckereien und dem Supermarkt herauskommen.

Das Filmteam interviewt einen der Männer. Die Journalisten scheinen nicht zu merken, dass sie immer die gleichen Bilder und Erzählungen reproduzieren und die gleiche Aufgeregtheit erzeugen. Den Ort und seinen Charakter erkennt man in den Berichten, Meldungen und Reportagen eigentlich nie.

Ich bin richtig verärgert. Ein 60-jähriges Ehepaar hat mich beobachtet. Ich sage: „Diese Journalisten!", nicht aus Populismus, sondern um meinem persönlichen Ärger über die Gewalt der Darstellung Luft zu machen. Der Mann ist *lampedusano*, aber sie leben seit vielen Jahren in Mailand, sie kommen immer wieder hierher in Urlaub. Ich frage: „Was halten Sie von der Invasion der Journalisten?" Er steigt darauf ein: „Genau, es ist die Invasion der Journalisten, und nicht der Immigranten (er sagt nicht *clandestini*), denn sie tragen ihre eigenen Bilder und Vorstellungen hinaus. Ich habe die Bilder im Fernsehen gesehen. Das ist doch nicht Lampedusa. Wenn du herkommst, wirst du nichts von dem, was du dort gesehen hast, hier wiederfinden. Und nichts von dem, was du hier siehst, kommt im Fernsehen."

Dass sich die Berichte untereinander so ähneln, ohne die Realität vor Ort richtig zu fassen zu bekommen, ist wohl auch der Grund, weswegen unter vielen – nicht allen – Journalisten so ein deutlicher Konkurrenzkampf herrscht. In der Schnelligkeit und der damit einhergehenden Oberflächlichkeit liegt das Problem begründet, dass die Reportagen und ihre Aussagen oft wie austauschbar wirken. Wenn nur mehr Schnelligkeit und die aktuellsten Insiderinformationen die geforderte Exklusivität zu gewährleisten scheinen, werden die anderen Journalisten automatisch zu Konkurrenten. Dieses strukturelle Problem impliziert natürlich nicht, dass alle Journalisten unkollegial, oberflächlich oder zynisch sind. Denn wenn gerade in Bezug auf die mediale Berichterstattung aus Lampedusa vieles im Argen liegt, waren es doch Journalisten, die im Frühjahr 2011 mit einigen *lampedusani* und Polizisten beherzt ins Wasser sprangen, als bei stürmischer See ein Boot vor der Küste auf Grund gelaufen war und die Migranten, die zum Teil nicht schwimmen konnten, in Panik zu ertrinken drohten, und die so vielen das Leben retteten.

Zwei Militärflugzuge steigen im Laufe des Nachmittags auf. Es sind kleine Maschinen, die der Überwachung dienen. Während meiner gesamten Reise starten immer wieder große gecharterte Boeings der Alitalia und anderer Fluggesellschaften, mit denen die Bootsflüchtlinge ausgeflogen werden.

Ein Auto fährt durch die Gassen und macht durch ein Megaphon eine Ankündigung. Auf diese Weise wurde vor zwei Jahren immer angekündigt, wenn eine Versammlung auf dem Freiheitsplatz stattfand. Es ist zu weit weg, sodass ich nichts verstehen kann. Also gehe ich wieder zu Domenico ins *Caffè del Porto*, um mich umzuhören. Die Kunden regen sich gerade über die Journalisten auf, die Stimmung ist gereizt, ich ziehe den Kopf ein, denn obwohl mich viele hier kennen, gerate ich immer wieder in Verdacht, zu den Journalisten zu gehören. Sie erzählen mir das Übliche, wie so oft komme ich mit meinen Argumenten nicht bis zu ihnen durch. Wirtshausgespräche sind ja vor allem über Lautstärke und schlagfertige Reaktionen strukturiert – ich kann beides nicht auf Italienisch.

Der Frontex-Sprecher Janek kommt mit seinem Kollegen von der Küstenwache herein, einem hochdekorierten Mann aus Rom, der Englisch beherrscht und sich sofort für meine Arbeit interessiert. Heute haben Janek und er 15 Fernsehteams gebrieft. So viele habe ich hier noch nicht gesehen.

Zwei schmutzig gekleidete, sonnenversengte Männer stehen wortlos nebeneinander und bestellen bei Franco einen Kaffee, der mir zuraunt:

„Eine Invasion von Illegalen", und mit dem Kinn eine vage Geste macht, die ich als in ihre Richtung gerichtet begreife. Sie scheinen alle Klischees über die „Illegalen" zu erfüllen. Franco meinte aber nicht sie, sondern deutete Richtung Hafen, denn die beiden stellen sich als Einheimische heraus. Draußen auf der Terrasse sitzt eine Gruppe modisch gekleideter Jugendlicher, die ich nur deswegen als Tunesier erkenne, weil sie die Vorbeigehenden unsicher beobachten und schüchtern grüßen.

Die Einheimischen in der Bar sind aufgebracht und laut. Sie behaupten, es würde zu Unrecht gesagt, die „Illegalen" seien friedlich, den ganzen Sportplatz und das Museum hätten sie zerstört, aber so lange sie niemanden umgebracht hätten, würden sie als friedlich gelten. Ich versuche zu argumentieren, dass bei so vielen Leuten auch einmal etwas kaputt gehen kann und dass man nur das *centro* hätte aufsperren müssen, aber ich komme nicht durch. Die Regierung hatte sich aus politischem Kalkül nach dem Einsetzen der massiven Bootsankünfte geweigert, die noch bestehende Einrichtung zu öffnen.

Ich gehe unverzüglich zum Fußballplatz und ins Lokalmuseum – hier waren in den letzten Tagen notdürftig hunderte Migranten untergebracht worden. Es ist keine Spur von Zerstörung erkennbar. Im Gegenteil hatte ja das deutsche Fernsehen mit durchaus kritischem Unterton berichtet, dass die Migranten nach der Notunterbringung angehalten wurden, das Museum selbst zu reinigen.

Am Abend gibt es auf dem Dorfplatz eine Veranstaltung, es sind Fernsehkameras aufgebaut, Live-Übertragungswagen stehen am Rande des Platzes. Der Bootsbauer Giorgio und andere halten ein Transparent hoch: „Wir sind immer allein mit den Illegalen." Die Argumentation und die Denkweisen vieler *lampedusani* ändern sich eigentlich kaum. Der Wind des Wandels, der durch die arabischen Länder weht, ist hier nicht spürbar, für sie ändert sich nichts. Denn es gibt in Wirklichkeit einen großen Unterschied zwischen den Bootsflüchtlingen, die vor 2009 ankamen, und den jetzigen und vor allem denen, die nur wenige Tage später beginnen sollten, nach Lampedusa zu kommen. Ich beobachte wieder, wie respektlos die Kameraleute den Leuten die Kamera direkt vor die Nase halten. Auch der deutsche Sender RTL ist da, ein paar Fotografen und ein Übertragungswagen. Es gibt wohl eine Diskussion im Fernsehen, und die bescheidene Demonstration hier auf dem Platz soll später kurz zugeschaltet werden. Ich kann es nicht in Erfahrung bringen, denn die Anwesenden wissen es auch nicht. Trotzdem finde ich es interessant, wie sich immer alle über die Journalisten ärgern und wie sie es zugleich verstehen, sich bei den Journalisten mit ihren Positionen eine Bühne zu verschaffen.

Schleier und der lange Schatten des Kolonialismus

Ich sitze im Dorf in der Sonne und beobachte das Dorfgeschehen. Die Tunesier, die überall sitzen, in Grüppchen zusammenstehen oder flanieren, fügen sich gut ins immer gleiche Stadtbild von Lampedusa. Meistens bin ich mir gar nicht sicher, ob es nicht doch lampedusanische Jugendliche sind. Eine kleine Gruppe von Tunesiern schlendert vorbei. Sie grüßen gewohnt freundlich und freuen sich, als sie merken, dass ich französisch spreche. Sie fragen mich, ob ich ihnen eine Sim-Karte kaufen könne. Ich bin irritiert, weil es doch um einen verhältnismäßig hohen Geldbetrag von 15 Euro geht. Ich frage, warum sie ausgerechnet wollen, dass ich ihnen eine Sim-Karte kaufe und nichts anderes: „Wollen die Ihnen keine verkaufen?" – „Doch, doch, aber dafür braucht man einen Ausweis, und wir haben unsere Ausweise alle in Tunesien gelassen." Sie bitten mich also gar nicht um Geld, sondern um einen Gefallen. Ich bin einverstanden. Einer begleitet mich, ein anderer gibt ihm 15 Euro mit. Während wir zum Zeitungsgeschäft gehen, bedankt er sich mehrmals. Er hatte in Tunesien als Schweißer gearbeitet. Er erklärt mir, dass der gestürzte Präsident Ben Ali und seine Familie Gangster seien und das Land ausgeblutet hätten. Die Freiheit würde kommen, ja, aber erst in zwei Jahren, und so lange wolle er nicht warten. Es klingt irgendwie vorbereitet, und es entspricht genau dem, was sie den Journalisten in die Mikros diktieren.

Journalisten gehören – zumeist ungewollt – zu den stärksten Verschleierern von Realität. Sobald sie auftauchen, fallen die Menschen in einen *broadcasting*-Modus, der genau jene Fernsehbilder, die Themen und die Aufgeregtheit – oder was es gerade ist – produziert, an das sie als Konsumenten eben dieser Fernsehbilder gewöhnt sind. Das passiert unbewusst, ist aber angesichts der hundertjährigen Geschichte des bewegten Bildes (wenig überraschend) zur kulturellen Praxis geworden.

Während wir im Zeitungsgeschäft warten, dass die Verkäuferin die Prepaid-Sim-Karte aktiviert, meinen Ausweis kopiert und die anderen Kunden fertig bedient, sprechen wir nur wenig miteinander. Er versucht offensichtlich, nicht negativ aufzufallen. Ein anderer Tunesier hatte in der Telefonzelle des Zeitungsgeschäftes telefoniert, er zahlt zwei Euro und geht. Alle verdienen an den Migranten. Ich ärgere mich wieder über die Ignoranz der Sprücheklopfer in Lampedusa. Die Karte kostet zehn Euro, und mein Begleiter legt seinen völlig abgegriffenen Zehner auf den Ladentisch. Ich überlege beim Zurückgehen, ob andere es wohl unvorsichtig fänden, eine auf den eigenen Namen registrierte Handywertkarte an tunesische Flüchtlinge weiterzugeben. Sie brauchen sie, um den Bruder des einen anzurufen, der in Bologna ist.

Ich bleibe noch ein wenig bei der Gruppe stehen, einer steht auf und bietet mir seinen Platz auf dem Stein an, auf dem er sitzt, ich lehne ab, aber ich fühle mich wie ein Kolonialist. Es ist bemerkenswert, dass ich vor allem diese Schamgefühle habe. Vielleicht, weil die transportierten Bilder so gar nicht der Realität entsprechen. Sie sind weder kriminelle Profiteure, noch passive, bedauernswerte Opfer – beide Sichtweisen sind nur eine Verlängerung des kolonialen Blicks –, sondern Akteure, die aktiv und handlungsmächtig ihr Leben gestalten. Zugleich schockiert mich ihre Unterwürfigkeit mir als Europäer gegenüber. Sie scheint sich aus der nachhaltigen Effizienz der stärksten Waffe der Kolonialherrn zu nähren, wie Frantz Fanon sagt: dem Aufzwängen eines erniedrigten Selbstbildes. Außerdem brechen sie mit der Idee nach Europa auf, hier in untergeordneten Tätigkeiten zu arbeiten. Sie signalisieren mit ihrer Unterwürfigkeit, dass sie das (neo-)koloniale Machtgefüge nicht in Frage stellen, sondern für einen Platz in der europäischen Gesellschaft alles aufzugeben bereit sind – und sei es ihren eigenen Wert.

Die Männer stammen aus der Hafenstadt Sfax. Sie erzählen mir, dass sie zum Teil Cousins seien, zum Teil Freunde. Der Älteste ist schon ergraut und glatzköpfig.

Ich frage sie, ob man ihnen gesagt habe, was man mit ihnen machen werde, wenn sie auf dem Festland sind. Sie haben noch nichts erfahren, aber sie wissen, dass sie im besten Falle den Ausweisungsbescheid in die Hand gedrückt bekommen und dann untertauchen können. Dies ist eine gängige Praxis – nicht alle Migranten werden bei negativem Asylbescheid zurückgeführt, sondern erhalten eine Frist, innerhalb derer sie das Land verlassen müssen – ein Freibrief in die illegale Sklavenarbeit.[63] Falls sie nicht abgeschoben werden, erscheint mir das Untertauchen chancenreich, denn sie sehen sehr europäisch aus, und ihr Kleidungsstil entspricht dem italienischen. Sie unterstreichen, dass sie unbedingt arbeiten wollen. Ich frage, ob sie wissen, dass das nur illegal geht. Ja, das sei ihnen klar: „Nur Schwarzarbeit. Aber wir müssen es versuchen." Sie sind mit einem Boot mit ca. 200 Menschen an Bord angekommen, sie zeigen auf einen in der Gruppe, der nur arabisch spricht: „Er hat das Boot gesteuert." Drei Frauen seien dabei gewesen, eine davon war schwanger, sie sei mit ihrem Mann zusammen gewesen. Die Überfahrt aus Sfax dauerte 16 Stunden. Sie finden, dass das Boot groß genug und die Situation alles in allem erträglich war. Ich wünsche ihnen zum Abschied, dass sie nicht abgeschoben werden – was soll man sonst zum Abschied sagen? –, und sie antworten auf arabisch: „Es liegt bei Gott." Vielleicht hilft ihnen diese Schicksalsergebenheit, ihre Situation zu ertragen.

Auf der *via Roma* spreche ich noch mit ein paar anderen Tunesiern. Einer erzählt, sein Cousin habe in Paris ein Restaurant, da könne er wohnen und arbeiten, aber dessen Frau sei skeptisch, wenn er bei ihnen einziehe. Er sagt: „Ich bin 30, andere sind viel jünger als ich, aber sie haben schon ein Haus gebaut und eine Familie gegründet, deshalb habe ich mir gesagt, ich gehe nach Europa und versuche mein Glück." Die Überfahrt sei relativ problemlos gewesen. Er hofft, heute ausgeflogen zu werden, denn er ist seit fast zwei Wochen hier. Er fragt mich, wie gefährlich das Fliegen sei, denn er ist noch nie geflogen und hat Angst davor. Ich sage ihm: „Viel weniger gefährlich als Ihre Reise mit dem Boot", aber das mag er nicht so recht glauben. „Wenn ich erst mal

---

63 Siehe auch „Du hast mit ihnen gute Momente verbracht" und das bereits erwähnte Buch von Fabrizio Gatti.

in Palermo bin und den Ausweisungsbescheid habe, dann rufe ich meinen Freund an, und er holt mich mit dem Auto ab. Nur auf der Grenze müssen wir aufpassen."

Wieder finde ich die Erzählung und die Begegnung irreal.[64]

Einfach so

Um das nun offene *centro* zu besuchen, miete ich bei einem Bekannten eines Bekannten zum Freundschaftspreis ein Moped. Einen Helm

---

[64] Ich spüre im Gespräch mit diesen Männern sehr deutlich den Unterschied zu Hayet. Hayet war eine in Europa ausgebildete tunesische Sekundarschullehrerin, die ich ein paar Monate zuvor bei einer akademischen Konferenz in Polen kennengelernt hatte. Sie war erst um die 30, hatte aber bereits einen verantwortungsvollen Posten im Bildungsministerium der Ben-Ali-Regierung. Nur wenige Wochen vor dem Umsturz beteuerte sie, dass in Tunesien Pressefreiheit existiere – wo es sinnvoll sei – und dass das Volk hinter seinem Präsidenten stehe. Die, die mit den Booten flüchteten und schlecht über den Präsidenten redeten, wenn sie in Europa ankämen, seien alles Kriminelle, die dem Ansehen Tunesiens nur schaden würden. Hayet setzte sich selbstsicher in Szene und gab sich auch in ihrem sexualisierten Kleidungsstil sehr westlich. Sie sprach perfekt französisch, mit zahlreichen Ausdrücken aus dem Studierendenmilieu und der Jugendsprache. Auch wenn die Aufgesetztheit mir schnell deutlich wurde und sie ihre wahren Orientierungen kaum verbergen konnte, war sie als Angehörige der tunesischen Elite mit dem europäischen Lebensstil vertraut. Bei den Männern, die ich in Lampedusa kennen lernte, war das anders. Bei ihnen vermischten sich Phantasien, Filmerzählungen und die Mythen, die die Heimkehrer perpetuieren.

bekomme ich nicht, aber er schärft mir ein, auf den Kreuzungen aufzupassen.

Auf dem Weg zum *centro* treffe ich wieder auf Karim, mit dem ich in den letzten Tagen mehrmals gesprochen habe. Drei französisch sprechende Journalisten begleiten ihn und seine Freunde. Er grüßt mich wieder: *„Bonjour Monsieur*, wie geht's?" – „Danke, mir geht es gut, und wie geht es Ihnen?" Die Migranten antworten immer, es ginge ihnen gut.

Vor dem Tor stehen viele Polizeiautos, Wagen der *carabinieri*, der Finanzpolizei. Zahlreiche Beamte stehen herum. Sie rauchen, telefonieren, reden mit Kollegen, langweilen sich. Ein paar *carabinieri* tasten vor dem Tor die Tunesier ab, die aus der Stadt zurückkommen. Sogar die Kappen müssen sie abnehmen. Wie schnell sich die Verhältnisse ändern: Mich und die vielen Journalisten beachtet niemand mehr. Drei Frauen von *Ärzte ohne Grenzen* kommen zu Fuß die Straße entlang.

Ich stelle das Moped ab und gehe unbehelligt durch das offene Tor. Ein unwirkliches Gefühl, nach den Erfahrungen der letzten zwei Jahre. Mehrere Fernsehteams – sogar von einem Sender aus Tel Aviv, ein anderes aus einem skandinavischen Land –, Fotografen, Polizisten, aber vor allem *carabinieri* und tunesische Männer scharen sich um das Eingangstor. Zwei Migranten posieren vor der Kamera eines Reporters, stolz, es nach Europa geschafft zu haben. Es sind noch ca. 650 Migranten hier, das sind 150 weniger, als die Kapazität des Lagers im Normalfall verträgt, und tatsächlich wirkt nichts überfüllt. Eine kleine Rempelei in

meiner Nähe, mehr machistisches Gehabe, die jeweiligen Freunde beruhigen die Kontrahenten, die Polizei macht keine Anstalten, einzugreifen. Die Lage entspannt sich sofort, ich bin beeindruckt von der Gelassenheit der Beamten. Wäsche hängt aus den Fenstern, billige Schaumstoffmatratzen auf Etagenbetten kann ich erkennen, die Gebäude sind aus Containerblech errichtet. Es gibt mindestens ein Dutzend Telefonzellen, und an fast allen wird telefoniert. Einige Männer sitzen erhöht in den umgebenden Hügeln, wo vor zwei Jahren die Soldaten und Polizisten die Insassen bewachten, einer uriniert dort. Ich gehe weiter, große schwarze Müllsäcke liegen fein säuberlich verknotet in einer Ecke. In den Ecken sind Überwachungskameras montiert. Das Gelände liegt am Ende einer Talsenke, und auf den Mauern, die um das Areal herumgebaut sind, ist noch ein Plexiglasgeländer verschraubt. Eine Flucht von hier stelle ich mir schwierig vor, aber nicht unmöglich. Heute ist das freilich kein Thema mehr.

Ich komme ins Gespräch mit drei Tunesiern. Sie ärgern sich über die Journalisten, denn sie würden das Normale, und auch das Wichtige, herausschneiden und nur Dinge zeigen, die nicht stimmten, oder die Dinge so erzählen, als ob alle Araber schlecht seien. Vor allem die italienischen Journalisten seien extrem auf Skandale aus. Auch Franzosen seien schon da gewesen, und letzte Woche ein Team aus Boston. „Dabei wollen wir nur arbeiten, aber man lässt uns nicht." Ich habe wieder das Gefühl, nur oberflächlich mit ihnen zu plänkeln, wieder begegnen wir uns nicht. Mir scheint alles, was mir einfällt, nicht angemessen, nicht der Rede wert oder besser zu verschweigen. Sie haben gehört, dass es jetzt ganz schwer sei, nach Frankreich zu kommen, die Grenzzüge würden systematisch kontrolliert. Ich finde, dass sie schon sehr gut informiert sind, zum Teil erscheinen sie aber auch völlig realitätsfremd. Wer sollte es ihnen verdenken, sie sind ja dabei, ihren europäischen Traum zu leben. Denn es ist ein Traum.

Vielleicht ist es das, was mich so irritiert: Wollen sie nicht wahrhaben, dass ihre Situation wenig aussichtsreich ist? Die meisten stellen nicht einmal einen Asylantrag, sie geben wahrheitsgemäß zu Protokoll, dass sie Arbeit suchen. Damit haben sie keine Chance, einen Aufenthaltsstatus zu bekommen. Dass ihnen das niemand gesagt hat, ist zu bezweifeln. Der Grund dürfte eher darin liegen, dass Asylverfahren langwierig sind und die Asylsuchenden für die Dauer des Verfahrens mit einem Arbeitsverbot belegt werden. Tunesien gilt zudem – schon seit den Zeiten der Diktatur Zine el-Abidine Ben Alis – für die Europäische Union als „sicheres Drittland". Insofern ergibt die Strategie des Untertauchens mehr Sinn.

Als ich zurückgehe, fragt mich einer nach Zigaretten und Kaffee. Ich kann ihn kaum verstehen, denn er spricht arabisch, in das er manchmal ein paar französische Wortfetzen einstreut.

Ich komme an den Duschräumen vorbei, sie sind funktionalistisch wie in einer Kaserne, aber hygienisch einwandfrei. Ich schlendere in Richtung Ausgang, wo immer noch die Fernsehteams stehen. Im ersten Stock fällt eine Tür um, die aus den Angeln gehoben wurde. Die *carabinieri* bleiben gelassen, die Tunesier auch, aber ein Fotograf stürzt herbei und schießt mit seinem Superteleobjektiv in die Menge. Es wirkt auf mich unglaublich gewaltvoll. Ich mache mit meinem kleinen Fotoapparat ein Foto von ihm. Sofort steht der Leiter des *centro* – den ich aus Reportagen aus dem Fernsehen kenne – neben mir: „Wer sind Sie?" – „Ich? Gilles Reckinger." – „Wie sind Sie hereingekommen?" – „Einfach so." – „Das geht aber nicht, da brauchen Sie eine Genehmigung", sagt er matt. Er weiß, dass er nichts machen kann. Ich diskutiere nicht, entschuldige mich und gehe zum Ausgang. Rechts vor dem Tor steht der Container des UNHCR, der NGO „Save the Children" und einer weiteren NGO. Ich fahre unbehelligt nach Hause.

Keine Insel

Ich stehe früh auf, fahre mit dem Moped zum Hafen, heute wird nach über einer Woche die Fähre ankommen.

Kurz darauf steht ein italienischer Journalist mit einer Fernsehkamera neben mir. Er kommt aus Palermo und berichtet für einen Regionalsender. Er ist 56. Er beklagt sich, keine Lust mehr zu haben, weil er für die Lokalnachrichten immer überall hinfahren müsse – meistens ohnehin nur zu Geschäftseröffnungen, Einbrüchen und Theatervorführungen. „Die *lampedusani* sind uns Journalisten gegenüber sehr ambivalent eingestellt: Sie mögen uns nicht, sie wollen nicht, dass über die Flüchtlinge berichtet wird, zugleich wissen sie aber auch, dass es nicht unsere Schuld ist, dass sie hier sind, und dass ja doch irgend jemand darüber berichten muss.“

Es kommt noch ein Kameramann an. Dann kommt ein ganzes Team. Sie scherzen, rauchen und unterhalten sich über Kameratechnik. Ein weiteres Zweierteam kommt dazu, und ein einsamer Fotograf, später auch das RTL-Team. Der RTL-Reporter ist sauber frisiert, hellhäutig, mit teurer Wachsjacke und teurer Jeans, so wie man sie im Fernsehen sieht. Später rauchen die Kameraleute sogar während des Filmens, der Rauch zieht auch vor dem Objektiv vorbei. Das Rauchen symbolisiert ihre Haltung zu ihrer Arbeit: eine Achtlosigkeit und Ungenauigkeit, die sich in der Qualität der Beiträge niederschlägt und in der Konsequenz in der Meinung, die sie produzieren – und letztendlich dann in der Politik, die diese Meinung nach sich zieht.

Auf einmal kommt ein Anruf, der Chef des größeren Teams sagt: „Los, wir fahren ins *centro*.“ Sie vereinbaren mit einem anderen Kamerateam, dass sie sie anrufen, falls Frauen dabei sind. „Das wäre noch schön im Bild.“ Dann verschwinden sie.

Als die Fähre ankommt, kommt Leben auf die Mole. Die Einheimischen holen ihre Verwandten ab, andere machen sich zur Abreise bereit, Geschäftsleute holen ihre Waren ab. Diese andere, alltägliche Seite der Fähre als Schrittmacher der Insel bleibt vom Medienrummel und dem Polizeiaufgebot völlig unberührt. Wenn die Fähre am Dock liegt, ändert sich immer noch schlagartig die Stimmung. Lampedusa ist in diesen Stunden weniger Insel.

Ich verlege mich darauf, zu beobachten, was die Reporter sehen, was sie in den Fokus nehmen. Ein Reporter steht vor dem Namenszug der Fähre und brüllt ins Mikrofon: „Heute um 9.45 läuft die Fähre *Palladio* der Fährgesellschaft Siremar nach über einer Woche wieder in Lampedusa ein.“ Sie drehen mehrere Wiederholungen dieses einen Satzes.

Das Beladen der Fähre dauert immer Stunden. Der Bus des *centro* bringt Flüchtlinge zur Anlegestelle, die nach Sizilien verlegt werden sollen. Es ist unglaublich viel Polizei da, mehr als jemals zuvor, und jede Menge Journalisten, Fernsehteams, Fotografen. Der Bus kommt zwei- oder dreimal. Wieder beobachte ich die Aufregung der Journalisten, denn eigentlich gibt es nichts zu sehen: gepflegte Männer, die auch Italiener sein könnten, eine Plastiktüte mit ihrer Habe in der Hand, entsteigen einem Bus und gehen durch ein von der Polizei gebildetes Spalier zur Fähre. Einer ruft den Journalisten zu: *„Alemania."* Einige winken oder lächeln den Journalisten zu. Ein paar winken zurück. Eine Frau des UNHCR gibt dem Tel Aviver Journalisten ein Interview. Als die Flüchtlinge an Bord sind, zerstreuen sich die Journalisten rasch.

Später auf der *via Roma* treffe ich nur noch zwei Tunesier. Ich frage sie, wieso außer ihnen niemand hier ist: „Wir sind ins *centro* gerufen worden, viele von uns werden heute nach Sizilien verlegt." Aber es geht der Polizei offenbar noch um etwas anderes: Wenn die Fähre kommt, bekommt die Insel ein Schlupfloch. Dann muss aufgepasst werden, dass niemand entkommt. So erklärt sich wohl das erhöhte Polizeiaufgebot im Ort und an der Mole. Die LKW-Kontrollen an der Fähre waren heute allerdings sehr lax, vielleicht liegen schon Entkommene unter den Planen versteckt. Vielleicht hofft die Regierung das auch. Die Journalisten produzieren ja schöne Beweisbilder, wie engagiert die Polizei aufpasst.

Denn die Obstplantagen Siziliens und Kalabriens – die teilweise in der Hand der Mafia sind – brauchen die illegalisierten billigen Arbeitskräfte. Tatsächlich rekrutieren sich die Arbeiter dieser süditalienischen Plantagen neuerdings nicht mehr nur aus den illegalisierten Zuwanderern aus dem Süden, sondern zunehmend auch aus einer anderen, neuen Migrationsbewegung, wie der Film *„Il nuovo Sud dell' Italia"* – Der neue Süden Italiens – des Schweizers Pino Esposito zeigt. Die neue Migrationsbewegung ist eine inneritalienische Nord-Süd-Bewegung. Zunehmend flüchten die Migranten unfreiwillig vor dem rassistischen Klima im Norden in den strukturschwachen Süden, der selbst bis heute ein Auswanderergebiet ist: Wer hier fort kann, zieht in den Norden. Es entsteht demnach eine gegenläufige Migration, die auch im Süden Spannungen erzeugt, weil die Konkurrenz auf dem ohnehin engen Arbeitsmarkt zunimmt, auch wenn die meisten Neuankömmlinge aus dem Norden in sklavereiähnlichen Arbeitsverhältnissen arbeiten. [65]

Nachmittags fahre ich mit dem Moped aufs Land hinaus. Ich überhole mehrere Jogger, wohl Polizisten, sie bringen ihr großstädtisches Leben mit hierher. Sie stehen in Kontrast zu den drei Schäfern, die mit ihren Ziegenherden durch die karge Landschaft ziehen, wie aus einer anderen Zeit.

Am Abend trinke ich einen Kaffee mit einem Aussteiger aus Frankreich. Seit drei Monaten ist er in Lampedusa. Die Insel zieht nicht nur Polizei, Journalisten, Touristen und Künstler an, sondern auch Aktivisten, Aussteiger und allerlei bunte Vögel (auch Ethnologen wie mich). Er erzählt mir, dass er letztens mit einem Tunesier einen Kaffee trinken gegangen ist. Sie hätten Plastikbecher bekommen, aber die Einheimischen tranken wie gewohnt aus Keramiktassen. Die *lampedusani* würden das so verlangen, weil sie Angst vor ansteckenden Krankheiten hätten. Ich bin wie vom Schlag getroffen. In den Bars, die ich bisher besucht habe, war das nicht so. Eine Jugendliche und die Inhaberin der Bar bestätigen es. „Rassisten," sagt das Mädchen. Auch die Inhaberin schimpft darüber, aber nachher dreht sie das Ganze doch wieder zurecht, als sie sagt, dass trotz dieser inakzeptablen Haltung die Aufnahme der Migranten immer ausgezeichnet gewesen sei. Die *lampedusani* gefallen (und gefielen sich schon immer) in der Rolle der Aufnehmenden. Sie hatten immer die noble Rolle, arme Opfer aus Lebensgefahr zu retten. Dann wurden sie ausgeflogen, und die hässlichen Dinge wie Identifikation, das Befinden über Ja oder Nein, das Abschieben oder Untertauchenlassen und vor allem die Anwesenheit der Fremden in ihren Straßen und auf ihrem Arbeitsmarkt, das war ausgelagert. *Offshore outsourcing* in umgekehrter Richtung: von der Insel auf den Kontinent. Das wurde mir heute deutlich vor Augen geführt: Wenn die Fähre da ist, besteht eine Verbindung zum Kontinent. Die Insel bekommt eine vorübergehende Brücke, und das wird neben der bereits beschriebenen

---

65 Auch in Norditalien vollzog sich der Wandel von einer Auswanderungs- zu einer Einwanderungsgesellschaft deutlich erst ab den 1980er Jahren.

Euphorie auch als nicht zu unterschätzende Gefahr gesehen. Das ist wohl ein Merkmal von Insularität, wo das Familiäre Sicherheit bedeutet und wo dem Außen alle Eigenschaften des Fremden zugeschrieben werden (denn immerhin ist Lampedusa ja in Italien), während das Innere homogener gesehen wird, als es tatsächlich ist.

„Ich habe die Nase voll davon, hier zu warten"

Ich mache mich zum Frühstücken ins Dorf auf. Es ist sonnig und warm, aber windig. Ich denke an einen Journalisten, der sagte: „Lampedusa ist die hässlichste Insel von ganz Italien", als ich an den aufgebockten alten Fischkuttern im Hafen vorbeigehe, die sich kaum von den an Land gebrachten arabischen Flüchtlingskuttern unterscheiden. Lampedusa ist wirklich keine Perle. Die Fischer schleifen wie immer an ihren Booten herum, der Alltag in Lampedusa läuft ganz normal. Man kann sein Leben ja auch nicht mit Warten auf Flüchtlinge zubringen. Die meisten sind davon ohnehin nicht betroffen.

In der Bar *Isola delle Rose* esse ich eine *brioche* und schaue mich um. Diesmal erkenne ich die Tunesier sofort, denn sie trinken ihren Kaffee aus Plastikbechern, die aber immerhin auf eine Porzellanuntertasse gestellt wurden. Es sticht mir ins Herz, wieder schäme ich mich. Ich frage sie, ob ich mich zu ihnen setzen darf, unter den argwöhnischen Blicken der anwesenden *lampedusani*. Diese Solidarität bin ich ihnen schuldig. Es sind drei junge Männer. Sie behaupten, sie seien 20 und 22 Jahre alt, aber sie sehen deutlich jünger aus. Beim Jüngsten frage ich mich, ob er überhaupt schon 18 ist. Jedenfalls hätte er sich als unbegleiteter minderjähriger Flüchtling ausgeben können. Seine Gesten sind schlaksig wie die eines Jungen, der noch im Wachstum ist. Sie sprechen alle drei kaum französisch, immer wieder mischt sich arabisch darunter, einer wirft manchmal ein paar Brocken englisch ein. Später erzählen sie mir, dass sie in Tunesien alle möglichen europäischen Fernsehsender gesehen haben, das könnte eine Erklärung für den Sprachmix sein. Sie haben noch weniger Vorstellungen von ihrer Zukunft in Europa als die anderen, mit denen ich sprach. Es sind nur Träume, und sie haben ja auch nicht mehr, woran sie sich festhalten können: Der Jüngste ist technischer Zeichner, die anderen beiden sind Pizzabäcker und Kellner. Sie kommen aus dem tunesischen Hinterland. Aufgrund ihrer geringen Sprachkenntnisse verschlechtern sich ihre Chancen gleich noch einmal. Und sie haben keine Ahnung, was sie erwartet. Der eine sagt, sein Vater sei seit vielen Jahren legal in Lyon, „69!" ruft er, „*Département* 69!" Der andere sagt, er habe Verwandte in Roubaix. „Welche Nummer ist das", fragt der Dritte – „Ich glaube 59", sagt der andere. Mir dreht der Kopf. Woher kennen sie wohl die Nummern der französischen *départements*? Der dritte Junge sagt, ihm sei es egal, wohin er komme: „Hauptsache Europa. Seit wir klein waren, haben wir von Europa geträumt. Alle jungen Leute in Tunesien träumen von Europa, alle wollen nach Europa. In Europa ist alles besser."

Sie schauen sich nach den jungen Italienerinnen um, die ins Lokal kommen. Ihre Augen glänzen. Sie sagen mir: „Siehst du, wie schön sie sind? Die Europäerinnen sind so schön! Es sind die schönsten Frauen. Findest du nicht auch?" – „Ja, sie sind schön. Aber die Frauen in Tunesien sind doch auch sehr schön ..." Sie drucksen herum: „Nein, die

Mentalität ist eine andere, sie sind so ..." Sie finden das Wort nicht. Vielleicht meinen sie, nicht so selbstbewusst, nicht so sexualisiert. Sie steigern sich sehr in das Thema hinein, es hält sie fast nicht mehr auf den Stühlen. Sie sind noch fast pubertär. Ich denke an unterdrückte Sexualität, zugleich aber auch, dass keine Frau in Lampedusa irgendetwas über konkrete Ängste oder Anzüglichkeiten gesagt hat.

Ich wünsche ihnen alles Gute, als ich gehe. Das wünschen sie mir auch, aber mir scheint, als seien sie sich gar nicht richtig bewusst, in welcher Situation sie sich befinden. Sie genießen es einfach, in einem europäischen Lokal zu sitzen. Aus den drei jungen Männern spricht weniger die Not als der Abenteuergeist, in ein fremdes Land aufzubrechen, von dem man nichts als Träume und Fernsehbilder kennt, ohne zu ahnen, was sie erwartet. Auch Tunesien muss ein Interesse daran haben, die Auswanderung einzudämmen, und nicht dem Exodus der jungen Generation zuzusehen, die ihr Leben für die Bilder des gelobten Europa riskieren.

Ich gehe zu einem Gemüsehändler, um zwei reife Bananen zu kaufen. Als ich bezahlen will, ruft er: „Die sind schon überreif, nimm sie einfach mit." Ich protestiere, aber er lässt mir keine Chance, wünscht mir einen schönen Tag, klopft mir auf die Schulter und stößt mich freundschaftlich von sich weg.

Der Kameramann, mit dem ich gestern Morgen gesprochen hatte, kommt mit seinem Kollegen vorbei. Er stellt mich ihm vor. Sie sagen, wie langweilig ihnen ist, und dass sie – hoffentlich – in zwei Tagen wegkommen. „Hoffentlich kommen keine Flüchtlinge an bis dahin", sagt der Kameramann. Der andere sagt: „Das ist mir egal, ich fahre am Donnerstag weg, egal was passiert. Ich habe die Nase voll davon, hier zu warten."

Ich setze mich am Freiheitsplatz auf die Felsen und beobachte das Treiben im Zentrum, den Alltag Lampedusas, der immer gleich ist, sehe, wie die Polizisten sich zu Tode langweilen. Eine Frau in Stiefeln mit hohen Absätzen und enger Hose schrubbt den Bürgersteig vor ihrem Geschäft. Ein paar Polizisten stehen etwas abseits und gaffen ihr nach. In einem Einsatzwagen sitzen zwei Polizisten auf den Vordersitzen jeweils mit ihrem Laptop auf dem Schoß. Es muss furchtbar sein, hier diese sinnlosen Einsätze zu haben. Sie sind hierher beordert worden, um der Bevölkerung ein Sicherheitsgefühl zu vermitteln, aber die Migranten verhalten sich so gesittet, dass es eher die Polizei ist, die das Stadtbild stört.

Ich unterhalte mich eine Weile mit Sara, der Tochter von Mimmo,[66] die zufällig vorbeikommt. Sie sagt, sie könne nicht verstehen, dass so viele *lampedusani* überrascht waren, als die Landungen wieder einsetzten. Abkommen mit Diktatoren zu schließen könne nur nach hinten losgehen. Sie hat Verständnis dafür, dass die Journalisten die Nachrichten über Bootslandungen weitergeben müssen. „In der Demokratie müssen die Standpunkte aller gehört werden. Manchmal bauschen eben leider einige Zeitungen oder Sender ein Thema in eine bestimmte Richtung auf. Aber das tun eh nicht alle, zum Glück!"[67]

Sie erzählt mir, wie es war, als zwei, drei Wochen vorher so viele Migranten auf einmal hier waren, aber „ich muss wirklich sagen, dass es keinerlei Probleme gegeben hat. Sie haben sich alle wirklich sehr ordentlich benommen." Ob sie denn gar keine Angst gehabt habe. „Nein, aber die Situation war sehr angespannt, das hat man schon sehr deutlich gespürt. Außerdem ist ja die Polizei jetzt hier, um uns zu beschützen." Deshalb seien die meisten in Lampedusa diesmal auch nicht so gegen ihre Anwesenheit wie vor zwei Jahren.

Im *Caffè del Porto* treffe ich auf Alessio, den Fischer, den wir letztes Jahr auf dem Fischerboot kennengelernt haben. Er erkennt mich zuerst, denn er hat eine neue, auffällige schwarze Brille, die ihn intellektuell wirken lässt. Er kann sich noch an alles erinnern, was wir

---

66 Siehe „Familien in Bewegung."
67 Im August 2011 sehe ich im italienischen Fernsehen ein Telefoninterview mit einem Sprecher der Küstenwache Lampedusas. Am gleichen Tag hat es eine Bootsankunft gegeben, bei der an Bord mehrere Leichen gefunden wurden. Der Journalist des Senders drängt den Mann mit seinen Suggestivfragen dazu, ein Aus-dem-Ruder-Laufen der „Migrationswelle" zu bestätigen, doch dieser dreht den Spieß um und wirft dem Journalisten vor, doch nur nach Skandal zu trachten, anstatt seine Aufgabe – die er als „Aufklärung" bezeichnet – zu erfüllen. Die Arbeit der Küstenwache bestehe darin, die Migranten nach Lampedusa zu bringen. Dass immer wieder Menschen umkommen würden, sei bekannt und bedauerlich, aber in der derzeitigen politischen Realität nicht verwunderlich. Das Trachten der Medien nach Skandalen sei in dieser Situation nichts als kontraproduktiv. Der Journalist ist froh, als der Beamte aus der Leitung ist und wechselt schnell und ohne weiteren Kommentar zum nächsten Beitrag.

letztes Jahr besprochen haben. Er stellt mich seinen Freunden vor, die wie er Fischer sind. Alessio spricht ein Thema an, das bisher noch niemand erwähnt hat: Seit einem Monat liegt die Fischerei in Lampedusa nieder, weil inzwischen der Erlös aus dem Fang nicht mehr ausreicht, um den Diesel für die Boote zu bezahlen. Jetzt sitzen die Fischer von morgens bis abends im Hafen herum. Ich sage, darüber würden die Journalisten nicht berichten. Alessio ist scharfsinnig: „Einige erwähnen es in einem Nebensatz, wenn sie schon ein paar Tage hier sind. Aber sie sagen es, weil ihnen sonst nichts Neues einfällt. Nur um die Zeit auszufüllen. Wir denken inzwischen schon darüber nach, einen Streik zu organisieren, denn uns bleibt nichts anderes mehr."

Auf dem Nachhauseweg spaziert vor mir ein rüstiger Rentner in offensichtlichem Touristenlook, mit Freizeithose, Cowboyhut und um den Hals gehängter Spiegelreflexkamera. Ich gehe etwas schneller, denn ich bin neugierig, was ein Tourist gerade um diese Jahreszeit hier macht. Er ist Kalifornier und ist mit seiner Frau seit zwei Tagen hier. Heute um vier Uhr fliegen sie mit dem gleichen Flieger wie ich wieder nach Palermo. Ich habe nicht das Gefühl, dass er weiß, an welchem symbolisch aufgeladenen Ort sie hier sind. Irgendwie wirkt er hilflos, wie er den Strand vor dem Hotel *Baia Turchese* knipst. Hoffentlich hat ihnen jemand die *Isola dei Conigli* gezeigt. Mit Englisch hat man hier verloren.

Aldo holt mich kurz vor drei Uhr ab. Wir trinken noch einen schnellen Kaffee bei Domenico. Er bedauert es, dass wir nicht einmal Zeit hatten, „uns auch nur zehn Minuten zu unterhalten", aber er sei wegen der Baustelle bei sich zu Hause die ganze Zeit gefordert gewesen. Ein Maurer baut ihm zur Zeit eine neue Veranda.

Wir sprechen noch über die Medien und über den Frontexmann, den er natürlich schon gesehen hat. Als ich ihm erzähle, dass dieser mir gesagt hat, die italienischen Journalisten würden keine Fragen stellen, sondern einfach die Mikrofone hinhalten, sagt er: „Ja, sie suchen nur den *scoop*, die Einschaltquoten, und sie wollen ihre eigene Botschaft vermitteln."

Aldo glaubt, dass es gut sei, wenn Lampedusa im Ausland in die Medien komme, weil es davor vollkommen unbekannt gewesen sei, und dadurch vielleicht auch internationale Touristen sich für Lampedusa zu interessieren beginnen könnten.

Er zeigt mir das große Gebäude, das am Flughafen gebaut wird. Es wird der neue Terminal. Rechtzeitig zur Sommersaison 2012 soll er fertig sein. Es ist ein riesiges, überdimensioniertes Gebäude. Ich denke unvermittelt an die Mafia und an Klientelismus. Aldo sagt, dass im neuen Terminal auch internationale Flüge abgefertigt werden können. Ich bin beeindruckt und hoffe, dass es nicht wieder ein ewiger Rohbau wird. Die Ausweisung als internationaler Flughafen und die Einrichtung eines Außengrenzpostens dürfte tatsächlich einen anderen legalen Rahmen schaffen – auch für Abschiebungen. Ob das auch ein Grund für den Neubau ist?

Beim Abschied sagt Aldo ganz selbstverständlich: „Bis zum nächsten Mal."

Der Sicherheitskontrolleur zögert kurz: „Wir kennen uns doch … du bist der Freund von Frank!" – „Ja, genau, und wir beide haben uns letztes Jahr hier am Flughafen unterhalten." – „Wann kommst du wieder?" Ich höre mich sagen: „Diesen Sommer hoffentlich." – „Frank ist in Linosa, aber ich werde ihm sagen, dass du hier warst." Ich weiß, dass er das wirklich tun wird.

Ein paar Finanzpolizisten in Uniform kontrollieren sehr genau unser Flugzeug, bevor wir an Bord gehen dürfen. Es gibt keine Chance, sich hier als blinder Passagier einzuschleusen. Einige der Journalisten gehen mit mir an Bord. Außerdem das amerikanische Ehepaar und ein oder zwei Finanzpolizisten. Als wir zur Startbahn rollen, ist Linosa klar und deutlich erkennbar, es ist ein schöner Tag. Die Insel liegt schon weit hinter uns, aber ich kann sie immer noch sehen. Von oben sieht sie sehr schön aus.

Europa![68]

Nachdem ich im März 2011 nach Hause zurückgekehrt war, gab es noch mehrere tagespolitische Umbrüche in Lampedusa. Zuerst kamen in immer kürzeren Abständen tausende Migranten aus Tunesien an. Die Insel stand vor dem Kollaps. Überall übernachteten Menschen im Freien, wo sie nachts Feuer entzündeten, um sich zu wärmen. Die hygienischen Zustände und die Versorgung mit Lebensmitteln waren katastrophal. Das Süßwasser, ohnehin ein kostbares Gut in Lampedusa, wurde knapp. Die Angst vor Epidemien wuchs. Hilfsorganisationen entsandten Kräfte auf die Insel, andere verstärkten ihre Präsenz. Zahlreiche *lampedusani* halfen mit Kleiderspenden oder kochten Suppen für die Migranten.

Silvio Berlusconi reiste endlich nach Lampedusa. Und kaufte sich eine Villa. Als neuer *lampedusano* müsse er der Insel helfen, verkündete er vollmundig. Immerhin organisierte die Regierung jetzt große Fährschiffe, die zusätzlich zu den Charterflügen und der regulären Fähre regelmäßig die Migranten unter strenger Bewachung durch *carabinieri* auf das Festland brachten, um die Insel zu entlasten.

Nur wenige Tage später setzte nach dem Ausbruch des Bürgerkrieges auch aus Libyen eine Massenflucht ein. Die Mehrzahl dieser Menschen suchte in den benachbarten nordafrikanischen Ländern Zuflucht. Obwohl insgesamt nur knapp zwei Prozent der libyschen Kriegsflüchtlinge nach Italien fuhren, bedeutete dies für Lampedusa eine erneute Spitze der Ankünfte. Anders als zuletzt befanden sich diesmal unter den Bootsflüchtlingen viele Frauen und Kinder.

Für die Überfahrt wurden immer größere Schiffe genutzt, die schwerer zu steuern waren. Es kam zu zahlreichen folgenschweren Schiffbrüchen. Anfang Mai 2011 sprachen die Vereinten Nationen bereits von mindestens 800 Toten in nur zwei Monaten. In vier Monaten waren

---

68 Die beiden folgenden Kapitel entstanden in Co-Autorenschaft mit Diana Reiners.

weit über 30.000 Menschen nach Lampedusa gekommen, bis Ende des Jahres stieg die Zahl auf 53.000.[69] Im gleichen Jahr verdoppelte sich auch die Zahl der bei Überfahrten im gesamten Mittelmeer zu Tode Gekommenen auf mehr als 2.000 Opfer.

Trotz der Zuspitzung in Lampedusa weigerten sich die EU-Staaten beharrlich, vom Dubliner Abkommen abzurücken, das jenem Staat, dessen Boden ein Flüchtling bei seinem Eintritt in die EU zuerst berührt, die Zuständigkeit für dessen Asylverfahren zuspricht. Italien stellte, um politischen Druck auf die EU-Partner auszuüben, im Alleingang jenen fast 12.000 Migranten, die zwischen dem 1. Januar und dem 5. April 2011 angekommen waren, eine temporäre, dreimonatige Aufenthaltsbewilligung für den EU-Raum aus.[70]

In Bayern begann man laut über die Wiedereinführung der Grenzkontrollen zu Österreich nachzudenken, Frankreich schloss die Grenzen zu Italien. Auch Dänemark sprang auf den Zug auf. Binnen kürzester Zeit standen sämtliche Prinzipien des Schengener Abkommens in Frage.[71]

Zum wiederholten Mal stockte das Europäische Parlament das Budget für Frontex innerhalb eines laufenden Budgetjahres massiv auf. So wenig man in der EU in Fragen der Flüchtlingsaufnahme solidarisch war, so einig war man sich in der Frage der Schließung der Grenzen. Im April 2011 wurde das mit der Regierung Ben Ali geschlossene Abkommen zur Unterbindung der Migration mit der neuen tunesischen Übergangsregierung wieder in Kraft gesetzt, im August wurde es weiter verschärft.

---

69 Die meisten libyschen Flüchtlinge – in der Größenordnung von mehreren Hunderttausend – flohen übrigens nicht in die Länder der Europäischen Union, die sich mit 53.000 Menschen auf eine halbe Milliarde Einwohner überfordert sieht, sondern ins nach wie vor instabile Tunesien, nach Niger und in den Tschad. Europa ist also keineswegs das universelle Eldorado, als das es sich gerne sieht. Die meisten Menschen auf der Flucht versuchen vielmehr, in halbwegs erträglicher Entfernung zu ihren Familien, ihrem Eigentum und ihrem sozialen Leben zu bleiben, weil sie auf eine Rückkehrmöglichkeit hoffen.

70 Alle Migranten, mit denen ich in Lampedusa gesprochen hatte, fielen unter diese Regelung und konnten, zumindest auf Zeit, in Europa bleiben.

71 Trotz dieser leichtfertigen Preisgabe einer zentralen Errungenschaft der europäischen Einigung wurde weiterhin übersehen, dass die Freizügigkeit im Inneren und die damit einhergehende „Erfindung" der Außengrenze in der Konsequenz notwendigerweise die Spannungen an den Rändern beschwört.

Auch das Medienspektakel um die angebliche „Krise", in die die arabischen Revolutionen Lampedusa gestürzt hätten, trieb immer extremere Blüten. Ein deutsches Fernsehteam landete mit einem Flüchtlingsboot in Lampedusa. Die Journalisten hatten in Tunesien Geld für die Überfahrt bezahlt, um live berichten zu können. Besondere mediale Beachtung fand auch eine deutsche Staatsbürgerin, die mit einem Tunesier verheiratet war und keinen anderen Ausweg als die illegale Ausreise sah, um mit ihrem Kind vor ihrem Mann zu flüchten.

Die französische *Front National*-Vorsitzende Marine Le Pen reiste nach Lampedusa, um ihre Wählerschaft zu Hause mit populistischer Hetze gegen die Bootsmigranten anzusprechen – sie wurde bereits am Flughafen von wütenden Gegendemonstranten empfangen.

Ins Licht der Öffentlichkeit rückte Lampedusa noch einmal, als Angelina Jolie, die gerade Brad Pitt zu Dreharbeiten nach Malta begleitete, in ihrer Rolle als ehrenamtliche UNHCR-Botschafterin Lampedusa besuchte und mit betroffenem Gesichtsausdruck vor einem Gitter abgelichtet wurde, das ihre Delegation von den dunkelhäutigen Migranten trennt.[72]

Doch das Interesse an Lampedusa verebbte bald wieder, bis auf sporadische Meldungen, wenn eine neue Rekordzahl an Menschen in einem Boot ankam, oder wenn es Tote zu beklagen gab.

Im September 2011 zündeten wütende Migranten im *centro* ihre Matratzen an, weil sie seit Monaten festgehalten worden waren und nun abgeschoben werden sollten. Das *centro* wurde stark beschädigt, aber es kam niemand zu Tode. 800 Migranten brachen aus und drohten damit, an der Tankstelle Gasflaschen zur Explosion zu bringen. Es kam zu Zusammenstößen zwischen einigen Einheimischen und Migranten. Der Vertreter einer Flüchtlingsorganisation kommentierte dies in einer Zeitung als Konflikt zwischen Armen und Verzweifelten.

Nach dem Brand wurde das *centro* von Innenminister Maroni als unbewohnbar erklärt, obwohl nur ein Teil der Gebäude beschädigt war, und im gleichen Atemzug wurde das Lager für Frauen und Kinder

---

72 Mir ist nicht ganz klar, wo das Foto aufgenommen worden ist, denn in Lampedusa ist eigentlich nur das Eingangstor zum *centro* vergittert. Aber es steht seit Monaten offen.

auf der ehemaligen NATO-Basis geschlossen. Die Insassen wurden von Lampedusa aus abgeschoben. Zugleich wurde der Hafen von Lampedusa, über den 100.000 Menschen gerettet worden waren, zum *porto non sicuro* – unsicheren Hafen – deklassiert. Dieser politische Dramatisierungsbegriff hatte vor allem Folgen für die Exekutive. Der Hafen durfte nun nicht mehr von Schiffen der Küstenwache mit Flüchtlingen angefahren werden. Die Fähre dagegen legte weiterhin täglich sicher an. Für die Flüchtlinge bedeutete diese neuerliche Notstandsregelung eine weitere Verschärfung der Risiken, weil die Zeit auf See bis zur Erstversorgung in Sizilien sich um mindestens sieben Stunden verlängerte. Dass in der Folge die Flüchtlingszahlen rückläufig waren, mag auch daran liegen, dass die Verlängerung der Reise zu mehr Schiffbrüchen und zu mehr anonymen Toten führte, da die Rettungskräfte nicht immer rechtzeitig vor Ort eintreffen konnten.

Wenige Tage nach dieser Entscheidung gab es auf der Insel tatsächlich keine Flüchtlinge mehr. Das Medieninteresse im europäischen Ausland an dieser neuerlichen Wendung blieb gering. Nur drei Tage nach dem medial vermittelten Chaoszustand begingen die *lampedusani* das traditionelle Fest der *Madonna di Porto Salvo*. Wieder hatte sich die Situation schnell beruhigt, und in Lampedusa kehrte der Alltag ein.

Im November 2011, zwei Monate nach der Schließung des *centro,* wurden im Abstand von einer Woche ein vor dem Gelände geparkter Lieferwagen und ein Bus für den Flüchtlingstransport in Brand gesteckt. Es blieb unklar, ob dies aus Protest gegen die Entlassung der fünfzig Beschäftigten erfolgte oder als Sabotageakt gegen die Wiedereröffnung.

Mit dem Ende der Ära Berlusconi und der Ernennung Mario Montis zum italienischen Regierungschef Mitte November 2011 stieg die Hoffnung, dass die italienische Migrationspolitik nun endlich einen neuen Kurs nehmen würde. Besonders die Ernennung des Theologieprofessors Andrea Riccardi zum Minister für internationale Zusammenarbeit und Integration galt als deutliches Zeichen einer Wende. In einem Interview mit der ARD sprach sich Riccardi im Mai 2012 für Integration und gegen die Politik Berlusconis aus: „Einwanderung ist in Italien ja keine vorübergehende Erscheinung. Die Immigranten werden bei uns bleiben, und zwar für immer. Wir müssen von den Notmaßnahmen abkommen und mit der Integration beginnen." Die neue Regierung strebte im Sinne der *lampedusani* und der Flüchtlinge an, die Sperrung des Hafens aufzuheben. Das *centro* als Erstaufnahmestruktur wurde wiedereröffnet, mit einer reduzierten Kapazität von 250 Plätzen.

Trotz dieser politischen Zeichensetzungen war aber auch von der neuen Regierung nicht zu erwarten, dass sie sich dem gesamteuropäischen Konsens über das Grenzregime entgegenstellen würde, die Migration möglichst bereits in den Herkunftsländern zu verhindern. Als Reaktion auf ein Urteil des Europäischen Gerichtshofes für Menschenrechte in Straßburg vom Februar 2012, das den Opfern von Abschiebungen Schadenersatz zuerkannte, kündigte Innenministerin Annamaria Cancellieri an, man werde künftig auf Abschiebungen auf hoher See verzichten.[73] Zugleich betonte sie, dass Italien weiterhin bemüht sei, die Ausreise von Migranten aus Libyen zu unterbinden. Im Frühjahr 2012 setzte die neue Regierung auch das Abkommen mit Tripolis wieder in Kraft.

Es ist davon auszugehen, dass das Grenzregime der Abschottung und der Verlagerung der Grenzvorposten bis weit vor Europa weiter fortgeschrieben wird. Dabei zeichnet sich die Anti-Migrationspolitik längst nicht mehr nur durch hohe Zäune, scharfe Kontrollen, Inhaftierung und zwangsweise Rückführung von illegal Eingereisten aus. Vielmehr agiert die Europäische Union inzwischen weit jenseits der eigenen territorialen Grenzen. Die Missionen von Frontex finden im internationalen Luftraum und in internationalen Gewässern statt. Die Europäische Union unterstützt die Migrationskontrolle in Nordafrika finanziell, nicht zuletzt durch den Bau von Lagern im afrikanischen Binnenland, oder sie nimmt Einfluss auf die Ausrichtung von NGOs und supranationalen Organisationen wie dem UNHCR oder der IOM.

---

73 Im Mai 2009 waren 23 Somalier und Eritreer auf hoher See von italienischen Behörden aufgehalten und sofort nach Libyen abgeschoben worden. Dort waren sie inhaftiert und gefoltert worden. Das Straßburger Urteil sprach den Opfern jeweils 15.000 Euro Schadenersatz zu. Für einige von ihnen kam das Urteil zu spät. Sie waren inzwischen bei weiteren Migrationsversuchen ums Leben gekommen.

Die Festungsmetapher, die von vielen Kritikern des europäischen Grenzregimes benutzt wird, ist dabei nicht ganz korrekt, denn sie vermittelt eine hermetische Geschlossenheit Europas. Angesichts der zahllosen illegalisierten Migranten, die auf den Obstplantagen Süditaliens oder Andalusiens, aber auch anderswo arbeiten, ist das Bild zumindest erweiterungsbedürftig – um einige von innen geschnittene Schlupflöcher, durch die es kein Zurück mehr gibt. Europa braucht und will das Arbeitskraftpotential dieser prekärsten Reservearmee aus rechtlosen Gestrandeten.

Alle Bemühungen, die Migration von unserem Tellerrand zu schieben, verlagern dabei nur das Phänomen. Auch wenn Lampedusa aus den Schlaglichtern der Medien wieder in den Schatten zurückfällt, bleibt die Insel doch, was sie immer war, ein Kreuzungspunkt der Seerouten, ein winziges Stück Festland im Meer zwischen Afrika und Europa. Es werden immer Migranten nach Lampedusa kommen, und die *lampedusani* müssen sie, wie Schiffbrüchige auf See, an Bord ihres sicheren Schiffes holen, bis sie einen anderen Hafen erreichen. Der Krisendiskurs, der unsere mediale Aufmerksamkeit lenkt, verschleiert, dass Migration allen kurzfristigen politischen Strategien und Wendungen zum Trotz weiterbestehen wird – auch wenn wir davon keine Notiz nehmen.

Eine Gesellschaft unter dem Brennglas

Lampedusa kann als Laborbeispiel, als Gesellschaft unter dem Brennglas betrachtet werden. Die spezifische Situation der kleinen Gemeinschaft zeigt über die lokalen Besonderheiten hinaus die Auswirkungen des gegenwärtigen globalen ökonomischen und politischen Systems auf Menschen an der Peripherie. Die Überfischung der Meere entzieht der lokalen Fischerei, dem traditionellen Hauptwirtschaftszweig der Insel, nachhaltig die Existenzgrundlage. Strukturschwäche und Peripherität wirken sich in einem Mangel an qualifizierten Ärzten, aber auch berufsbildenden Schulen aus. Das allgemeine Bildungsniveau ist niedrig und es fehlt jegliches Angebot zur Aneignung von Fachkompetenzen, die eine planvolle nachhaltige Entwicklung der bisher in Eigenregie improvisierten Tourismusökonomie fördern könnte. Die Abwesenheit staatlicher Unterstützung und Regelung leistet Vetternwirtschaft, Korruption und Misswirtschaft der politischen und wirtschaftlichen Kräfte Vorschub. Und nicht zuletzt wird die Insel zum Spielball nationaler und internationaler Migrationspolitiken, ohne dass die Einwohner Lampedusas dem etwas entgegensetzen können. Sie müssen in der Konfrontation mit den politischen und sozialen Phänomenen, denen sie ausgesetzt sind, an individuellen und gemeinschaftlichen Umgangsstrategien arbeiten, die kollektiv Sinn stiften. Angesichts der zahlreichen Probleme der Insel tun sich die *lampedusani* schwer, langfristige und nachhaltige Planungen und Lösungswege zu finden, und die Bemühungen bleiben bruchstückhafte Bricolage, die sich auf die unmittelbare Gegenwart, den Alltag richten. Dabei erstaunt die Zivilcourage, die Unmittelbarkeit und Selbstverständlichkeit, mit der Hilfsbedürftige aufgenommen werden. Ihre wenigen Ressourcen teilen die *lampedusani* bereitwillig mit denen, die noch weniger haben.

Diese Realitäten am Rand entgehen den Menschen in den wohlhabenden Regionen in der Mitte Europas für gewöhnlich. Die eigene Gesellschaft, die urbanen Zentren werden als Orte politischer und gesellschaftlicher Entwicklungen erlebt. Doch so wie uns auch in unserem gesellschaftlichen Alltag das Nebeneinander anderer sozialer Realitäten, die Ungleichverteilung von Privilegien und der ungleiche Zugang zu Ressourcen meist verborgen bleibt, weil wir nur einen Ausschnitt der sozialen Welt erleben, verlieren wir allzu leicht aus dem Blick, welche Lebenswirklichkeiten jenseits unserer eigenen Wahrnehmung existieren. Was – und wen – wir auf unseren täglichen Wegen sehen, erscheint uns ganz natürlich, ist aber das Resultat der unsichtbaren Trennung sozialer Klassen und Milieus durch symbolischen Ausschluss. Die restriktive Migrationspolitik und die Abschottung gesellschaftlicher Rechte und Positionen gegenüber Zuwanderern ist eine besonders deutliche Form, die Außenseiter von den Privilegien der Etablierten fernzuhalten.

Begibt man sich auf die Reise und sucht die Ränder auf, erfährt man nicht nur viel über diese verborgenen Realitäten, sondern vor allem über sich selbst. Darüber, wie viel Dunkelheit in der westlichen Aufgeklärtheit liegt. Und darüber, wie verheerend die europäische Ideologie der Freizügigkeit innerhalb Europas für seine äußeren Bereiche ist, und wie sie die Konflikte an den Grenzen verschärft.

Für Giovanni Fragapane, Historiker und langjähriger sozialistischer Bürgermeister der Insel, ist Lampedusa das Symbol der seit Jahrtausenden vertanen Chance des Mittelmeerraumes, eine internationale Einheit darzustellen. In der Mitte des Meeres am Kreuzungspunkt der Schiffsrouten gelegen, sei Lampedusa seit jeher ein Begegnungspunkt gewesen, an dem weniger die Konflikte als das kulturell Verbindende des Mittelmeerraumes zu Tage getreten sei.[74] Die Migration und der Austausch zwischen Afrika, der Insel und dem europäischen Festland ist in Lampedusa eine nicht wegzudenkende Realität. Die Insel ist ein Ort der Übergänge. Das Besondere an der Gesellschaft Lampedusas

---

74 In Giuseppe Tomasi di Lampedusas Erzählung „Die Sirene" berichtet der gealterte Protagonist Rosario La Ciura von seiner Begegnung mit einer Sirene vor der Küste Siziliens als junger Mann. Neben ihrer animalischen Schönheit betörte den Altphilologen vor allem, dass sie mit ihm in einem Altgriechisch von großer Unmittelbarkeit sprach, das ihm trotz seiner akademischen Kenntnisse nur schwer verständlich war. Dass sich in dieser sizilianischen Geschichte das Fremde überraschend in Form hochkultureller Schönheit manifestiert, eröffnet eine andere Perspektive auf die Migranten, die heute über dieses Meer zu uns kommen, als die eines Barbareneinfalls.

ist, dass die Menschen hier Migration nicht als ein Eindringen in ihr „Territorium" zu erleben scheinen, sondern diese zu ihrer eigenen Situation in Bezug setzen: Jeder Mensch auf Lampedusa ist im Laufe seines Lebens darauf angewiesen, die Insel zeitweilig zu verlassen, für die Ausbildung, eine Entbindung, um Arbeit zu finden oder zur See zu fahren, ins Krankenhaus zu gehen oder auch nur um Alltagsgegenstände wie Möbel, Kleidung oder ein Auto zu kaufen. Weil sie die Tücken der hohen See selbst erlebt haben, hat die humanitäre Hilfe, die sie den Schiffbrüchigen entgegenbringen, die sich den Gewalten des Meeres ausgesetzt und ihr Leben für die vage Hoffnung auf eine bessere Zukunft riskiert haben, einen hohen Stellenwert. Wo man dem Fremden begegnet, gibt es wenig Raum für rassistische Projektionen.

Dank

Dieses Buch ist nicht mein alleiniges Werk. Es entstand in kontinuierlicher Zusammenarbeit mit Diana Reiners. Sie war meine kritische und aufmunternde Begleiterin, Supervisorin und Lektorin. Ihre inhaltliche und ideelle Unterstützung ist das Fundament meiner Arbeiten.

Dank gebührt außerdem Felix Grisebach, Elisabeth Katschnig-Fasch †, Brigitte Leimstättner, Anita Niegelhell, Ursula Schmidt, Franz Schultheis und Milan Stanek für inhaltliche und fachliche Diskussionen und Anregungen. Florence Weiss hat mich mit ihren klaren ethnopsychoanalytischen Berichten inspiriert und ermutigt. Rachel Reckinger, Anita Kerschen und Claude Reckinger waren bei der inhaltlichen und formalen Durchsicht des Manuskriptes eine wertvolle Hilfe. Besonders danken möchte ich allen Menschen, mit denen ich in Lampedusa sprechen konnte.

Dr. Gilles Reckinger, geb. 1978 in Luxemburg, ist Kulturanthropologe und Ethnologe. Er studierte und arbeitete an Forschungsprojekten in Österreich, der Schweiz, Kanada, Deutschland und Luxemburg. Derzeit ist er Lehrbeauftragter an verschiedenen europäischen Universitäten. Seine aktuelle Forschung beschäftigt sich mit den Lebens- und Arbeitsbedingungen der afrikanischen Migranten auf den Obstplantagen in Süditalien.

Das vorliegende Buch wurde 2011 mit dem Theodor-Körner-Preis (Wien) ausgezeichnet.

3. Auflage 2015
© Gilles Reckinger (Text und Fotos)
© Peter Hammer Verlag GmbH, Wuppertal 2013
Alle deutschsprachigen Rechte ausdrücklich vorbehalten
Lektorat: Edition Trickster
Umschlag: Magdalene Krumbeck
Satz: Graphium press, Wuppertal
Druck: CPI books, Leck
ISBN 978-3-7795-0440-5
www.peter-hammer-verlag.de